新媒体编辑

孟 丛 主编 / 王春燕 宋 立 副主编

清华大学出版社
北京

内容简介

本书以提升读者对新媒体编辑的认知和编辑技能为目标，参照新的行业数据，结合企业真实案例，全面、系统地介绍了新媒体编辑的相关知识。本书遵循读者认知发展规律，对读者掌握新媒体编辑岗位的工作内容和基本技能有一定的帮助。

全书以新媒体编辑岗位的典型工作任务为主线，按照体系化、项目制编排，分为九个项目：认识新媒体编辑、新媒体网络市场调研、新媒体文稿编辑、新媒体图片编辑、新媒体图文创作与编辑、新媒体音频编辑、新媒体短视频编辑、直播内容策划与编辑、新媒体社群运营。

本书可作为本科院校、职业院校电子商务、移动商务、网络营销、市场营销等相关专业的教学用书，也可作为在职新媒体编辑从业人员的培训教材和参考用书。

本书封面贴有清华大学出版社防伪标签，无标签者不得销售。

版权所有，侵权必究。举报：010-62782989，beiqinquan@tup.tsinghua.edu.cn。

图书在版编目(CIP)数据

新媒体编辑/孟丛主编. —北京：清华大学出版社，2024.1(2025.1重印)
ISBN 978-7-302-65026-3

Ⅰ. ①新… Ⅱ. ①孟… Ⅲ. ①编辑工作 Ⅳ. ①G232

中国国家版本馆CIP数据核字(2023)第251517号

责任编辑：颜廷芳
封面设计：常雪影
责任校对：李　梅
责任印制：杨　艳

出版发行：清华大学出版社
网　　址：https://www.tup.com.cn, https://www.wqxuetang.com
地　　址：北京清华大学学研大厦A座
邮　　编：100084
社 总 机：010-83470000
邮　　购：010-62786544
投稿与读者服务：010-62776969, c-service@tup.tsinghua.edu.cn
质量反馈：010-62772015, zhiliang@tup.tsinghua.edu.cn
课件下载：https://www.tup.com.cn, 010-83470410

印 装 者：小森印刷霸州有限公司
经　　销：全国新华书店
开　　本：185mm×260mm　　印　张：17.5　　字　数：423千字
版　　次：2024年1月第1版　　印　次：2025年1月第3次印刷
定　　价：52.00元

产品编号：095880-02

前言

随着新媒体行业日新月异的发展,微博、微信、音频、短视频、直播等各类新平台、新玩法不断涌现,人们的阅读习惯和消费习惯也悄然改变,不再满足于阅读简单的图文信息,而是追求更加新鲜、有趣、时尚的形式和内容。因此,作为新媒体从业者,应该掌握新媒体编辑创作的相关知识,做出更多优质的内容。如何高效地收集有价值的信息,如何创作出爆款软文,如何进行专业的图文排版,如何制作高播放量、高品质的优质短视频,如何有效地开展直播互动,如何通过社群进行推广营销等,已经成为每个新媒体运营人员迫切需要掌握的技能。

习近平总书记在党的二十大报告中指出"育人的根本在于立德",要求"全面贯彻党的教育方针,落实立德树人根本任务,培养德智体美劳全面发展的社会主义建设者和接班人"。为了更好地帮助新媒体从业者提升新媒体内容编辑的能力,为国家培养德才兼备的高技能人才,特编写本书。本书将家国情怀、文化自信、时代脉搏、社会风尚、工匠精神等思政元素巧妙融入书中的每个项目,构建全课程育人格局,力求更好地为国家的新媒体建设提供有力的人才支撑。

本书内容新颖,图文并茂,案例丰富,主要特色如下。

1. 坚持立德树人,彰显思政育人特色

本书传授知识技能的同时,大力弘扬课程思政的价值引领作用,在项目的教学目标、课程思政、教学内容、任务评价等各个板块融入习近平新时代中国特色社会主义思想和党的二十大精神,体现社会主义核心价值观、中国传统文化等思政元素,发挥铸魂育人的作用。

2. 采用项目化设计,项目独立完整

本书内容以新媒体编辑岗位的典型工作任务为主线,采用项目化设计,读者可以系统地学习本书全部项目,也可以选择某个项目单独学习。将每个项目的"知识准备"板块合在一起,即新媒体编辑理论体系;将每个项目的"实训任务"和"任务评价"板块合在一起,即新媒体编辑实训指导手册。读者可根据个人需求,自主搭配个性化教材。

3. 理论和实践结合,知识体系完备

本书按照"教学目标+课程思政+知识准备+实训任务+任务评价+课后习题"的结构精心设计,层层递进,理论和实践结合,内容丰富,知识体系完备,注重以学生为主体,以培养职业能力为核心目标,以真实项目为载体,紧紧围绕项目任务的完成选取理论知识,可有效改善课堂教学效果。

4. 校企协同开发,强化实战应用

本书由院校教师和企业人员合作编写。院校教师教学经验丰富,侧重理论讲解,企业人员提供了丰富的案例和实训素材。书中实训项目由企业真实案例改编而成,统一的案例背景,真实的案例呈现,融"教、学、做"于一体,强化对于新媒体编辑能力的应用实战,有利于提升读者的学习兴趣和技能水平。

本书由孟丛任主编,王春燕、宋立任副主编,并且联合山东花物堂生物科技有限公司、三己摘星(济南)商贸有限公司共同编写。孟丛编写项目一、项目三、项目五、项目七、项目八,王春燕编写项目二、项目四,宋立编写项目六、项目九,孟丛负责全书的策划和统稿工作。本书提供了配套PPT、微课视频、课程标准、教学大纲、教案、课后习题答案、知识拓展等丰富的学习资源,读者可根据需要下载使用。

由于编者水平有限,书中难免疏漏之处,恳请广大读者批评、指正。

编 者
2023 年 10 月

拓展资料

目 录

项目一　认识新媒体编辑 ·· 1
　单元一　新媒体概述 ·· 2
　单元二　新媒体编辑概述 ··· 12

项目二　新媒体网络市场调研 ··· 23
　单元一　用户调研 ·· 24
　单元二　产品调研 ·· 30
　单元三　热点调研 ·· 36

项目三　新媒体文稿编辑 ·· 45
　单元一　新媒体文稿编辑基础 ··· 46
　单元二　新媒体新闻写作 ··· 53
　单元三　软文写作 ·· 56

项目四　新媒体图片编辑 ·· 72
　单元一　新媒体图片编辑基础 ··· 73
　单元二　图片美化与视觉设计 ··· 79
　单元三　使用创客贴设计图片 ··· 93

项目五　新媒体图文创作与编辑 ··· 108
　单元一　图文创作认知 ·· 109
　单元二　图文创作构思 ·· 112
　单元三　图文内容编辑 ·· 115
　单元四　图文视觉排版 ·· 120
　单元五　常见的图文创作平台 ··· 125

项目六　新媒体音频编辑 ·· 146
　单元一　新媒体音频认知 ··· 147

单元二　新媒体音频创作与编辑…………………………………………… 150
　　单元三　常见的新媒体音频平台…………………………………………… 156

项目七　新媒体短视频编辑………………………………………………………… 163
　　单元一　短视频认知………………………………………………………… 164
　　单元二　短视频策划………………………………………………………… 166
　　单元三　短视频拍摄………………………………………………………… 175
　　单元四　短视频后期剪辑…………………………………………………… 192
　　单元五　短视频 Vlog 拍摄实战……………………………………………… 199

项目八　直播内容策划与编辑……………………………………………………… 216
　　单元一　直播营销认知……………………………………………………… 217
　　单元二　直播场景的搭建…………………………………………………… 223
　　单元三　直播脚本策划……………………………………………………… 228
　　单元四　直播流程和直播话术设计………………………………………… 235
　　单元五　直播复盘…………………………………………………………… 239

项目九　新媒体社群运营…………………………………………………………… 249
　　单元一　社群认知…………………………………………………………… 250
　　单元二　社群推广文案创作………………………………………………… 252
　　单元三　社群运营…………………………………………………………… 257
　　单元四　社群管理…………………………………………………………… 262

参考文献……………………………………………………………………………… 273

项目一

认识新媒体编辑

➡ 教学目标

- **知识目标**

(1) 了解新媒体的定义。
(2) 了解新媒体与传统媒体的区别。
(3) 熟悉新媒体的类型和特征。
(4) 掌握新媒体编辑的特点、原则及相关法律规定。
(5) 了解新媒体从业者的岗位能力和职业素养。

- **能力目标**

(1) 能够利用互联网平台搜集信息。
(2) 能够注册和设置新媒体平台账号。
(3) 能够利用各种新媒体平台发布信息。

- **素质目标**

(1) 具备创新创业的精神和能力。
(2) 具备互联网思维和资源整合能力。
(3) 积极培育和践行爱国、敬业、诚信、友善等社会主义核心价值观,提升社会责任感和使命感。
(4) 具备法律意识,遵守互联网和电子商务的法律法规,遵守道德规范,注意保护个人和他人的隐私。

课程思政

党的二十大报告指出:

"我们要坚持马克思主义在意识形态领域指导地位的根本制度,坚持为人民服务、为社会主义服务,坚持百花齐放、百家争鸣,坚持创造性转化、创新性发展,以社会主义核心价值观为引领,发展社会主义先进文化,弘扬革命文化,传承中华优秀传统文化,满足人民日益增长的精神文化需求,巩固全党全国各族人民团结奋斗的共同思想基础,不断提升国家文化软实力和中华文化影响力。"

"弘扬社会主义法治精神,传承中华优秀传统法律文化,引导全体人民做社会主义法治的忠实崇尚者、自觉遵守者、坚定捍卫者。"

本章培养学生全面了解新媒体从业者的岗位职责和职业素养,遵守互联网和电子商务的法律法规,遵守道德规范,注意保护个人和他人的信息隐私,具备正确的价值观,将爱国、敬业、诚信、友善等社会主义核心价值观内化为精神追求、外化为商业行动。

单元一　新媒体概述

在移动互联网迅速发展的当下,新媒体作为一种新的媒体形态,极大地改变了我们的生活。它不但对传统媒体造成了巨大的冲击,还为其他行业的发展提供了新的营销手段。

一、新媒体的概念

媒体也常被译为媒介。广义的媒体,泛指人们用来传递信息与获取信息的工具、渠道、载体、中介物或技术手段;狭义的媒体,则指传统的四大媒体,包括电视、广播、报纸和杂志,它们是人类社会产生的早期媒体形式。那么,究竟什么是新媒体呢?目前,业界分别从狭义和广义两个角度对新媒体做出了定义。

从狭义上讲,新媒体是指继报纸、广播、电视等传统媒体之后,于最近几年发展起来的一种新的媒体形态,主要包括网络媒体、手机媒体、数字电视等,是相对于传统媒体而言的。

从广义上讲,新媒体是指在各种数字技术和网络技术的支持下,通过计算机、手机、数字电视等各种网络终端,向用户提供信息和服务的传播形态,其特点是媒体形态的数字化。

与传统媒体相比,新媒体更偏重于为受众提供个性化的服务。新媒体在注重个性化的同时,也为传播者和受众提供了一个可以交流的平台,如微博、微信等。无论从何种角度来定义新媒体,其概念总是会围绕以下三个方面来进行界定。

(1) 从时间的角度来说,新媒体起源于信息技术高速发展的时代,具有时代特色,发展历史较为短暂。新媒体的概念一直随着信息技术、数字技术的发展在不断地自我更新与演化,因此新媒体所涵盖的范围也在朝着多样化领域发展。新媒体在时间上是一个相对的概念,只有与传统媒体相对比,才能突显新媒体的"新"。

(2) 新媒体的界定离不开数字技术,而与数字技术相对的是模拟技术。换言之,新媒体传播信息的方式与传统媒体的信息压缩、传递、解压的方式有所不同。

(3) 提到新媒体必然离不开互联网,而互联网是典型的互动性交流方式,因此新媒体两极的传播者与受众之间不仅存在信息共享,还存在互动交流。

二、新媒体与传统媒体的区别

新媒体与传统媒体是一组相对概念,两者在传播方式、传播内容与传播效果等方面有一定的区别。

(一) 传播方式的区别

在传播方式上,新媒体与传统媒体的区别主要表现在三个方面,如图1-1所示。

1. 信息传播的公开性与信息传播的匿名性

基于现今的媒介管理体制,人们很难在传统媒体上匿名发布一条消息,尤其是当这条消

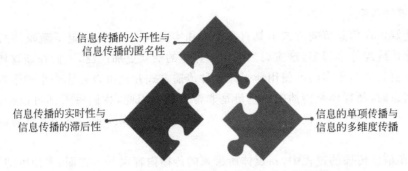

图 1-1　新媒体与传统媒体在传播方式上的区别

息比较敏感,会对主流意识形态造成影响时,这种做法就更加难以实现。在新媒体上匿名发布一条消息则要容易许多,人们只要使用一个虚拟的名称(网名)就可以在网络上发布消息。虽然在报纸、杂志之类的传统媒体上也可以使用笔名,但笔名的隐蔽性要比网名弱很多,至少媒体的运营方很可能知道笔名使用者的真实身份,而在网络上使用的网名很可能永远无法被人探知背后的真实身份。

2. 信息传播的滞后性与信息传播的实时性

在传统媒体中,一条信息的传播通常需要经历发现、发布、传播、接收等几个环节,这需要花费较长的时间,而且其中任何一个环节发生意外都可能影响整个信息的传播进程,这样就会降低信息传播的实时性。

而新媒体依靠的是数字化技术,信息的传播不会受到太多实物的制约,同时自然条件、人为主观因素也很难会对数字化传播方式产生影响。例如,在网络上发布一条信息的速度要比在报纸或电视媒体上发布一条信息的速度快得多。

3. 信息的单项传播与信息的多维度传播

在传统媒体中,信息的传播通常是单项传播,即信息被附着在某种载体上,然后被强制传播出去。对于受众来说,因为他们没有传播信息的载体,所以只能接收信息,很难对信息做出反馈。因此,从某种意义上来说,在信息的传播过程中,受众无法享受话语权。例如,刊登在报纸上的信息被传播出去之后,受众若想针对信息发表看法,就需要将自己的话语也刊登在报纸上,但作为普通民众,是很难随意在报纸上发表自我观点的。

而对于新媒体来说,其信息的传播是多维度的。例如网络媒体,普通人同样具有使用信息传播载体(如网络)的权利。一旦信息从网络上传播出去,任何人都可以在网络上对其做出反馈。这种反馈并不是一对一的双向交流,而是一对多的散射式交流。

（二）传播内容的区别

在传播内容上,新媒体与传统媒体的区别主要表现在两个方面,如图1-2所示。

图 1-2　新媒体与传统媒体在传播内容上的区别

1. 传播信息量

基于新媒体在信息传播方式上具有多维度和实时性的特点，决定了新媒体所能传播的信息量要比传统媒体多得多，这主要是因为新媒体的受众更加广泛，人们在新媒体上发布消息的自由度更高。当更多的人使用新媒体这种传播方式并且可以在比较小的限制范围内自由地发布信息时，新媒体所传播的信息量是非常大的。因此，我们每天都可以在微博、微信等新媒体平台上看到图文、视频等各种各样的信息，而传统媒体则很难一次性容纳如此多的信息。

此外，在信息传播的过程中，新媒体所带来的传播内容也是多方面、多角度的，除了媒体官方渠道发布的信息，普通民众的想法和意见也能成为信息的一部分。

2. 传播信息的随意性和传播信息的目的性

一般来说，传统媒体代表的是官方主流发言渠道，或是某一团体的利益，因此在发布内容时往往带有较强的目的性，而新媒体更容易被普通民众所使用，所代表的传播者身份则更具随意性。换言之，传统媒体所传播的信息往往带有一定的导向性，其代表的可能是官方主流的意识形态，也可能是媒体拥有者的意识形态；而新媒体传播的信息则往往不具备这些特点。

（三）传播效果的区别

从传播效果的角度来说，新媒体与传统媒体在曝光率、受众的参与程度以及影响力三个方面存在着一定的区别。

1. 曝光率

新媒体和传统媒体传播信息的载体不同，因此在分析信息传播的曝光率时应该具体问题具体分析。

在一些网络比较发达的地方，新媒体的使用已经比较普及，因此这些地方的信息通过新媒体进行传播的曝光率要远远高于传统媒体。用户可以随时随地共享信息，并发表自己的观点和看法，是新媒体高曝光率的一种表现。

而在一些边远地区，对于一些由于知识、技术限制无法使用新媒体的人群来说，信息通过传统媒体进行传播的曝光率要高于新媒体。例如，在一些互联网技术不发达的地区，传统媒体电视节目的普及度要高于网络节目的普及度。

2. 受众的参与程度

在媒体传播信息的过程中，受众的参与程度是反映信息传播效果的一个重要体现。如果受众广泛参与了某条信息的传播，那么这条信息的影响范围将会大幅扩大。

新媒体具有信息传播实时性的特点，也就具有更为广泛的受众群，且受众可以很便捷地参与到信息的传播过程中，这就决定了在新媒体信息的传播过程中受众的参与程度会更高。

3. 影响力

与分析曝光率一样，在分析新媒体与传统媒体传播信息的影响力时，也应该从两个角度来看。对于一些能够使用新媒体资源且能够在信息的传播过程中广泛参与的受众来说，新媒体对他们的影响力会很大。但是，如果受众无法使用新媒体资源，那么传统报刊、电视、广播等媒体对他们的影响力会更大一些。

三、新媒体的类型和特征

公众对媒体的传统认知是报纸、电台和电视台，然而目前新媒体正以无可阻挡的力量和速度颠覆传统媒体。由于互联网技术已经打通了全世界的信息网络，出现了所有网络形态都汇聚到宽带 IP 网上的局面，所以不断涌现出大量基于互联网技术的新媒介形态，极大地促进了全球信息资源共享。可以说，现代网络和信息技术催生了各种新的媒介形态。

（一）新媒体的类型

由于划分标准不统一，目前业界对新媒体的分类并没有硬性的规定。就当前行业的发展状况来说，具有代表性的新媒体有博客、数字电视、移动数字电视、手机媒体、IPTV（Internet protocol television，交互式网络电视）、微博、微信、网络直播、短视频等类型。

新媒体的类型

1. 博客

博客作为网络时代的产物，其本身的功能和表现形式在不断地延伸，要用一个准确的概念来表述它是比较困难的。关于博客的定义，目前有如下表述。

（1）博客是网络时代的个人"读者文摘"。

（2）博客是"网络中的信息雷达系统"。

（3）博客是信息时代的"麦哲伦"。

（4）博客是数字生活新时尚，通过文字、图片、声音、视频等形式尽情地展示自我、分享感受、参与交流。

博客上的文章通常以网页的形式出现，并按照文章发表的时间倒序排列。一个典型的博客会结合文字、图像、其他网站链接以及其他与博客主题相关的媒体，并且能够让读者以互动的方式留下意见。大部分博客的内容以文字为主，但也有一些博客专注于展示摄影、音乐、视频等内容。

2. 数字电视

数字电视是指音频、视频信号从编辑、制作到信号传输，直至接收和处理均采用数字技术的电视系统。如果按信号传输方式进行分类，数字电视可以分为三类，如图 1-3 所示。

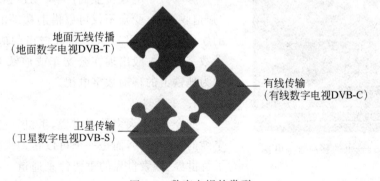

图 1-3 数字电视的类型

与原来的模拟电视相比，数字电视主要具有以下优势。

（1）数字电视具有高清晰的画面，清晰度可与 DVD 相媲美。

（2）由于采用了数字技术，数字电视的伴音效果更逼真。

（3）数字电视受其他电器的干扰很小，因此画面更加稳定。

（4）数字电视的扩展功能多，如扩展上网、点播等功能。

图 1-4 所示为数字电视显示界面。

图 1-4　数字电视显示界面

3. 移动数字电视

移动数字电视就是可以在移动状态下收看的电视,是全新概念的信息型移动户外数字电视传媒,也是传统电视媒体的延伸。移动数字电视采用了先进的数字电视技术,通过无线发射、地面接收的方法进行电视节目传播,受众可以在任何安装了接收装置的移动载体中收看清晰的移动电视画面。当然,受众也能在非移动的情况下收看移动电视节目。

移动数字电视具有安装简便、覆盖面广泛、反应迅速、移动性强等特点。移动数字电视除了具有传统媒体宣传和欣赏的功能外,还承担着发布城市应急预警、交通、食品卫生、商品质量等信息的重任。

图 1-5　地铁上的移动数字电视

移动数字电视覆盖面广、移动性强,最大特点是"强迫收视"。受众不仅可以借助移动电视欣赏相关的娱乐节目,还可以从中获取城市的应急信息。移动数字电视一般出现在公交车或地铁上。图 1-5 所示为地铁上的移动数字电视。

4. 手机媒体

如今,对于大多数人来说,手机早已不再是一种单纯的通信工具,而是一个可以帮助人们发现世界、了解世界、探索世界的重要信息通道。一般来说,人们除了用手机与他人进行通信外,还可以使用手机订阅电子报刊等。各种电子版的书稿成为人们阅读书籍、获取知识的重要渠道。

手机报是以手机为依托,由报纸、移动通信商和网络运营商联手搭建的信息传播平台。用户可通过手机浏览当天发生的新闻,因此手机报被誉为"拇指媒体",是电信增值业务和传统媒体相结合的产物。

手机报在应急信息发布、政策解读、舆论引导等方面起着积极的作用,具有强大的号召力和社会动员能力。此外,手机报还具有业务基础牢、市场前景广、内容创新强等特点。其中,

"业务基础牢"意味着只要手机保留最基础的通信功能,即使没有 4G、5G 网络,手机报也可以无障碍地传送给受众。手机报还具有弹出窗口功能,突发新闻、应急消息、民生热点等都可以通过弹出窗口按区域、按用户、按类别随时插播,市场应用范围极其广阔。图 1-6 所示为用手机看书。

图 1-6 用手机看书

由互联网产品从搜索引擎到 App,再到小程序,再到朋友圈的发展轨迹可以看出,集中流量传播的成本越来越高,流量分化已成趋势。但手机报从创刊伊始就自带流量,短信、彩信的阅读模式极具中国特色,且精准投放与读者回馈的模式形成了闭环平台,新闻与广告,公益与便民,都在这个平台上统一展现。

现在看来,也许很多人会认为手机报、电子书刊早已过时,但不能完全否定它们所潜在的消费市场。

5. IPTV

IPTV 是一种集互联网、多媒体、通信等技术于一体,向家庭用户提供包括数字电视在内的多种交互式服务的崭新技术。IPTV 以机顶盒或其他具有音视频编码能力的数字化设备为终端,通过聚合服务提供商提供的各种流媒体服务内容和增值应用,为用户提供多种互动多媒体服务。互联网技术的迅速发展为 IPTV 产业的发展奠定了良好的基础,用户可以通过计算机、网络机顶盒+电视、手机移动端来享受 IPTV 服务。

IPTV 是互联网和传统电视的结合,不再以固有的传播者与受众的定位进行传播,而是更偏重于两者之间的互动,以实现资源共享和移动。IPTV 的软终端界面如图 1-7 所示。

图 1-7 IPTV 的软终端界面

IPTV 源于电视,但它既不同于传统的有线电视,也不同于目前正在兴起的移动数字电视。IPTV 可以让人们通过互联网观看世界上各个国家的影视节目,进行 VOD(video on demand,视频点播),浏览最新的信息,聆听最流行的音乐等。IPTV 为每个家庭打开了通往数字娱乐世界的大门,其强大的互动功能让受众从被动地接受信息变为主动地索取信息,进一步改变了人们的娱乐消费习惯,让普通消费者也能体会到由数字技术带来的多姿多彩的现代生活。

IPTV 具有互动化、综合化、个性化、人性化的特点,其中互动化和综合化是 IPTV 最显著的特点。具体来说,IPTV 的业务范围包括三大类,如图 1-8 所示。

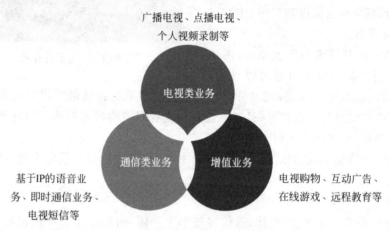

图 1-8　IPTV 的业务范围

作为一种多行业、交叉型的新产业,IPTV 既超出了传统的电信运营范围,也超出了传统的广电运营范畴。IPTV 的产业链条,涉及网络运营商、内容运营商、内容供应商、设备提供商、软件供应商、系统集成商、终端生产商和终端用户等多个环节,涵盖节目制作、内容管理、接入及运营、IPTV 设备终端,以及与 IPTV 相关的软件标准、硬件标准、网络安全、电视标准和增值服务等方面。

6. 微博

微博是一种以用户关系为基础、通过关注机制分享简短实时信息的广播式社交媒体平台,以文字、图片、视频等多种媒体形式实现信息的即时分享、传播和互动。用户可以通过 PC 端、手机端等多种终端接入平台。借助一对多的互动交流方式,以及快速、广泛传播的特性,微博已经成为企业开展营销推广的常用平台。图 1-9 所示为新浪微博首页。

7. 微信

微信是一款为智能终端提供即时通信服务的免费应用程序,可以跨通信运营商、跨操作系统平台,通过网络快速发送语音短信、视频、图片和文字等信息。用户可以通过朋友圈发表文字、图片和视频,也可以通过其他软件将文章或者音乐分享到朋友圈。此外,用户还可以对好友发表的照片、视频等进行评论或点赞,但其他用户只能看到共同好友的评论或点赞。

在微信中设有微信公众平台,为个人、企业和组织提供相关业务支持和用户管理服务。微信公众平台主要具有实时交流、消息发送和素材管理的功能。用户可以与公众平台账户的粉丝进行实时交流,并对其进行分组管理,同时也可以使用高级功能设置自动回复。目前,微信公众平台已经成为各类企业开展营销推广的重要平台。图 1-10 所示为微信公众平台的账号分类。

8. 网络直播

网络直播是一种新兴的网络社交方式,利用视频将产品展示、相关会议、网上调查、对话

图1-9 新浪微博首页

图1-10 微信公众平台的账号分类

访谈、技能培训等内容直接发布到互联网上,借助互联网的传播速度快、交互性强、地域不受限、受众可划分等优势,达到推广宣传的目的。网络现场直播结束后,还可以为受众继续提供随时重播、点播等服务,有效地延长了直播的时间和空间范围。

网络直播可以分为两大类,即网络现场直播和网络互动直播。

网络现场直播是指在现场随着事件的发生、发展进程同步制作和发布信息的直播方式。与电视直播方式相比,网络现场直播具有成本低廉、方便快捷、互动性强的特点。

网络互动直播主要由直播客户端、直播网页端及管理后台构成,利用互联网(或专网)和先进的多媒体通信技术在网上构建一个集音频、视频、桌面共享、文档共享、互动环节于一体的网络直播平台,主播在该平台上在线与受众进行语音、视频、文字的全面互动交流。比较有代表性的网络互动直播平台有虎牙直播、YY直播、斗鱼直播等。

9. 短视频

一般短视频是指在互联网上传播的时长在 5min 以内的短片视频。随着移动终端的普及和网络的提速,短视频凭借生产流程简单、制作门槛低、参与性强等特点逐渐获得了各大平台、粉丝和企业的青睐。同时,随着"网红"经济的出现,一批优质原创内容制作者在短视频行业逐渐崛起。截至目前,短视频行业竞争已经进入白热化阶段,内容制作者也更偏向专业。具体来说,短视频分为以下几种类型。

(1) 纪实类。纪实类短视频的主要特征是在影像中对拍摄主体进行直接呈现。拍摄者将自己的声音和形象展现在屏幕画面之内,通过主体在场而非客观观察的方式呈现他们所看到和经历的现实。在拍摄短视频的过程中,个体不再是客观事件的单纯旁观者,而是社会交往的亲历者。以 B 站的短视频《北京 2300 公里外的山区,这里的小学生午饭吃什么》(图 1-11)为例,拍摄者作为一名客座讲师被邀请到四川省凉山彝族自治州布拖县的阿布泽鲁小学,当他试图将自己盘中的肉分给身边的男孩时,小男孩羞涩地拒绝了,虽然盘中已无菜,但这个男孩格外认真地将所有白米饭吃得一粒不剩后才离开。在这个小插曲之后,"食贫道"感慨,大山里长期封闭的环境让孩子们面对外来者时存在天然的胆怯,但"干吃米饭"的动作又能让人感受到他们的纯真、倔强与可爱。

图 1-11　B站短视频《北京 2300 公里外的山区,这里的小学生午饭吃什么》

(2) "网红"IP 型。随着"网红"经济的出现和发展,互联网上出现一批"网红"形象,他们制作的视频内容贴近生活,吸引了大批粉丝的关注。

(3) 搞笑内容型。很多普通人借助短视频的热潮,在快手、抖音等新媒体平台上制作与输出搞笑内容。在信息碎片化传播的环境下,这些内容为网民提供了不少娱乐谈资。

(4) 情景短剧。情景短剧多以搞笑创意为主。例如,陈翔六点半、万万没想到等团队制作的视频大多是这种表现形式,在互联网上被广泛传播。

(5) 街头采访型。街头采访型也是目前比较热门的一种短视频形式,因其制作流程简单、话题性强,受到年轻群体的喜爱。

(6) 创意剪辑。创意剪辑是指运用剪辑技巧和创意制作出精美、震撼或搞笑的视频,有的还会加入有趣的解说、评论等元素。

课堂讨论

谈谈你体验过的新媒体的形式和载体。

(二) 新媒体的特征

随着新媒体的不断发展,其呈现的形式逐渐向自媒体方面发展,微博、微信、短视频等逐渐成为新媒体的主要表现形式。新媒体主要具有以下特征,如图1-12所示。

图1-12 新媒体的特征

1. 信息的双向传播

在新媒体中,信息是双向传播的。新媒体改变了传统媒体"传播者单向发布信息、受众被动接受信息"的状态,使每个受众既是信息的接受者,又是信息的传播者。

2. 多元化的传播内容

新媒体在传播内容上呈现出多元化的特点,受众可以发布文字、图片、视频等多种形式的内容。新媒体传播内容的多元化增加了传播内容的信息量,同时也在一定程度上拓展了传播内容的深度和广度。

3. 受众传播行为个性化

通过分析微博、微信等新媒体可以发现,在当前的新媒体环境下,无论是作为信息的传播者还是信息的接收者,人们都可以自由地发布个性化的观点和信息。

4. 信息传播与接收的移动化

移动互联网的发展大大促进了新媒体的发展。在移动互联网技术的支持下,受众在发布和接收信息时摆脱了固定场所的限制,有明显的移动化特征。

5. 信息传播与接收的实时性

在互联网技术的支持下,新媒体的信息传播速度比传统媒体的传播速度要更加迅速,新媒体不仅能够让受众实时接收信息,还能够让受众对信息做出实时反馈。

四、新媒体的发展趋势

随着网络技术的不断创新与发展,新媒体获得了有效的发展。在新媒体的发展过程中,其发展趋势表现出以下特点,如图1-13所示。

1. 成长期大大缩短

对于走向普遍大众所用的时间而言,在传统媒体中,报纸经历了半个世纪,电视经历了30余年;而在新媒体中,微博经历了3年,微信仅经历了1年。很明显,新媒体成长的时间越来越短。

图 1-13　新媒体发展的趋势

2．用户量的增长速度极快

在手机、个人计算机和电视机三大主流终端中,手机和个人计算机已经成为完全互联网化的终端,用户总量已经远远超过电视机的用户总量。近年来,随着 IPTV 的逐步普及,电视终端彻底互联网化也指日可待,因此新媒体必将囊括所有用户终端。在新媒体中,用户量快速增长的典型代表就是微信,微信发布仅一年就发展到 1 亿用户。2023 年第三季度,微信及 WeChat 的合并活跃账户数达 13.19 亿。

3．产品生命周期缩短

大多数新生媒体形态的发展都很快速,即使在短期内形成巨大影响力的"幸运儿",如客户端、微博和微信等,也不可能产生如当年传统媒体那样持久的影响力。因此,与传统媒体相比,新媒体的产品生命周期有所缩短。

4．强调以服务为导向的娱乐体验

就提供的娱乐服务而言,传统媒体提供的是大众普遍娱乐服务,而新媒体则强调以服务为导向的娱乐体验。新媒体娱乐体验的消费模式主要体现在两个方面:一是在互联网巨大存储优势的支持下,用户可以享受和分享海量的信息;二是借助搜索引擎的智能推荐功能,用户可以在海量内容中快速检索、互动与分享自己想要的信息。与传统广播电视的粗放型传播相比,新媒体这种主动性、个性化的传播更具优势。

单元二　新媒体编辑概述

新媒体的特殊性决定了新媒体信息编辑的特殊性与重要性。下面将从宏观角度介绍新媒体信息编辑的特点、原则,以及相关法规。

一、新媒体编辑的特点

随着信息技术的飞速发展,媒体信息编辑越来越具有时代性。具体来说,新媒体编辑具有以下特点,如图 1-14 所示。

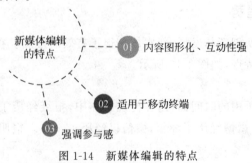

图 1-14　新媒体编辑的特点

1. 内容图形化、互动性强

与使用纸质图书进行阅读这种静态沉浸式的阅读模式不同，使用计算机和移动端阅读是一种交互式阅读模式，人们需要一步步自行选择自己的阅读内容。

在这种交互式阅读模式下，一个人在搜索自己想看的内容时如果需要花费很长的时间，可能会因为缺乏耐心而选择放弃阅读，而阅读纸质图书就很少出现这种因为不耐烦而放弃阅读的行为。由此可见，在新媒体中，信息的加载速度是影响受众阅读行为的一个重要因素。因此，在设置新媒体内容时，要对内容的打开速度进行测试，保证其打开速度在受众可接受的时间范围内。

此外，为了最大限度地吸引受众的注意力，降低受众在阅读过程中跳出的可能性，新媒体越来越趋向于设计和发布更轻松、更强调趣味性、更具互动性的内容，因此图形化文章、短视频、交互式 H5 页面等阅读载体成为新媒体从业者必须掌握的新工具。

2. 适用于移动终端

随着智能手机的广泛普及，很多人已经习惯了使用手机来完成如工作交流、邮件收发、内容制作（如微信排版、编辑等）等原来必须依靠计算机才能完成的工作。同时，人们的阅读习惯也变成碎片化时间阅读模式，在公交、地铁、餐厅、会议等各种场合，只要有碎片化时间，人们就会通过手机阅读各类信息。

进入移动阅读时代后，虽然手机屏幕越来越大，但其仍然无法与计算机屏幕相比。在显示屏幕变小的情况下，每一屏所能浏览的内容会变少，如果一条信息不能在手机屏幕的首页上得到展示，那么这条信息获得关注的可能性就会很小，而谁能尽可能多地占据手机屏幕的首页显示位置，谁就能获得更多的曝光量和更好的宣传效果。

3. 强调参与感

在互联网出现之前，媒体的一个明显变化趋势就是信息承载量越来越大，生产信息的周期越来越短。以报纸为例，其发展演化过程如图 1-15 所示。到了互联网时代，门户网站能够做到信息实时更新，支持用户在线分享和评论。而到了移动互联网时代，新闻客户端在实时更新的基础上实现了个性化内容推送。

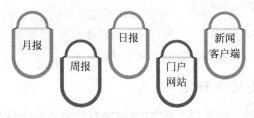

图 1-15 报纸发展演化过程

报纸的这种发展特点也侧面反映了其他媒体的发展特点，诸如电视、视频网站这样的媒体也在不断增加频道数量，丰富视频表现内容，它们通过提高内容设计水平和技术交互手段来提升自身对用户的吸引力。以电视综艺节目为例，其发展演化过程如图 1-16 所示。

在最早的时期，电视综艺节目是先录制后再定期播放，观众只能观看节目。后来，开始出现直播类型的节目，节目现场的观众可以参与节目互动。再后来，节目场外的观众也被允许加入节目互动中，最开始是观众可以通过拨打热线电话来参与互动或发表意见，但这也只是少数人可以参与。到了短信时代，用户可以使用手机发送短信参与节目互动；而到了互

图 1-16　电视综艺节目发展演化过程

联网时代,越来越多的人更愿意在网络上观看综艺节目,因为这样可以对节目进行在线点赞、评论和分享。随着弹幕技术的出现,在线观看节目的观众所发表的弹幕甚至可以成为节目内容的一部分,此时普通观众在节目中的参与感得到了最大的实现。

因此,在当前受众追求参与感的环境下,如果媒体上的内容无法为受众创造出参与感,那么这样的媒体很可能会逐渐被受众抛弃。

二、新媒体编辑的原则

进入互联网时代后,新的"新媒体"层出不穷,人们关于新媒体的理论研究成果也一直在深化。虽然各个新媒体平台在信息发布和编辑的方向上有所不同,也没有明确的编辑规则,但对于新媒体整个行业来说,信息编辑仍体现出一定的基本原则,如图 1-17 所示。

图 1-17　新媒体编辑的原则

1. 针对目标受众的特征进行信息编辑

每一种新媒体在组织内容之前,需要确定自己所面对的目标受众是谁,自己的目标受众有何特点,这样才能让自己所发布的信息更具针对性,才能让信息更好地满足受众的需求。

2. 针对媒体的自身风格进行信息编辑

每一种类型的媒体都会有不同的风格,因此在进行新媒体信息编辑时需要考虑不同的信息编辑风格。人们之所以愿意接受一种媒体的影响,就是因为其认可该媒体所传递的信息内容,认可该媒体所形成的媒体形象。因此,新媒体要注意打造具有独特风格的媒体形象,并根据自身的媒体形象进行信息的组织和内容发布,从而提升媒体的公信力和流量转化率。

三、新媒体编辑相关法律规定

与新媒体编辑相关的法律规定主要有《互联网新闻信息服务管理规定》《互联网新闻信息服务许可管理实施细则》《互联网信息内容管理行政执法程序规定》《网络产品和服务安全审查办法(试行)》等。

《互联网新闻信息服务管理规定》自 2017 年 6 月 1 日起施行,明确了互联网新闻信息服务的许可、运行、监督检查和法律责任等,并将各类新媒体纳入管理范畴。

《互联网新闻信息服务许可管理实施细则》自 2017 年 6 月 1 日起施行,进一步明确了互联网新闻信息服务的具体类别,细化了每类服务的概念、许可条件和申请材料等,明确了技术安全评估有关要求,细化了互联网新闻信息服务单位与境内外中外合资经营、中外合作经营和外资经营的企业进行涉及互联网新闻信息服务业务合作的安全评估要求。

《互联网信息内容管理行政执法程序规定》自2017年6月1日起正式施行,旨在规范和保障互联网信息内容管理部门依法履行行政执法职责,正确实施行政处罚,保护公民法人和其他组织的合法权益,促进互联网信息服务健康、有序地发展。

《网络产品和服务安全审查办法(试行)》自2017年6月1日起实施,旨在提高网络产品和服务安全可控水平,防范网络安全风险,维护国家安全。《网络产品和服务安全审查办法(试行)》指出,关系国家安全的网络和信息系统采购的重要网络产品和服务应当经过网络安全审查。

《互联网新闻信息服务单位内容管理从业人员管理办法》自2017年12月1日实施,旨在加强对互联网新闻信息服务单位内容管理从业人员管理,维护从业人员和社会公众的合法权益,促进互联网新闻信息服务健康有序发展。

1. 发布新闻或评论注意事项

《互联网新闻信息服务管理规定》中明确指出,新闻信息有约定的范围,目前主要限制的是政治、经济、军事、外交等社会公共事务的报道、评论,以及有关社会突发事件的报道、评论。非公有资本投资的媒体可以涉足娱乐、体育等报道领域,但不能采写时政类新闻。

个人开设的微信公众号、微博账号,如果不是专门用来发布新闻的,原则上不属于《互联网新闻信息服务管理规定》的直接管理范畴,个人在微信、微博上发布随手拍的内容由腾讯、新浪等服务平台管理。也就是说,媒体服务平台要有新闻信息服务许可,个人不需要有新闻信息服务许可,但发布的内容不能违法。总的来看,任何单位和用户都不得制作、复制、发布、传播法律和行政法规禁止的信息内容。需要强调的是,作为互联网平台,需要承担审核平台账号的开设信息、服务范围等主体责任。

2. 转载新闻或评论注意事项

根据《互联网新闻信息服务许可管理实施细则》中的规定,互联网新闻信息服务包括互联网新闻信息采编发布服务、转载服务和传播平台服务。其中,互联网新闻信息采编发布服务是指对新闻信息进行采集、编辑、制作并发布的服务,转载服务是指选择、编辑并发布其他主体已发布新闻信息的服务,传播平台服务是指为用户传播新闻信息提供平台的服务。

获准提供互联网新闻信息采编发布服务的,可以同时提供互联网新闻信息转载服务。获准提供互联网新闻信息传播平台服务,拟同时提供采编发布服务、转载服务的,应当依法取得互联网新闻信息采编发布、转载服务许可。

按照此规定,未获得许可的自媒体(如微信公众号)不仅不能发布新闻信息,还不能转载和传播新闻信息。

3. 其他注意事项

《互联网新闻信息服务管理规定》和《互联网新闻信息服务许可管理实施细则》压缩了网络不实信息的生存空间。

互联网新闻信息服务单位分为三类,其中一类、三类网站由新闻单位设立,二类网站由非新闻单位设立,三类新闻网站仅能登载本新闻单位已刊登播发的新闻信息。网站为从事互联网新闻信息服务的最高等级,拥有独立采编和发布新闻的资质。

一类和二类网站的许可证由工信部颁发,三类网站的许可证由省、自治区、直辖市互联网信息管理办公室颁发,同时需上报工信部备案。大部分地方媒体主办的网站都是三类网站。

《互联网新闻信息服务管理规定》和《互联网新闻信息服务许可管理实施细则》的实施能有效惩治"标题党"、网络谣言、侵犯著作权等乱象。

由于新媒体监管涉及的对象数量庞大，管理难度较大，主管部门不一定会直接监管某个自媒体，而是通过监管自媒体平台来实现。例如，主管部门可能不会因为"震惊体"标题党而去查处某些自媒体，但可以约谈、惩处该自媒体所涉及的自媒体平台。因此，可以想象的是，自媒体平台为了自身安全将会严惩"标题党"。

此外，《互联网新闻信息服务管理规定》还对互联网新闻信息服务提供者及其从业人员非法牟利做出了禁止性规定，针对社会上出现的一些非法网络公关等现象予以明确禁止，要求互联网新闻信息服务提供者及其从业人员不得通过采编、发布、转载、删除新闻信息，干预新闻信息呈现或搜索结果等手段牟取不正当利益。

四、新媒体从业者的岗位能力和职业素养

目前，新媒体行业发展迅速，且更新迭代快，对行业从业人员的能力和素质也不断地提出新的要求。通过在招聘网站上进行搜索，可以发现新媒体行业的相关岗位主要包括运营专员、编辑、推广、策划等，如图1-18所示。

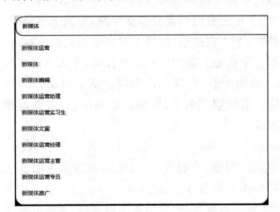

新媒体从业者的岗位能力和职业素养

图1-18 新媒体相关岗位

图1-19所示为两家公司招聘新媒体编辑的招聘广告。

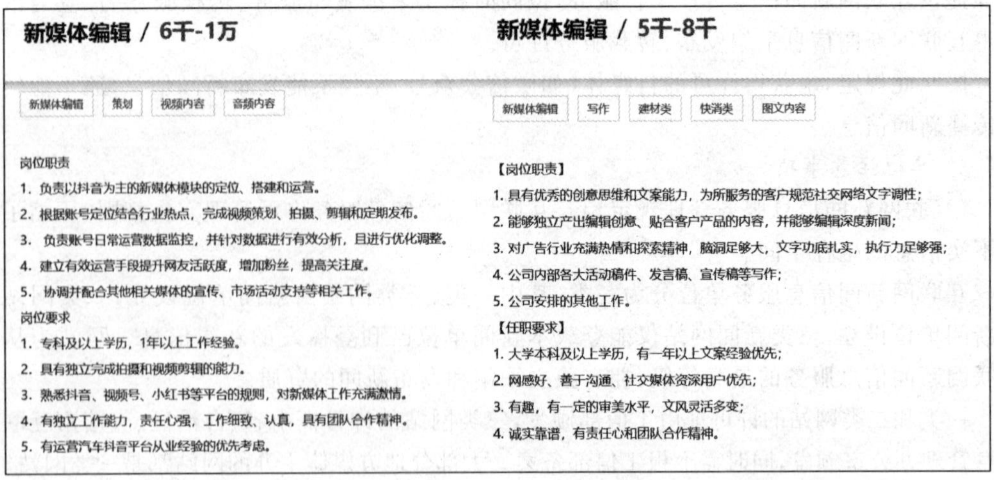

图1-19 某公司新媒体编辑招聘广告

两家公司招聘的都是新媒体编辑,虽然它们对职位的描述和所提的职位要求存在不同之处,不过通过提炼关键词,可以得到这两家企业对新媒体运营编辑岗位的共同需求点,即文字表达能力、热点跟踪能力、新媒体平台运营能力等。通过深入调查发现,新媒体行业对从业人员的能力和素质要求主要包括以下几个方面。

1. 敏锐的网络感

网络感是指从业人员对网络的一种感觉,即从业人员要对网络信息有很强的敏感度,能够准确地把握网民关注的方向及网络信息的发展趋势,每天都能从海量的信息中捕捉到网络舆论的焦点,从中精准地找到可以引发网民热议的信息,并创造话题引发广泛讨论。

网络感并不是一朝一夕就能自动形成的,个人的思维方式、兴趣爱好、学习能力等都会影响到网络感的培养和形成。因此,在日常生活中,我们应该注意培养自己积极动脑、主动探究问题的习惯,并在学习中积极地总结经验。

2. 基本的文字表达能力

在新媒体运营中,内容为王,任何人都可以发出属于自己的声音。如果我们观察事物的角度足够巧妙,观点足够犀利,就能够写出具有鲜明个人特色的、原创性的、有干货的文章,从而引起读者的关注。任何不具备内容创作能力,只会抄袭或改编他人原创内容来冒充是自己原创作品的人,只能成为他人信息的搬运工,无法为自己的账号吸引更多的人气。

3. 带有创意的策划能力

当前很多新媒体平台上的账号之所以备受欢迎,就是因为他们总能创作出颇具创意的内容。作为新媒体运营者,要想做出独具特色的品牌,创意是必不可少的。只有不断地给用户创造惊喜、不断地创造有讨论度的话题、不断地给用户创造价值,才能吸引用户长久关注。

同时,在这个人人都是自媒体的时代,光有创意是远远不够的,新媒体运营者还要具有将创意转化为操作方案的策划能力。新媒体运营者可以通过一些专业的学习平台来提升自己的策划能力,或者多请教行业中的优秀者,从他们身上汲取经验,也可以在平时的工作中多与同事开展"头脑风暴",拓宽自己的思维和视野,提升自身思考和分析问题的能力。总之,策划能力不是一朝一夕就能培养出来的,而是需要通过不断的学习与实践来提升。

 课堂讨论

"上一秒,你是父亲的儿子;这一秒,你是儿子的父亲。"你认为以上这段话是以下哪种产品的文案?说说你的理由。

(1)啤酒 (2)奶粉 (3)钟表 (4)珠宝

4. 洞察用户心理的能力

用户群体细分化是新媒体时代的一个基本特征。在新媒体运营过程中,运营者会逐渐发现即使自己发表的言论非常理智、中肯、客观,也无法让所有人都信服,即使自己的文章风趣、幽默,也会有人不喜欢,而且喜欢与不喜欢的人往往会形成非常分明的阵营。我们无法赢得所有人的喜欢,但能够选择一个目标群体来进行重点经营。因此,一名优秀的新媒体运营者应该具备洞察目标用户心理的能力。

5. 人际沟通的能力

新媒体运营不是一项独立的工作,需要各个部门的通力合作,因此各个部门之间需要进行有效的沟通。一方面，运营者需要做好内部沟通，能够将产品需求、设计需求、文案需求、客户数据等信息准确地传递给各个部门；另一方面，运营者还要做好客户的沟通工作，随时了解客户的需求并收集客户的反馈意见或建议。

6. 数据分析的能力

大数据技术为新媒体产业的发展提供了新的技术支持。具体来说，大数据分析对新媒体运营的价值主要表现在四个方面，如图1-20所示。因此，作为新媒体运营者，需要懂得基本的数据分析，会使用Excel或其他一些更专业的数据分析工具进行数据总结、数据预设等处理。

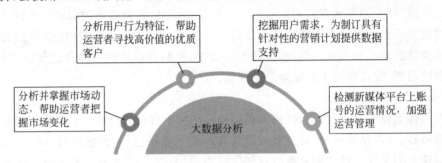

图1-20　大数据分析对新媒体运营的价值

虽然目前各个平台都为用户提供了强大的数据分析工具，如百度指数、微信指数、淘宝指数、头条指数等，且它们都为用户提供了非常直观的数据表现，但是数据单纯地放在那里是没有太大意义的，只有通过数学模型和比例关系将它们整合到一起才能让这些数据充分发挥作用。这些数据并不是孤立的，而是相辅相成的，只有学会分析数据，才能真正地了解这些数据背后所代表的信息。

7. 学习新知识，快速接受新事物的能力

新媒体的表现形式日新月异，新媒体从业人员必须能够随时随地接受新鲜事物，能够熟练地运用各种新媒体平台，如抖音短视频、快手等各类App，并结合这些App的特点开展有效营销。

8. 运用各类新媒体工具的能力

所谓"工欲善其事，必先利其器"，运营新媒体还需要熟练使用一些编辑工具。从寻找热点、构思选题到图文排版、制作音频视频，新媒体运营者应该熟悉每个环节可用的工具及其使用方法，这样才能高质量、高效率地完成各项工作。

 课堂讨论

谈谈你对新媒体从业者职业前景的看法。

 **思维训练**

爱德华·德·博诺是这个时代最伟大的创意思想家之一，他创造了一种称为"智囊球"的产品，来鼓励人们从更多的侧面进行思考，结果就会变得更具有创意。智囊球就是一个直径大概为20厘米的球，球中装有很小的印有14000个词语的塑料片，用户可通过球上面一扇小小的窗户看到三个词，每摇动一次球，用户可将小窗户上看到的三个词语记录下来，并且与自己正在思考的营销问题相联系，最终可提出一个解决该问题的全新思路。

请三人为一组,每人说出一个物品的名称,然后将三个物品联系起来做创意联想,看看最终能收获多少个有意思的结果,如围棋+食物+苹果=可以吃的苹果味的围棋。

实训任务

一、实训项目

1. 企业介绍

大唐温泉度假村酒店是在原××温泉山庄的基础上投资开发的以露天温泉为主导产品的星级度假村。度假村地处南方 A 省 B 市省级森林公园内,占地五十余亩,交通便利。景区内环境优美,设施齐全,服务优异,是集温泉沐浴、客房餐饮、商旅会议、棋牌娱乐、休闲度假等多种功能于一体的生态健康旅游胜地,如图 1-21 所示。

图 1-21　大唐温泉度假村酒店风景

大唐温泉度假村酒店的主导产品大唐露天温泉以"诗画江南"为底蕴,设有露天温泉项目二十余种,其中,西湖池"婀娜多姿"、钱塘江池"潮起潮落"、米酒池"暗香浮动"、名花池"浪漫怡人"、芦荟池"青春焕发",还有瓜果池、牛奶池、咖啡池等,另有日式私家露天温泉贵宾房和中式室内温泉贵宾房二十余间,可供尊贵人士会晤度假。

度假村还拥有中日式客房八十余间,中餐贵宾房十余间,另有多功能厅两处,可同时容纳四百五十人用餐和二百人会议。温泉区还配套有日式按摩房、香薰屋、棋牌室、足浴房、台球室、健身房、特色麦饭石池、商务中心、特色购物商场,让客人可以在整个度假村休闲娱乐、一票通行,"泉心泉意、随心所浴"。

2. 任务情景

大唐温泉度假村酒店为适应互联网时代的发展需求,扩大业务发展渠道,拟成立新媒体运营部,需要招聘 5~8 名新媒体编辑,从事新媒体相关的编辑、推广、运营工作,进一步提高企业品牌知名度。

二、实训要求

了解企业对于新媒体编辑的招聘需求,为大唐温泉度假村酒店拟定招聘相关的岗位要求,具体要求包括以下几项。

(1) 通过招聘网站,搜索有关新媒体编辑招聘的相关信息。

(2) 查看一些知名网络平台对新媒体编辑的岗位要求。

(3) 对比并总结新媒体编辑的工作内容和任职要求。

三、实训步骤

(1) 通过智联招聘、前程无忧、百度招聘等招聘网站搜索新媒体编辑的相关招聘信息。在百度招聘网站的搜索引擎中输入关键字"新媒体编辑",搜索并查看相关职位信息,如图 1-22 所示。

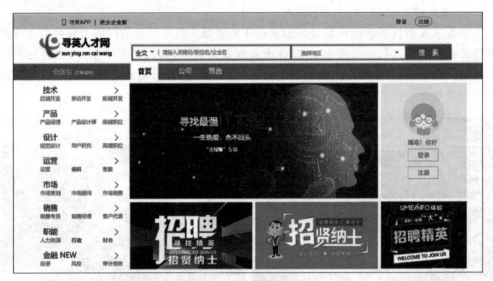

图 1-22　招聘网站界面

(2) 访问智联招聘网站,了解不同地区新媒体编辑的职位数,并将结果填入表 1-1。

表 1-1　智联招聘网站不同地区新媒体编辑职位数

地区	北京	上海	深圳	杭州	……
职位数					

(3) 通过具体网站,搜集餐饮、酒店、旅游等相关企业关于新媒体编辑的招聘信息,了解新媒体编辑的岗位职责和任职要求,对新媒体编辑岗位进行分析。根据搜集的新媒体编辑的相关招聘信息,填写表 1-2。

表 1-2　新媒体编辑职位分析

招聘企业名称	岗位职责	任职要求	综合分析

(4) 大唐温泉度假村酒店拟招聘新媒体编辑 5~8 名,请为该企业拟定相关的岗位职责和任职要求,要求表述具体而翔实。

任务评价

相关评价表如表1-3～表1-5所示。

表1-3 技能评价表

序号	技能自评	任务要求	得分	备注
1	新媒体编辑岗位的招聘现状	能够利用网络资源,搜索有关新媒体编辑招聘的相关信息		
2	新媒体编辑岗位的发展前景	熟悉新媒体编辑岗位的发展前景,制定职业规划		
3	新媒体编辑岗位职责	熟悉不同企业新媒体编辑的岗位职责和工作内容等		
4	新媒体编辑任职要求	熟悉不同企业新媒体编辑的任职要求和薪资待遇等		
5	温泉酒店新媒体编辑岗位职责和任职要求	能够根据以上信息,拟定温泉酒店新媒体编辑岗位的招聘启事		

表1-4 素质评价表

序号	素质自评	任务要求	得分	备注
1	正确的价值观	能够宣扬正确的价值观,引导社会风气,传递正能量		
2	创新意识	能够在招聘启事里体现出新媒体编辑创新能力的重要性		
3	协作精神	能够在招聘启事里体现出团队合作精神的必要性		
4	资源搜集和整合能力	能够借助线下和网络资源,获取相应的资源		
5	自我学习能力	能够利用线下和网络资源,自我学习相关的知识和技能,不断提升自我能力		

表1-5 任务综合评价表

学生自评得分（20%）	小组互评得分（20%）	教师评价得分（30%）	企业评价得分（30%）	总分

课后习题

一、单项选择题

1.新媒体是指在各种数字技术和网络技术的支持下,通过计算机、手机、数字电视等各种(　　),向用户提供信息和服务的传播形态,它是一种媒体形态的数字化。
　　A.模拟终端　　　　B.通信终端　　　　C.网络终端　　　　D.移动终端

2.在媒体传播信息的过程中,受众的(　　)是反映信息传播效果的一个重要体现。
　　A.喜欢程度　　　　B.参与程度　　　　C.下载量　　　　　D.反馈评价

3. 新媒体强调以（　　）为导向的娱乐体验。
   A. 快速　　　　　B. 多人参与　　　　C. 商业目的　　　　D. 服务
4. 在新媒体运营中,（　　）是关键。
   A. 内容为王　　　B. 流量为王　　　　C. 信息整合　　　　D. 娱乐至上

二、多项选择题
1. 新媒体在信息传播方式上具有（　　）和（　　）的特点。
   A. 单维度　　　　B. 多维度　　　　　C. 实时性　　　　　D. 随意性
2. 下列属于新媒体的是（　　）。
   A. 广播　　　　　B. 数字电视　　　　C. 博客
   D. 网络直播　　　E. 短视频
3. 新媒体的特征包括（　　）。
   A. 信息的双向传播　　　　　　　　　B. 多元化的传播内容
   C. 受众传播行为个性化　　　　　　　D. 信息传播与接收的移动化
   E. 信息传播与接收的实时性
4. 新媒体编辑的特点包括（　　）。
   A. 内容图形化、互动性强　　　　　　B. 适用于移动终端
   C. 强调参与感　　　　　　　　　　　D. 大众化内容推送

三、思考题
1. 新媒体与传统媒体的区别有哪些？
2. 新媒体发展的特点是什么？
3. 新媒体编辑的原则有哪些？
4. 新媒体从业者应具备的能力有哪些？
5. 以下各类媒体中,你认为哪些是新媒体？
门户网站、社区论坛、博客、电子邮箱、微博、微信公众号、小红书、抖音、QQ群、知乎、头条号、快手、荔枝FM、西瓜视频、腾讯微视、淘宝网、虾皮网、闲鱼

项目二

新媒体网络市场调研

➡ 教学目标

- **知识目标**

(1) 了解用户调研的含义和步骤。
(2) 了解用户画像的含义和构建方法。
(3) 掌握产品调研的含义和方法。
(4) 掌握使用百度指数进行产品调研的方法。
(5) 掌握竞品调研的流程。
(6) 掌握热点调研的方法。

- **能力目标**

(1) 能够使用行业报告等进行用户调研。
(2) 能够设计网络调研问卷。
(3) 能够收集用户数据构建用户画像。
(4) 能够使用SWOT分析法、波士顿矩阵分析法和百度指数工具进行产品调研。
(5) 能够根据企业需求进行热点调研。

- **素质目标**

(1) 具备创新创业的精神和能力。
(2) 具备团队合作的精神,能够小组协作分工,共同完成任务。
(3) 具备互联网思维、数据化思维和数据分析能力。
(4) 具备正确的价值观,将爱国、敬业、诚信、友善等社会主义核心价值观内化为精神追求、外化为商业行动。
(5) 具备法律意识,遵守互联网和电子商务的法律法规,遵守道德规范,注意保护个人和他人的信息隐私。

课程思政

党的二十大报告指出:
"建设具有强大凝聚力和引领力的社会主义意识形态。"
"加强全媒体传播体系建设,塑造主流舆论新格局。健全网络综合治理体系,推动形成良好网络生态。"

本章内容可以让学生能够根据企业需求,使用SWOT分析法、波士顿矩阵分析法和百度指数工具等进行用户调研、产品调研和热点调研,发扬一丝不苟、精益求精的工匠精神,同时注意遵守道德规范,注意保护个人和他人的信息隐私。

单元一　用户调研

一、用户调研的含义和目的

调研是调查研究的基础,指通过各种调查方式(如网络调查等)获取受访者的态度和意见等信息,并进行统计分析,研究事物的总特征。调研的目的是获取系统客观的信息,为决策做准备。用户调研是指对用户进行调查研究,具体是指调研者通过网络调查、面对面访谈等调查方式获取有关用户的态度和意见等信息,并对信息进行统计分析,研究用户特征以辅助企业进行经营决策的调查研究活动。

《产品经理方法论》一书中曾提及"了解用户胜过了解自己"。由此可见,用户调研现在已经成为一些企业的重要项目内容。在新媒体编辑中,用户调研是为了更明确、更清晰地理解用户,从而为产品设计或品牌推广提供导向,主要体现在以下几点。

1. 寻找用户需求

通过用户调研,调研者不仅能够挖掘用户的新需求,排除用户的伪需求,也能够对用户需求的强弱进行验证。

2. 进行用户洞察

通过用户调研,调研者能够了解用户喜好、满意度,有机会了解用户的真实想法,从而进行用户洞察。

3. 接收用户建议

通过用户调研,调研者能够接收用户的反馈建议,如优化产品的某个功能,从而让产品变得更好。

二、用户调研的步骤

一个完整的用户调研可以分为确定调研目的、制订调研计划、执行调研过程和分析调研结果四个步骤。

用户调研的步骤

1. 确定调研目的

针对不同的调研目的,调研者会采用不同的调研方法,并寻找不同的调研人群。因此,确定清晰的调研目的是整个调研过程中关键的第一步。按时间先后顺序,用户调研目的可分为三类。

第一类是用户需求调研,主要是了解用户对于产品的需求情况;第二类是用户洞察调研,主要是了解用户在产品使用过程中的现状,如满意度等;第三类是用户建议调研,主要是了解用户的反馈建议。

2. 制订调研计划

确定调研目标后,要针对目标制订调研计划,举例如下。

（1）调研目标用户特质。
（2）选择抽样方式确定调查对象。
（3）选择调研方法确定获取信息的方式。
（4）确定具体的调研内容。
（5）确定调研的时间、地点、参与人员、设备、礼金等。
（6）确定预算、时间和人员的分配。

3. 执行调研过程

完善的调研计划能够保证用户调研有效执行。在网络调研过程中，调研者要多留意用户的细微言辞，并引导用户说出自己真实的想法，从而发现问题。作为调研者，要避免自身潜意识的想法影响用户的决策。例如，在设计调研问卷时，问卷题目用词要尽量客观，不带倾向性。

4. 分析调研结果

调研者通过分析发现调研中的关键问题，并输出相关结论。流程举例如下。
（1）调研用户和目标用户是否匹配。
（2）对比调研结果是否有较大差别。
（3）用户是否觉得产品能够满足他们的需求。
（4）这个需求是痛点、刚需，还是一个无关紧要的小需求。
（5）用户是否觉得产品有特色，是否愿意为其付费。

调研结果通常以调研报告的形式呈现。通过分析调研结果，可以获取用户需求特征、行为特征等信息，从而为新媒体编辑提供决策依据。

三、借助行业报告进行用户调研

在用户调研过程中，当用户群体较为明确时，可以借助行业报告对用户特征、需求等进行分析，这能够在一定程度上提高用户调研的效率和水平。

例如，某企业希望以短视频营销的方式促进销售，扩大规模，需要了解当前中国短视频用户规模、特征以及主流短视频营销渠道等。该公司除了进行问卷调研，也可以通过查询相关行业报告来了解相关情况。华经产业研究院发布的《2023年中国短视频研究报告》中，对短视频产业及用户群体进行了分析，如图2-1~图2-3所示。

由图2-1分析得知，短视频用户规模实现了快速增长。截至2022年年底，短视频用户规模首次突破10亿，用户使用率高达94.80%。2018—2022五年间，短视频用户规模从6.48亿增长至10.12亿，年新增用户均在6000万以上，其中2019年和2020年受环境、技术、平台发展策略等多重因素的影响，年新增用户均在1亿以上。

图2-2调研显示，随着用户活跃度与使用时长的稳步提升，2022年中国短视频用户的人均单日使用时长为168min，已超2.5个小时，主要是因为短视频平台在兴趣电商、本地生活等赛道的布局效果显著，持续抢占用户的注意力。

图2-3数据显示，中国短视频行业竞争格局基本稳定，呈"抖音＋快手"双头稳固模式。抖音系、快手系应用在短视频流量与用户黏性方面均占据头部优势地位，且依然保持增长态势。

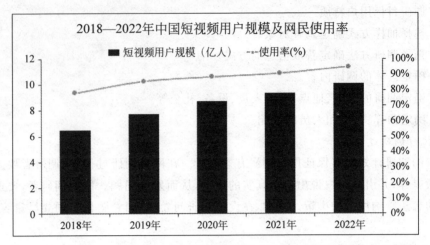

图 2-1　2018—2022 年中国短视频用户规模及网民使用率

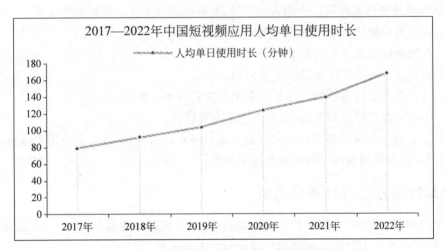

图 2-2　2017—2022 年中国短视频应用人均单日使用时长

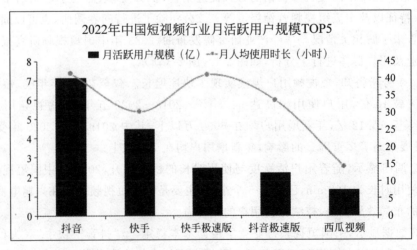

图 2-3　2022 年中国短视频行业月活跃用户规模 TOP5

课堂讨论

1. 第三方研究报告的来源有很多,这些第三方研究报告的信息可以相信吗?如何找到可信度高的行业报告?

2. 某公众号的内容定位为"英语培训",请分析可以从哪些网站下载相关行业报告。

四、用户调研问卷设计步骤

问卷调查是新媒体编辑中用户调研经常使用的方法。而在问卷调查中,问卷设计是其中的关键,问卷设计的好坏直接决定着能否获得准确可靠的用户信息。

(一)问卷的基本要求

一份完善的用户调研问卷在形式和内容两个方面都应达到一定的要求。从形式上看,用户调查问卷要求版面整齐、美观,便于阅读和作答;从内容上看,一份好的用户调研问卷应满足以下几个方面的要求。

(1)问卷问题具体、表述清楚、重点突出,整体结构好。
(2)确保问卷能完成调查任务与目的。
(3)调查问卷应把握正确的舆论导向,注意对被调研者可能造成的影响。
(4)便于统计整理。

(二)问卷设计的过程

问卷设计的过程一般包括九大步骤。

1. 确定要调研的信息

确定要调研的信息是问卷设计的前提工作。调研者必须要在问卷设计之前确定用户调研主题需要的所有信息,并决定信息描述和分析的方法,如频率分布、因果分析法等,并按照这些分析方法所要求的信息形式来收集资料。

2. 确定问卷的类型

制约问卷选择的因素有很多,研究课题和调查项目会影响问卷的类型。在选择问卷类型时,必须综合考虑调研费用、时效性要求、被调查对象、调查内容等制约因素。

3. 确定问题的内容

确定问题的内容应当从被调研者的角度出发,提前分析被调查者群体,不要盲目确定问卷中问题的内容。

4. 确定问题的类型

问题的类型可归结为自由问答、单项选择、多项选择和顺位式问答四种。在实际用户调研问卷中,往往是几种类型的问题同时存在,单纯采用一种问题类型的问卷并不多见。

(1)自由问答题。例如,请您陈述对××问题的建议。
(2)单项选择题。例如,您的性别为(   )。
  A. 男   B. 女
(3)多项选择题。例如,您最经常阅读的短视频内容包括(   )。
  A. 娱乐类 B. 搞笑类 C. 知识类 D. 情感类
  E. 萌宠类 F. 其他(请注明)

(4) 顺位式问答题。例如,请你对以下多媒体形式的喜好程度进行排序,从高到低依次排序(　　)。

　　A. 视频　　　B. 音频　　　C. 图文　　　D. 文本　　　E. 其他

5. 确定问题的措辞

为保证问卷的质量,问题的措辞应注意以下几点。

(1) 问题的陈述应尽量简洁。

(2) 避免设计带有双重或多重含义的问题。

(3) 最好不用反义疑问句,避免否定句。

(4) 注意避免问题的从众效应和权威效应。

6. 确定问题的顺序

问卷中的问题应遵循一定的排列顺序,问题的排序会影响被调查者的兴趣、情绪,进而影响其合作积极性,调查者应做出精心设计。

一般而言,问卷的开头部分应设置比较容易的问题,这样可以给被调查者轻松、愉快的感觉,以便于他们继续答下去;中间部分设置一些核心问题,即调研者需要掌握的资料,这一部分是问卷的核心部分,应该妥善安排;结尾部分可以设置一些背景资料,如职业、年龄、收入等。个人背景资料虽然属于事实性问题,也十分容易回答,但有些问题,如收入、年龄等属于敏感性问题,因此一般安排在结尾部分。当然在不涉及敏感性问题的情况下也可将背景资料安排在开头部分。另外,还要注意问题的逻辑顺序,有逻辑顺序的问题一定要按逻辑顺序排列,即使打破上述规则也要符合逻辑。

7. 问卷的排版和布局

问卷的设计工作基本完成之后,调研者便要着手问卷排版和布局。问卷排版和布局的总体要求是整齐、美观,便于阅读、作答和统计。

8. 问卷的测试

问卷的初稿设计工作完成后不要急于投入使用,特别是对于一些大规模的问卷调研,最好的办法是先组织问卷的测试,如果发现问题应及时修改。测试通常选择 20~100 人。如果第一次测试后有很大的改动,可以考虑是否有必要组织第二次测试。

9. 问卷的定稿录入

完成问卷的测试工作,确定没有必要再进一步修改后就可以考虑定稿。问卷定稿后就可以录入网上调研系统。

五、用户画像的含义

在众多的大数据工具中,用户画像是帮助企业准确识别和分析目标用户的有效工具。所谓用户画像,是对产品或服务目标群体进行真实特征的勾勒,是真实用户的综合原型,是一种勾画目标用户的有效工具。用户画像能帮助企业以最为浅显和贴近生活的话语将用户的属性、行为与期待联结起来。作为实际用户的虚拟代表,用户画像所形成的用户角色是基于产品和市场构建出来的,能够准确代表产品的主要受众和目标群体。

六、用户画像的价值

1. 精准营销

精准营销是用户画像或标签最直接、最有价值的应用。这部分也是广告部门最注重的工作内容。当我们给各个用户打上各种"标签"之后,广告主(店铺、商家)就可以通过标签圈定他们想要的客户,从而进行精准的广告投放。

2. 助力产品

一个产品想要得到广泛的应用,受众分析必不可少。产品经理需要懂用户,因此用户画像能帮助产品经理透过客户行为表象看到客户深层的动机和心理。

3. 行业报告

通过对用户画像的分析可以了解行业动态,如"90后"人群的消费偏好趋势分析、高端客户青睐品牌分析、不同地域品类消费差异分析等。

七、如何构建用户画像

用户画像的核心工作是给用户打标签。标签通常是人为规定的高度精练的特征标识,如年龄、性别、地域、兴趣等,这些标签集合了能抽象描述一个用户的特征。图2-4所示为某企业微信公众号用户的标签集合,每个标签分别描述了该用户的一个维度,各个维度之间相互联系,共同构成对用户的一个整体描述。构建用户画像时,有以下三种方法可以选择。

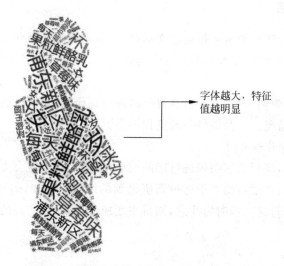

图2-4 某企业微信公众号用户的标签集合

1. 群体定量统计分析

构建用户画像的基础是通过数据对用户进行一个初步的了解,一般采用数据提取分析与问卷调研两种方式。根据用户画像构建目标,确定统计分析的维度指标,可以按照人口属性和产品行为属性两个方面进行综合分析。用户的人口属性有地域、年龄、性别、文化、职业、收入、生活习惯、消费习惯等;用户的产品行为属性有产品使用类别、产品使用活跃频率、产品喜好、产品使用驱动、产品使用习惯等。

2. 具象的定性个体描述

具象的定性个体描述就是创造人物角色。交互设计师艾伦·库珀提出了"用户角色"这一概念,是在海量数据分析的基础上,进行具象化得到一个虚拟用户。这种方法根据用户的目标、行为和观点的差异,将所有用户分为不同类型,然后在每种类型中抽取出典型特征。例如,一些个人基本信息,家庭、工作、生活环境描述,赋予一个名字、一张相片、日常场景等描述,就形成了一个具象的典型用户画像。为了让用户画像便于记忆,可以用具体的名字、标志性语言、几条简单的关键特征进行描述。一个产品通常会设计3~6个角色来代表所有的用户群体。具象的用户画像可以更好地理解用户、提高沟通效率,也可以作为产品设计的依据。

3. 数据建模与产品应用

利用大数据做出好产品在当前大数据时代越来越受到重视。数据建模的方法有很多,在新媒体用户调研中,使用较多的是用户分类、各种推荐算法、防流失模型等。

例如,QQ音乐的"猜你喜欢"就使用了推荐算法。腾讯运营团队从歌手、专辑、单曲三个维度,为用户构建用户画像,针对不同的用户类型推荐不同的歌曲类型。

单元二 产品调研

一、产品调研认知

在新媒体编辑中,产品调研是指通过文案调研、问卷调研等调查方式对自身产品及竞争对手产品的质量、用户评价、交互和功能等内容进行了解,为现有产品优化和新产品设计提供决策支持的过程。

产品调研主要分为两大类,一是对自身产品进行调研,了解产品的概况;二是对竞品进行调研,分析竞品的情况。产品调研一般流程如下。

1. 明确调研的背景和目的

在进行调研之前,调研者应明确进行产品调研的原因,是为了了解同类产品,还是为了改善现有产品。同时,还要明确希望通过调研得到的结果。例如,通过调研的结论,制定自己的产品战略。在进行这一步时需注意,调研主题应尽量聚焦,主题的聚焦可以增加调研价值,降低调研难度。

2. 选定目标产品

在选定目标产品时,调研者应关注同类主流产品的相关模块。例如,了解电商支付流程时,对京东、微店等的调研;了解社交网站注册流程时,对微信等的调研。

3. 深入体验产品

在产品体验过程中,调研者应重点关注用户、场景和需求。把用户、场景、需求明确下来后,尽可能找到相应的用户做简单访谈,并找出用户视角的产品实现逻辑。

4. 分析产品

在进行产品分析时,调研者应从产品视角来分析,重点关注产品表现,同时关注产品迭代和运营情况,横向比较同类产品。

5. 撰写产品分析报告

产品分析报告应有清晰明确的结论,能够清楚地表达调研过程与结论之间的关联,并且调查者应从中立的角度来描述调研结果。

二、使用SWOT分析法进行产品调研

SWOT分析法也叫态势分析法,20世纪80年代初由美国教授韦里克提出,常用于产品分析。S(strength)是优势,W(weakness)是劣势,O(opportunity)是机会,T(threats)是威胁。优势和劣势为产品内部因素,受产品品质、材料、人员、技术、渠道、服务等因素影响;机会和威胁为产品外部因素,受市场、经济、社会、政策等因素影响。

优势是指一个企业超越其竞争对手的能力,或者公司所特有的能提高竞争力的能力。劣势是指一个企业与其竞争对手相比,做得不好的地方。调研者可以通过产品质量、效率、成本、人力、技术、价格、销售、服务、产量、渠道等对产品进行优势与劣势分析。与竞品之间的优势、劣势分析也需要从以上这些方面考虑,只有找出异同点,才会更了解自己、了解对方。

机会是指产品在某个领域占有绝对优势,在这一领域内该产品具有较强的竞争机会。威胁是指在某一环境下产品发展的不利因素,如果不采取果断的战略行为,这种不利趋势将导致公司的竞争地位受到削弱。

SWOT是基于调研结果的情况汇总,特别是在威胁和劣势之上的总结,对将来的产品开发有时刻提醒的作用,可以规避不必要的风险。

三、使用波士顿矩阵分析法进行产品调研

在进行自身多个产品调研时,调研者可以使用波士顿矩阵分析法,明确自身各个产品在矩阵中的位置,进行产品优化和改进。

该方法于20世纪70年代初由波士顿咨询集团(Boston consulting group,BCG)开发,用来进行系列产品分析。在波士顿矩阵中,横坐标为相对市场占有率,纵坐标为市场增长率,由此可以形成四类产品:问题产品、明星产品、瘦狗产品和金牛产品,如图2-5所示。

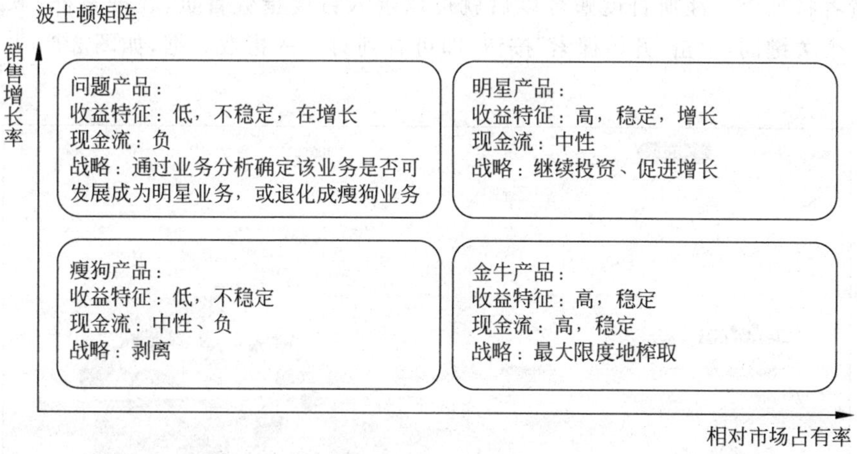

使用波士顿矩阵分析法进行产品调研

图 2-5 波士顿矩阵图示

这四类产品分别对应四类业务,具体介绍如下。

1. 问题业务

问题业务(questionmarks)指高增长、低市场份额的业务。这个领域中的产品是一些投

机性产品,带有较大的风险。这些产品可能利润率很高,但占有的市场份额很小。这往往是一个公司的新业务,"问题"非常贴切地描述了公司对待这类业务的态度,因为这时公司必须慎重回答"是否继续投资和发展该业务"这个问题。只有符合企业发展长远目标、具有资源优势、能够增强企业核心竞争力的业务才会被企业支持。

2. 明星业务

明星业务(stars)指高增长、高市场份额的业务。这个领域中的产品处于快速增长的市场中并且占有支配地位的市场份额,至于能否产生正现金流量,则取决于新工厂、设备和产品开发的投资水平。明星业务是由问题业务继续投资发展起来的,可以视为高速成长市场中的领导者,它将成为公司未来的现金牛业务。

3. 现金牛业务

现金牛业务(cashcows)指低增长、高市场份额的业务。这个领域中的产品会产生大量的现金,但未来的增长前景是有限的。这是成熟市场中的领导者,它是企业现金的来源。由于市场已经成熟,企业不必投入大量资金来扩展市场规模。同时,作为市场中的领导者,该业务享有规模经济和高边际利润的优势,因而给企业带来大量现金流。企业往往用现金牛业务来支付账款并支持其他三种需要大量现金的业务。

4. 瘦狗业务

瘦狗业务(dogs)指低增长、低市场份额的业务。这个领域中的产品既不能产生大量的现金,也不需要投入大量现金。一般情况下,这类业务常常是微利甚至亏损的,而且会占用很多企业资源,如资金、管理部门的时间等。

四、使用百度指数进行产品调研

百度指数是以百度搜索行为数据为基础的数据分享平台。借助百度指数,调研者可以研究关键词搜索趋势、洞察用户需求变化、监测媒体舆情趋势、定位消费者特征等。注册百度账号以后就可以进入百度指数首页,在搜索框内输入一个关键词,单击"开始探索"按钮,即可看到对应的指数数据,如图2-6所示。

使用百度指数进行产品调研

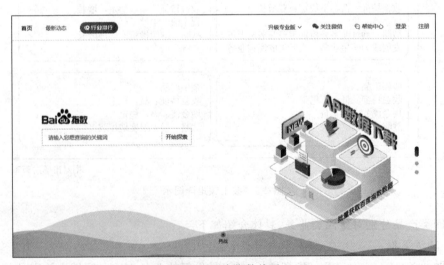

图2-6 百度指数首页

百度指数的主要功能模块有：基于单个词的趋势研究（包含整体趋势、PC 趋势和移动趋势）、需求图谱和人群画像；基于行业的整体趋势、地域分布、人群属性、搜索时间特征。这里主要介绍前者。

1. 趋势研究

指数趋势是指根据自定义时间段和自定义地域，查询到关键词的搜索指数、资讯指数和媒体指数。搜索指数按搜索来源分为整体趋势和移动趋势，资讯指数和媒体指数不做来源区分。

登录百度指数，搜索"亚运会"，可以得到搜索指数结果（见图 2-7）、资讯指数结果（见图 2-8）。从结果中可以发现"亚运会"所受关注度的变化趋势。

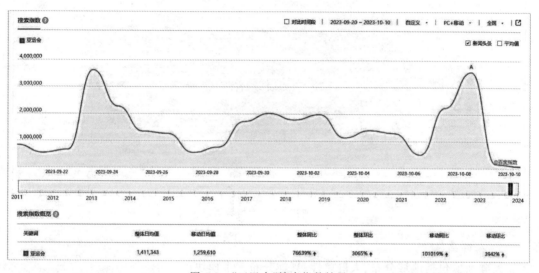

图 2-7 "亚运会"搜索指数结果

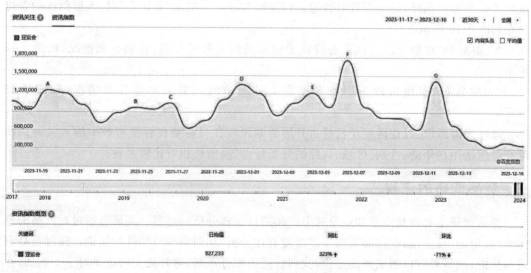

图 2-8 "亚运会"资讯指数结果

2. 需求图谱

每一个用户在百度的检索行为都是主动意愿的展示，每一次的检索行为都可能成为该用户消费意愿的表达。百度指数的需求图谱基于语义挖掘技术，呈现关键词隐藏的关注焦点和用户消费欲望。

需求图谱提供中心词搜索需求分布信息，可以借此了解用户对信息的聚焦点及产品服务的痛点。例如，"亚运会"的热门需求词包括"杭州亚运会""亚运会直播"等，这说明用户在搜索"亚运会"前后的关注点主要集中在这些方面，如图2-9所示。

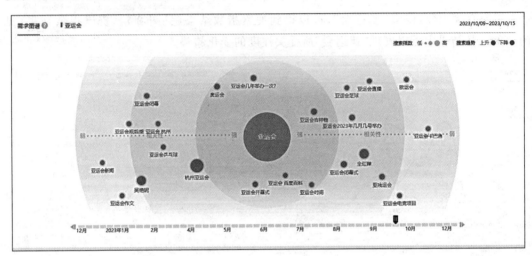

图2-9 "亚运会"百度指数需求图谱

3. 人群画像

人群画像包括地域分布、人群属性、兴趣分布三个模块。

"地域分布"模块是关键词访问人群在各省份的分布，通过地域分析查询结果可以了解特定地域的用户偏好，进而有针对性地进行编辑和推广。搜索"亚运会"时，人群画像的省份分布如图2-10所示。

"人群属性"模块可以为调研者提供关键词访问人群的年龄、性别分布情况，如图2-11所示。

"兴趣分布"模块可以为调研者提供关键词访问人群的兴趣分布情况，如图2-12所示。

通过人群画像，以往需要花费精力开展的调研现在只需要在百度指数中输入关键词即可获得包括用户年龄、性别、区域、兴趣的分布特点等，而且相对比较客观。

五、竞品调研的流程

竞品调研是对自身产品和竞争对手产品进行比较分析的过程。调研者通过对产品的整体架构、功能、商业模式、产品策略等多维度对比分析，从而获得目的性的结论。通过竞品调研与分析，调研者可以明确产品定位，找到合适的细分市场，避开强大的竞争对手。例如，在产品设计阶段，调研者可以分析竞争对手的产品，取长补短，特别是要关注产品的功能与用户体验设计。竞品调研一般流程如下。

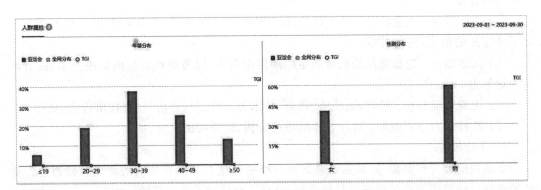

图 2-10　人群画像之地域分布

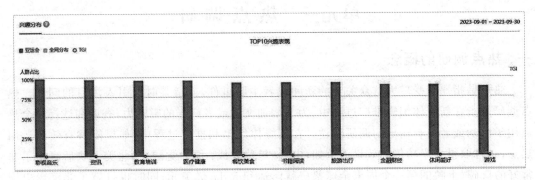

图 2-11　人群画像之人群属性

图 2-12　人群画像之兴趣分布

1. 明确目标

在做竞品调研之前,应明确为哪一产品做竞品调研、该产品目前面临的主要问题与挑战、竞品调研的目的与目标(如决策支持、学习借鉴、市场预警)等内容。

2. 选择竞品

调研者通过使用关键词搜索结果、市场份额数据、行业报告等方法进行竞品初选,然后从中选择3个左右的竞品进行深入分析。

3. 确定分析维度

在进行竞品调研时,可以选择两类竞品分析维度:产品维度和用户维度。产品维度包括但不限于功能、用户体验设计、团队背景、技术、市场推广、战略定位、用户情况、盈利模式、布局规划等;用户维度可以从价格、可获得性、包装、性能、易用性、生命周期成本等方面进行分析。

4. 收集竞品信息

竞品信息可以通过问卷调研、行业公开数据、用户访谈、报告等方法或渠道进行搜集。

5. 信息整理与分析

竞品信息整理和分析常用的方法如下。

(1)比较法:与竞品做横向比较,深入了解竞品,并通过分析得出优势、劣势。

(2)矩阵分析法:以二维矩阵的方式分析产品与竞品的定位、特色或优势。

(3)竞品跟踪矩阵:跟踪竞品的历史版本,找到竞品各版本的发展规律,以推测竞品下一步行动计划。

(4)功能拆解:把竞品分解成1级功能、2级功能、3级功能,甚至4级功能,以便更全面地了解竞品的构成,避免遗漏。

(5)探索需求:挖掘竞品功能所满足的深层次需求,以便找到更好的解决方案,提升产品的竞争力。

(6)宏观环境分析:对政治、经济、社会、技术等环境进行分析,以便找出机会、威胁。

(7)波特五力分析模型:对行业环境进行分析,以便找出机会、威胁。

6. 总结报告

竞品调研要为产品服务,最后要总结出对产品优化和开发有价值的竞品调研报告。竞品调研的总结要围绕竞品调研的目标去写,这样才会体现竞品调研的价值。

单元三 热点调研

一、热点调研的概念

热点是指比较受广大群众关注的新闻或者主题事件,或指某时期引人注目的问题。热点调研是指在新媒体编辑推广过程中,为了增加文章或者广告的影响力,查询和选择社会热点用于活动或者内容输出的调研活动。在新媒体编辑和推广过程中,如果能够有效地运用热点,必将取得事半功倍的效果。例如,电影《星球大战:原力觉醒》在北美上映后赢得了非常好的口碑,上映的第一个周末全球票房就已达到5.17亿美元,同时也打破了北美影史周末票房的最高纪录。当电影票房、口碑等各项指数都在持续上升时,各品牌都借用这个热点,做起了自己的新媒体编辑和推广活动。

想要做好新媒体编辑,就必须了解一些寻找热点的方法,只有平台本身聚集了话题和热点,才能获得用户的关注。调研者可以通过营销日历、热点榜单工具、指数分析工具以及社交平台工具来进行热点调研。

二、利用营销日历进行热点调研

除了突发热点外,一些固定的节点、节日受关注度也很高。新媒体编辑人员要能够根据重要节日、节点提前做好编辑和推广准备,可以使用营销日历进行热点查找。

1. 融媒宝

融媒宝是一款计算机软件,为自媒体人提供自媒体平台管理运营服务,支持50+自媒体平台账号管理、数据查看,提供文章原创度查询,全网爆文中心等功能,如图2-13所示。

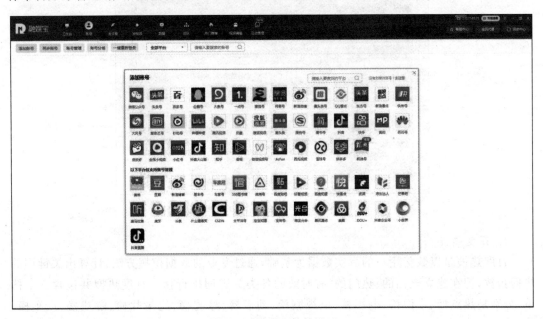

图2-13 融媒宝软件界面

2. 365热点日历

365热点日历是365编辑器下的日历工具,内置"大片上映排期""冷门纪念日""我的记事"等15个标签选项,用户可以根据需求选择定制个性化日历,如图2-14所示。

 **课堂讨论**

请使用上述工具,为某零食品牌零售商查询某个月份固定的节点、节日。

三、利用热点榜单工具查询热点

热点时时在更新,不同的热点价值高低也不同,人们会在不同的热点上投放不同的注意力。新媒体编辑人员应当关注哪个热点最吸引人,哪个热点最新鲜。一些热点榜单工具可以对舆情进行实时监控,并提供热点排序功能,告诉新媒体编辑人员哪个热点价值更大。

图 2-14 365 热点日历界面

1. 百度热搜

百度热搜是以数亿用户的真实数据为基础,通过专业的数据挖掘方法,计算出关键词的热搜指数,旨在建立全面的、热门的、有时效的各类关键词排行榜。百度热搜共包含 9 个榜单,分别是热点榜、小说榜、电影榜、电视剧榜、动漫榜、综艺榜、纪录片榜、游戏榜、汽车榜。其中,热点榜主要反映热点事件在百度平台的热度,其他榜单主要反映榜单内关键词在百度平台的热度。百度热搜热点榜保证更新时效性,每 5min 更新一次。其他榜单每日上午 10 点更新一次。百度热搜首页如图 2-15 所示。

2. 今日热榜

今日热榜是一个分类榜单工具,提供各站热榜,包括微信、今日头条、百度、知乎、V2EX、微博、贴吧、豆瓣、天涯、虎扑、GitHub、抖音等,让用户能够追踪全网热点、简单高效地阅读。今日热播首页如图 2-16 所示。

四、利用指数分析工具查找热点

新媒体编辑人员利用百度指数、头条指数等平台也可以获取实时热点。

1. 百度指数

百度指数提供最新动态、行业排行等信息,包括专题、公告、热点、行业等分类,可以对相关事件进行数据上的多维分析。

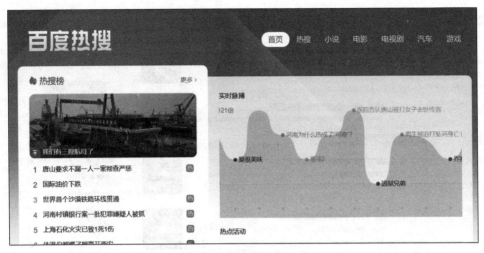

图 2-15 百度热搜首页

图 2-16 今日热榜首页

2. 头条指数

头条指数立足于对"今日头条"的用户数据挖掘,本质上展现的是算法推荐机制下用户的行为踪迹。无论是否入驻"今日头条",都可以通过了解头条指数,更好地把握用户的阅读偏好。头条指数提供"关键词搜索""精选报道""数据报告"等服务。

五、利用社交平台工具查找热点

1. 通过微博热门话题寻找热点

微博热门话题是基于社会热点、个人兴趣等内容形成的相关专题页,页面自动收录以"♯话题♯"形式发布的相关微博。在新浪主页单击微博热门话题,就可以进入话题榜页面。在此页面还可以单击查看不同类别下的热门话题排行榜,如头条热门话题榜、社会热门话题榜等,如图 2-17 所示。新媒体编辑人员可以根据自己的推广方向,找到自己关注领域的热门话题,运用微博热门话题创作内容来提高用户的关注度和阅读率。

2. 通过知乎分析讨论热点

知乎是一个网络问答社区。在这个平台上,用户可以彼此分享各自的专业知识、简介和经验等。新媒体编辑人员可以进入话题广场,选择与自己平台运营有关的话题,进入之后就可以看到话题的热度排序。

图 2-17 新浪微博热门话题页面

3. 通过微信指数寻找分析热点

微信指数是微信官方提供的基于微信大数据分析的移动端指数,内嵌在微信小程序里,用手机就可以查看。微信指数代表某一个词在微信中出现的频率,用户只需要输入关键词就可以获知该词的微信指数和环比变化幅度。关于周期,用户可以选择 24 小时、7 日、30 日、90 日,还可以添加对比词(最多可添加 4 个),更直观地对比几个词的微信指数。

4. 通过爱奇艺指数分析热门视频

爱奇艺指数是一个视频数据分析平台。通过该平台,新媒体编辑者可以了解视频热度排行等信息。对于视频类的新媒体来说,新媒体编辑者需要经常利用这样的视频指数平台来分析热门视频的播放趋势、用户的观看行为、观看用户的特征等内容。新媒体编辑者只需要在搜索栏中输入关注的视频名称即可查看视频的指数情况,如果想要进行多视频对比,在搜索栏中输入视频名称时以分号分隔即可。

实训任务

一、实训项目

本次实训有两个项目,学生可从中二选一,可以选择书中提供的"大唐温泉度假村酒店"实训项目,也可以选择其他企业项目,或学生自己的创业项目。

项目一:依托 A 省 B 市大唐温泉度假村酒店的项目,为企业某产品/项目进行网络调研,并给出新媒体编辑建议。

项目二:学生自选×××产品/品牌,为企业进行网络调研,并撰写调研报告,给出新媒体编辑建议。

二、实训要求

本次实训为网络调研实训,通过进行用户调研、设计网络调查问卷、产品调研、竞品分析、热点调研等系列任务,学生能够熟练掌握新媒体网络市场调研的相关流程和方法,建议以小组为单位,共同完成一次完整的网络调研活动并撰写调研报告。

(1) 本次实训包含三大实训任务,实训过程中可采用线上线下混合学习的方式,学生以小组为单位协同合作,运用一些新媒体调研工具或平台辅助网络调研,通过头脑风暴集思广益,共同完成实训任务。

(2) 请将每项任务的实训成果整理到相关表格(表格可以另外附页)或以思维导图形式呈现。

三、实训步骤

任务一 用户调研

大唐温泉度假村酒店目前以商务团体、中老年散客为主,也正在逐步吸引更多的年轻人、打卡游、周边游等受众群体。请利用互联网工具查询行业报告网站,分析概括酒店用户群体的特征,并填写表2-1。

表 2-1 酒店用户群体特征报告分析表

报告下载平台	报告名称	用户群体	特征描述

任务二 设计网络调查问卷,进行在线投放

请为大唐温泉度假村酒店设计一份用户网络调查问卷(问卷星等),并且进行在线投放,便于企业进行下一步的产品市场推广。问卷问题设计可参照表2-2。

表 2-2 网络调查问卷问题设计

问 题 类 型	问卷问题设计
单项选择题	
多项选择题	
顺位式问答题	
自由问答题	

任务三 产品调研——SWOT分析

大唐温泉度假村酒店现有产品组合。

1. 风景类产品

大唐温泉度假村酒店是A省最早开发利用温泉资源的企业之一。经地勘单位探明,温泉日涌水量1500吨以上,出水温度41.2℃。温泉区规划建设了"江南华清池主题文化温泉区""法善香汤主题文化温泉区""四季花开时尚休闲主题文化温泉区""大唐私家泡池"等唐朝温泉文化主题专区。温泉单品成人门市价258元/位,网络挂牌价198元/位;儿童(1~1.4米)温泉门市价138元/位,网络挂牌价98元/位。

大唐温泉度假村酒店以温泉经营为中心,依托文化和养生两大支点,以"玉唐富贵花满楼"为文化特色主题,旨在打造如玉般的精品品质度假村。酒店客房以四星级标准建造,设有各类客房232间,为满足不同客人的住宿需求,各类房型风格不一,分为中式豪华标间、日

式豪华标间、湖景房、园林房、温泉房及私家楼顶温泉套房等。

大唐温泉度假村酒店设有中餐厅、西餐厅、宴会厅，可同时容纳800多人用餐，能满足游客、婚宴、公司年会、大型会议等不同群体的用餐需求。

2. 自由行套餐

大唐温泉度假村酒店根据不同的用户群体推出了一些不同主题的自由行套餐，如大唐乐养踏春出游季3天2晚游、大唐温泉4天3晚养生游、大唐温泉乐养4天3晚游、大唐温泉2天1晚精品游等。套餐主要包含交通、住宿、用餐、景点及一些增值服务。另外，大唐温泉还特意针对疗休养人群推出了一个5天4晚的疗休养套餐。套餐包括住宿、用餐、健康评估、体验中药药浴、中医理疗项目、景区外游玩及一些增值服务。

3. 会议/年会类产品

大唐温泉度假村酒店内设有会议场地，内有投影仪、立式讲台、门口LED显示屏、指示牌、台签等硬件设施，能满足各种规模的学术报告、学术交流、公司员工会议、商务洽谈、培训讲座、招商推广等不同需求。

4. 疗休养产品

大唐温泉度假村酒店的医院建设在温泉景区内，由大唐温泉度假村酒店有限公司全额投资，于2018年9月建成，是一所以温泉水疗为特色，集康复理疗、医疗保健、健康管理、教学培训为一体的康复专科医院，是市级医保定点医院。

5. 服务

大唐温泉度假村酒店还设有专门的足疗、鱼疗池，SPA按摩室及儿童玩乐区等休闲娱乐区域。

请为酒店产品进行SWOT分析，填写表2-3。

表2-3 产品SWOT分析表

产品名称	优势	劣势	机会	威胁

任务四 产品调研——百度指数分析

在百度指数中进行温泉度假村酒店相关关键词指数搜索，将搜索结果整理成文字描述，进行产品调研分析，填写表2-4。

表2-4 产品调研分析表

内容	查询结果
搜索的关键词	
搜索指数趋势分析	
2023年1月至今资讯指数趋势描述	
需求图谱列举	
人群画像之地域分布	
人群画像之人群属性	
人群画像之兴趣分布	

任务五　热点调研

请根据每个月热点营销日历,使用新媒体管家或者其他营销日历工具梳理与温泉度假村相关的热点,并将原因记录在表2-5中。

表2-5　热点调研分析表

热点名称	日　　期	选择原因
……	……	……

任务评价

相关评价表如表2-6～表2-8所示。

表2-6　技能评价表

序号	技能自评	任务要求	得分	备注
1	用户调研的含义和步骤	能够拟订用户调研计划		
2	使用行业报告进行用户调研	在相关网站根据主题搜索行业报告		
3	设计网络调研问卷	能设计用于网络调研的问卷,并且进行在线投放		
4	构建用户画像	能够为用户群体构建用户画像		
5	进行产品调研	能够在产品充分调研的基础上,撰写产品分析报告		
6	进行热点调研	能够使用各类网络工具查找热点		

表2-7　素质评价表

序号	素质自评	任务要求	得分	备注
1	正确的价值观	能够宣扬正确的价值观,引导社会风气,传递正能量		
2	创新意识	能够在热点调研、用户调研、产品调研等阶段,提出本书之外的其他方法		
3	协作精神	能够和团队成员分工合作,共同完成实训任务		
4	资源搜集和整合能力	能够借助线下和网络资源,获取相应的资源		
5	严谨的工匠精神	能够在各个调研阶段进行充分调研,做出精准分析		
6	自我学习能力	能够利用线下和网络资源,自我学习相关的知识和技能,不断提升自我能力		

表2-8　任务综合评价表

学生自评得分（20%）	小组互评得分（20%）	教师评价得分（30%）	企业评价得分（30%）	总分

课后习题

一、单项选择题

1. ( )是用户调研的第一步。
   A. 确定调研目的　　　　　　　　　　B. 制订调研计划
   C. 确定调研人群　　　　　　　　　　D. 确定调研时间
2. 构建用户画像的基础是通过( )对用户有一个初步的了解。
   A. 会话　　　　B. 数据　　　　C. 描述　　　　D. 筛选
3. 在进行竞品调研时,可以选择两类竞品分析维度:产品维度和( )。
   A. 价格维度　　B. 渠道维度　　C. 用户维度　　D. 促销维度
4. 热点调研是指在新媒体编辑推广过程中,为了增加文章或广告的影响力,查询和选择社会热点用于活动或( )的调研活动。
   A. 内容输入　　B. 内容输出　　C. 用户画像　　D. 客户管理

二、多项选择题

1. 用户调研目的可分为( )。
   A. 用户需求调研　　　　　　　　　　B. 用户行为调研
   C. 用户洞察调研　　　　　　　　　　D. 用户建议调研
2. 一份完善的用户调研问卷在( )方面都应达到一定的要求。
   A. 数量　　　　B. 标题　　　　C. 形式　　　　D. 内容
3. 波士顿矩阵的产品分类包括( )。
   A. 问题产品　　B. 明星产品　　C. 瘦狗产品　　D. 金牛产品
4. 百度指数的主要功能模块有( )。
   A. 趋势研究　　B. 需求图谱　　C. 人群画像　　D. 市场行情

三、思考题

1. 用户调研问卷的设计步骤包括哪些?
2. 什么是用户画像?
3. 进行产品调研的方式有哪些?
4. 新媒体编辑过程中,如何去挖掘热点?

项目三

新媒体文稿编辑

教学目标

- **知识目标**

(1) 了解新媒体文稿信息筛选的原则与标准。
(2) 掌握新媒体文稿加工的流程与文稿标题编辑的技巧。
(3) 掌握新媒体新闻写作的特点和写作原则。
(4) 掌握软文写作的架构和写作技巧。
(5) 掌握软文关键词的设置方法。

- **能力目标**

(1) 能够筛选新媒体文稿信息。
(2) 能够编辑新媒体文稿标题,创作新媒体文稿内容。
(3) 能够准确定位软文内容。
(4) 能够创作软文,进行软文营销。
(5) 能够设置软文的关键词。

- **素质目标**

(1) 具备文案创作的能力。
(2) 具备缜密的逻辑思维能力。
(3) 具备互联网思维、数据化思维和数据分析的能力。
(4) 具备正确的价值观,将爱国、敬业、诚信、友善等社会主义核心价值观内化为精神追求、外化为商业行动。
(5) 具备法律意识,遵守互联网和电子商务的法律法规,遵守道德规范,注意保护个人和他人的信息隐私。
(6) 树立关注民生、为人民服务的理念。

课程思政

党的二十大报告指出:

"坚持以人民为中心的创作导向,推出更多增强人民精神力量的优秀作品,培育造就大批德艺双馨的文学艺术家和规模宏大的文化文艺人才队伍。"

本章节培养学生在新媒体新闻写作和软文创作的过程中,树立关注民生、为人民服务的理念，具备正确的价值观和缜密的逻辑思维能力，创作增强人民精神力量的优秀文学作品。

单元一　新媒体文稿编辑基础

文稿编辑是一项创造性的劳动，编辑人员需要在符合文稿编辑要求的前提下，对文稿中的信息进行审查判断，选出正确、有用的信息，通过加工制作将其转化为有价值、可发表的信息并分享给受众。

一、新媒体文稿信息的筛选

文稿信息的筛选是指对各种原始信息以及经过加工的信息材料进行筛选和甄别，从中挑选出适合在网络上传播且能满足受众需求的稿件，并将其进行分类，分别发布在合适的版面上。

（一）新媒体文稿信息筛选的原则

新媒体文稿信息的筛选一般应遵循以下三个原则。

1. 信息符合受众需求

对信息进行筛选的主要目的是给目标受众提供有价值的内容，因此在筛选信息时，首先要明确媒体平台所面对的服务对象与信息的用途，所筛选出的信息要符合媒体目标受众的需要，这样才能吸引受众关注。

2. 信息内容全面

文稿编辑人员应该围绕媒体相关栏目或版块的主题，多渠道地搜集各种类型的信息资源，为受众提供全面的信息。

3. 确保信息的连续性

网络信息具有即时性，这就要求文稿编辑人员不仅要对已经发布的信息进行及时、快速的更新，还要不断地增加新的信息，为受众提供及时、准确、连续的信息。

（二）新媒体文稿信息筛选的标准

新媒体信息筛选的标准包括三个方面：信息的价值标准、信息的社会评价标准、媒体平台自身规范。

1. 信息的价值标准

在进行信息筛选时，从信息内容的质量角度来说，要注意信息的真实性、权威性、时效性、趣味性和实用性。

真实性是指信息中所涉及的事件是客观存在的。判断信息的真实性需要注意判断信息的来源真实与否，判断信息内容的细节，如事件发生的时间、地点等表述是否精确。

权威性要求筛选者查看信息的来源是否具有权威性，发布信息者是否具有一定的知名度，对于涉及一些重要研究成果的信息还要考察其研究方法是否科学、是否具有代表性和普遍性，以此判断研究成果是否具有权威性。

时效性指信息的新旧程度。信息编辑人员要保证所选择的信息是符合当前社会发展进度的。

趣味性包括两个方面：一是信息内容要轻松、有趣，能让受众阅读后感到心情愉悦，如趣事逸闻、幽默笑话；二是信息的内容要能引发受众的情感共鸣，如同情、爱憎、喜悦等。

实用性是指信息对受众来说要有用处，是受众真正需要的内容。

2. 信息的社会评价标准

文稿要符合政治规范，要以正面宣传为主，能够准确把握党的各项方针政策，把握正确的舆论导向。编辑人员要遵守相关的法律法规，如《中华人民共和国著作权法》《中华人民共和国著作权法实施条例》《互联网信息服务管理办法》《互联网新闻信息服务管理规定》《网络出版服务管理规定》等。

3. 媒体平台自身规范

不同的媒体平台都有一套自己的规范要求，编辑人员在筛选稿件时要注意自己所选的文稿必须符合媒体平台的相关要求。

二、新媒体文稿加工的流程

从众多信息中筛选出符合标准的文稿后，还需要对文稿进行加工，然后才能将其发布到媒体平台上。文稿的加工工作一般包括文稿审读、文稿修改和文稿校对三个环节。

（一）文稿审读

文稿审读又称"审稿"。审稿是网络文稿编辑中很重要的一个环节，也是网络文稿修改的前提。具体而言，在审读网络文稿时要特别注意四类问题，如图3-1所示。

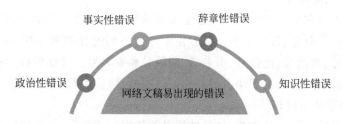

图3-1　网络文稿可能存在的四类问题

1. 政治性错误

网络文稿中不能有违背党和国家路线、方针、政策的内容，文稿不能侵害国家利益、泄露国家机密。文稿中一定要避免出现危害国家稳定和民族团结、容易引起外交纠纷、危害青少年健康成长等的负面内容。

2. 事实性错误

文稿中事件所牵扯的人物（包括人名、照片或职务）、时间、地点有误，或事件前因后果、人物关系与事实不符，统计数据存在问题等，这些都属于文稿的事实性错误。对于一些知名度不够的网站中的信息或来历不明的个人提供的信息要慎用，若某条信息确实有价值，需要通过多渠道对该信息进行仔细核对，确保信息的真实性后再使用。

3. 辞章性错误

辞章性错误指文字表达方面的问题，如错别字、语法错误、标点符号误用、数字使用不规范、行文格式不统一等，这些都是文稿审读中常见的错误。

4. 知识性错误

因为每个人的知识都是有限的,所以文稿中难免会出现各种知识性错误。例如,诗词引用不准确,历史事件的时间、地点、人物出现差错,用词不当等。对于自己不理解、不能判定的问题,编辑人员要善于翻阅资料并予以求证,也可以利用网络专门的数据库释疑,或请教相关学科的专家学者。一旦在文稿中发现错误,一定要及时更正。编辑工作是一个不断地学习、积累各种知识和经验的过程,当知识积累到一定程度时,编辑工作会越来越顺畅,效率也会越来越高。

(二) 文稿修改

文稿修改是指用正确的内容形式替换稿件中错误的内容形式。文稿修改的内容主要包括以下几个方面。

1. 错别字

稿件中出现错别字的情况非常常见。网络文稿因时效性强、数量庞大、运营成本相对较低、管理不规范等原因,错别字往往更多。因此,改正稿件中的错别字是文稿修改的主要任务之一。

2. 语法错误

文稿中常见的语法错误主要包括用词错误、搭配不当、成分残缺、句式杂糅、逻辑不合理、成分赘余、词语位置不当、指代不明等。

3. 标点符号使用错误

标点符号是点号和标号的合称。点号主要表示说话时的停顿和语气,常见的有句号、逗号、问号、叹号、顿号、分号、冒号七种。标号主要标明语句的性质和作用,常见的有引号、括号、省略号、破折号、着重号、连接号、书名号、间隔号和专名号。详细的标点符号使用说明可以参见国家技术监督局发布的中华人民共和国国家标准《标点符号用法》。

4. 单位与数字使用错误

稿件中涉及单位与数字的修改,单位使用必须依据国家标准,详见国家技术监督局发布的 GB 3100~3102—1993《量和单位》系列标准;阿拉伯数字与汉字数字有各自不同的使用场合,总体原则为凡是可以使用阿拉伯数字而且又很得体的地方,均应使用阿拉伯数字,详细可参考国家标准 GB/T 15835—2011《出版物上数字用法》。

5. 知识性错误

造成知识性错误的原因主要有两个:一是编辑人员对相关的科学知识不甚了解;二是组稿者错用文字。编校中少犯甚至不犯知识性错误的有效途径就是遇到自己不理解的知识时要敢于质疑、勤于查阅工具书及相关书籍、虚心地请教相关专家。

6. 事实性错误

事实性错误是指稿件中涉及的事件可能是不真实的,甚至完全是捏造的(如假新闻)。常见的事实性错误有事实有误、年代有误、数据有误等。

分析法和调查法是发现并改正事实性错误的两种有效的方法。分析法就是利用稿件提供的事实(尤其是其中的细节)、编辑自身的信息积累、作者的写作条件等对文稿进行推理分析,从而发现文稿中不合逻辑的地方;调查法是指对存疑的事实采用多种方法进行核对,例如通过与作者或其他相关人员取得联系来求证事实的真相。

7. 政治性错误

概括来说,政治性错误主要包括三种:一是政治观点错误,二是政策性错误,三是因录排错误造成的政治性差错。稿件的主题思想不能违背党和国家的路线、方针与政策,稿件中不得出现损害国家主权和领土完整的内容。

政治性错误对社会危害大、影响深,在编辑工作中要坚决杜绝。为此,编辑人员首先要加强自身的政治修养,提高业务素质,时刻绷紧政治这根弦,做好信息传播导向工作。

8. 行文格式不统一问题

行文格式本无绝对的对错,只是一种约定俗成的文稿外在形式。其问题在于不统一的格式会影响文稿的阅读效果和传播效果。在网络文稿中,正文的字体、字号要相对固定,段与段之间空一行比较适合读者进行阅读。切忌在一个页面中字体、字号无规律变化,段首不留空格,不该换行、换段的地方随意换行、换段。文稿各级标题的格式既要区别于正文,同级标题格式又要相对统一,以让页面显得条理分明,便于读者阅读。

9. 其他问题

文稿中可能需要修改的其他问题包括以下几种情况。

(1) 图表错误。例如,文图不符、表格数据有误等。出现这些情况,往往是因为图表错误没有被传统印刷媒体编辑及时发现并改正,网络编辑在核实事实后可以做适当修改,或干脆将图表删除,以免以讹传讹。

(2) 电头未转换。一般来说,转载新闻中除通讯社电头可以继续保留外,从报刊和其他网站上转载过来的新闻稿中的"本报""本刊""本网"等字样应改成"××报""××刊""××网"或"据××报""据××刊""据××网"等。因为从报刊和其他网站转载过来的新闻稿,经过网络新闻编辑的加工、处理并上传到网络后,其载体已经发生了变化,不再是原来的报刊、网站了。改正之后,读者一看便知该新闻的首发报刊、网站是谁,这也是尊重原创新闻知识产权的体现。

(3) 时间表述错误。传统媒体的新闻时效性强,一般用"昨日""今日"等表述时间,而不标明确切的日期。网站在之后的时间转载其新闻,并且一经转载该新闻就会永远存在于网络(除非人为删除)。因此,网站转载新闻必须核实新闻发生的具体日期,并使用具体日期代替原来报道中的"昨日""今日"等表述,以便读者查考。

(4) 地点表述错误。在传统媒体的新闻稿件中,经常用"本市"来指称新闻的发生地,在转载此类新闻时,必须对地点进行具体化和细化,以免在全国、全世界范围内因同名地点引起读者的错觉或误读。

(5) 人物表述错误。人物表述错误主要是指文稿中涉及的主要人物的单位、职务等没有明确化,造成读者混淆。文稿中涉及国外人名、地名时应使用其通用译名。如果没有通用译名,必须在括号内标注该外文。

(三) 文稿校对

在传统文稿编辑校对工作中,主要有五种校对方法,如表 3-1 所示。

表 3-1　传统文稿编辑工作中的校对方法

校对方法	方　　法
点校法	又称对校法,是指校对者先默读原稿件的若干字,用左手指着原稿件,再默读校样,右手执笔随着目光所示,发现错误的地方立即改正
折校法	校对时,把校样夹在两手的大拇指与食指、中指之间,将其压在原稿上进行。校对前,把夹在手指间的校样轻折一下,使校样和原稿上的文字互相紧靠,然后持着校样的两手随着视线从左向右徐徐移动,注意眼睛和两手动作的协调,以使校样和原稿的字相互地、一个一个地接触过去,发现校样上的错误时,用左手持着校样,食指压住校样的位置不动,以右手执笔加以改正
读校法	两人配合,一人读样稿,另一人看原稿,或一人读原稿,另一人看样稿,比较原稿与样稿的不同
通读法	对原稿内容较熟悉的人可以脱离原稿直接通读样稿,这样可以快速发现稿件可能存在的问题。在传统编辑工作中,通读法是对其他校对方法的补充,不能单独使用
通过计算机进行校对	利用校对软件对电子文本进行扫描,发现文稿中不符合语言规范的地方,引导编辑人员进行改正

　　网络编校没有原稿、校稿之分,且对稿件的时效性要求很高,传统校对法中的点校法、折校法与读校法因为需要原稿与校稿的配合,在网络编校中失去了用武之地。因此,网络文稿的校对可以使用通读法和计算机校对法。

　　在传统文稿编辑工作中,通读法是一种辅助性的校对方法,其优势在于校是非。而是非往往因校对者个人偏见而难以判断准确,面对同一篇文稿,同一个人校对再多的次数都不管用。如何弥补因个人偏见而造成的是非不明呢？办法就是增加同一篇文稿校对者的人数。

　　综合考虑文稿校对的质量与时效,对同一篇网络文稿进行两人以上三个校次（编辑写完该文稿之后校对一次,同频道或栏目的另一编辑对文稿校对一次,该文稿编辑最后进行二次校对）应是比较合理的选择。除了要保证校对人次外,还要保证校对者的水平。也就是说,校对者必须是经过专业训练的,具备参与校对工作的基本技能,即使是编辑人员也应该接受相关训练。

　　因为网络文稿文本都已电子化,计算机校对是一种理所当然的选择。但是,计算机校对软件并非万能的,不能对其寄予过高的期望。它只是校对者手中掌握的一种工具,对校对工作起到辅助的作用,而不是取代校对者。

　　借鉴传统编校工作中针对特殊情况增加校次的方法,对于网络文稿中的重要稿件、加急稿件（如时政专题）等,我们不妨采取电子文本与纸质文本同时校对的办法,以降低稿件的出错率。

三、新媒体文稿标题编辑

　　无论是在传统媒体中还是在新媒体中,标题都是文稿的"眼睛"。在传统的纸质媒体（如报纸）中,文稿标题和正文处于同一个版面,读者在阅读时可以同时扫视标题和正文。但在网络媒体、手机媒体等新媒体中,文稿的标题和正文往往处于不同的页面,受众只有通过单击网络文稿的标题才能看到正文。在新媒体文稿中,标题是引起读者阅读兴趣的关键所在。

稿件再好,如果标题不能引人入胜、吸引读者的注意力,那么新媒体文稿的传播功能也就很难发挥作用。

(一)文稿标题的撰写原则

在撰写网络文稿的标题时,一般应遵循以下原则。

文稿标题的撰写原则

1. 突出亮点

在撰写文稿标题时,要找出文稿内容中的亮点并体现在标题中。一般来说,文稿中最新鲜、最重要、最显著的内容,广大读者共同感兴趣的内容,与广大读者关系密切的内容,在社会上已经产生重大影响或将产生深远影响的内容等,都可作为文稿的亮点,可以将其提炼并放在标题中。

2. 准确、具体

网络文稿标题最主要的功能就是向受众传递信息,这就要求网络文稿标题不仅要准确、符合事实,还要具体、详细。

准确是指标题要依据文稿内容实事求是地反映文稿的中心思想,特别是对事件发生的时间、地点和整个事件的概括要准确,同时对事件的评述要把握分寸。

具体是指在网络文稿所涉及的众多信息中要选取一个或几个最有亮点的信息放在标题中,提升标题对受众的吸引力,提高文稿的阅读量。

3. 新颖、有创意

新颖且有创意的标题更容易在海量的信息中脱颖而出,给人留下深刻的印象。网络文稿标题撰写的新颖性原则表现在三个方面,如图 3-2 所示。

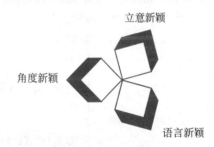

图 3-2 标题新颖的表现方面

立意新颖就是要求编辑要站得高、看得远,"明别人知而不明之理,见别人视而不见之物"。角度新颖是指不同的网络文稿对同一事件描述的角度不同,在撰写标题时的侧重点也会不同。语言新颖就是要求标题语言要有清新、时尚的风格,"唯陈言之务去",陈词滥调和空话只会引起受众的反感。

4. 语言简练

好标题要达到"立片言而居要"的效果,这就要求编辑人员要用心锤炼标题语言,使标题做到字字珠玑。具体来说,可以运用图 3-3 所示的技巧。

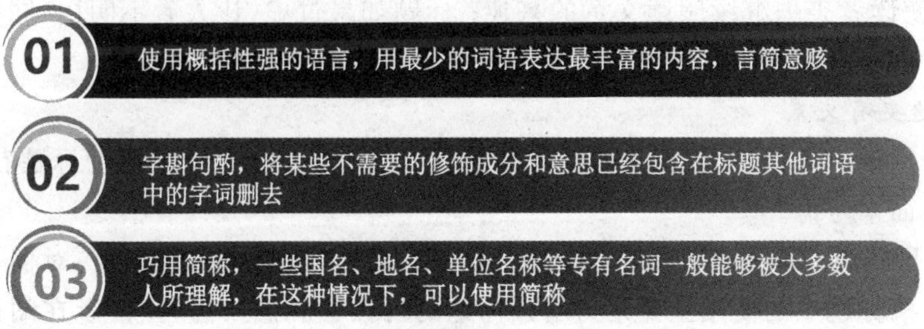

01 使用概括性强的语言,用最少的词语表达最丰富的内容,言简意赅

02 字斟句酌,将某些不需要的修饰成分和意思已经包含在标题其他词语中的字词删去

03 巧用简称,一些国名、地名、单位名称等专有名词一般能够被大多数人所理解,在这种情况下,可以使用简称

图 3-3 标题语言简练的技巧

5. 亲切、贴近

亲切、贴近主要是指文稿所包含的信息与受众的心理和地理距离越接近,就越容易受到人们的关注。在网络媒体中,随着人们交往空间的扩大,贴近性原则已经不仅仅局限于地域的接近,心理的贴近也已成为网络文稿标题撰写的一个重要原则。有着共同兴趣爱好的人们不管在物理空间中存在多大的距离,在网络的世界中都可以"类聚"和"群分"。构成心理贴近的因素有很多,如相似的年龄、人生经历、思想意识和文化修养,相同的性别,难以割舍的亲情、友情或浪漫的爱情等。

(二)网络文稿标题内容的提炼

撰写网络文稿的标题,首先要审读稿件,发现稿件中最重要和最具新颖性的内容,并将之提炼出来,然后用适当的文字和形式将其概括出来。在概括标题时,需要注意以下事项。

1. 标题长短适中

在网络文稿的标题中,常常会使用空格来进行断句,这样无形中就会增加标题的长度,因此必须把握好标题的长度和字数,遇到表意复杂的长句标题时,可以将其简化为短句。但是,标题也不能过短,因为太短的标题可能无法将意思表达清楚。网络文稿的标题一般控制在16~20字,如图3-4所示。

图3-4 微信公众号上的文章标题

2. 采用单行标题、虚实兼顾

在撰写文稿标题时,还要考虑标题的结构,确定是采用单一型标题,还是复合型标题。一般来说,网站多使用单一型标题,即单行标题,但这不等于网络文稿的标题不需要虚题,只是说大多以实题为主。

在实际操作中,有些内容复杂的稿件也可以采用复合型标题。标题如果过实,就会缺乏悬念,容易使读者丧失继续阅读文章的兴趣;标题如果过虚,让人看不明白,同样会打消读者阅读文章的积极性。因此一定要把握好标题实与虚之间的"度"。

3. 标题要有文采

标题是稿件的"眼睛",有文采的标题更容易吸引读者的关注。要想使标题有文采,可从以下几个方面来考虑。

(1)善用各类修辞手法。修辞手法包括比喻、对比、比拟、借代、反复、对偶等。修辞手法在网络文稿标题中的使用主要是为增强标题的可读性和感染力,让读者在阅读时产生美的感受。例如,标题《五月榴花红似火》采用的是比喻,标题《小人物的大故事》采用的是对比,标题《不耕耘怎么有收获?不学习怎会有知识?》采用的则是反问。

(2) 巧用数字和字母符号。巧妙地运用数字,可以在突出重要信息的同时让抽象的信息内容变得具体化。字母符号形象生动、言简意赅,如果运用得当,就能有效地吸引读者的注意力,而且给其留下深刻的印象,如标题《1+1=?》《我的pH=7》等。

(3) 借用诗词佳句、俗语、流行歌曲和口语化、大众化的语言。中国文化源远流长、博大精深,在网络文稿标题的撰写过程中,恰当地引用古典诗词佳句,可以使标题言简义丰、情趣盎然,如标题《雨雪潜入夜 落地了无痕》等。俗语、成语、谚语、流行歌曲和口语化、大众化语言的使用可以让标题显得朴素、亲切,如标题《双"福"临门》《我的未来不是梦》等。

单元二 新媒体新闻写作

新媒体原创新闻对于新媒体编辑及新媒体运营来说是十分重要的一部分。媒体平台通过发布新闻,尤其是深度上的整合报道,能够旗帜鲜明地体现平台作为媒体对新闻事件和视角的选择、诠释和思考。基于这样的目的,搜狐网的"搜狐视线"栏目提出这样的诉求:"致力于将海量的、平面的新闻变成结构化、有针对性的新闻,在追求客观报道的同时,表达我们的观点和声音,从而改变网络新闻的纯报摘形象,增强网络媒体公信度。"

一、新媒体新闻写作的特点

在新媒体背景下,新闻的传播方式、写作方式、传播载体以及受众阅读偏好都发生了变化,新闻的创作和传播受到越来越多因素的影响,新闻写作也呈现出更多的特点。

1. 更加看重标题的重要性

无论是传统媒体时代还是新媒体时代,标题是文章的"眼睛"这一原则都不变。

在新媒体时代,新闻的发布速度以及新闻的数量快速上升,每时每刻都会有各式各样的新闻在各个平台上发布,人们接收的信息量不断增多。如何在海量的信息中吸引用户的碎片时间和精力是新媒体时代新闻写作的突破点,而新闻标题则成为吸引读者的重要工具。

当用户访问某一网站、浏览某一新闻客户端或接收某些新闻推送时,由于时间、精力有限,在海量信息中,决定他们最终会选择哪篇文章进行阅读的关键因素往往是新闻标题。因此,新媒体时代必须重视标题。

2. 新闻内容覆盖范围扩大

在新媒体时代,新闻技术和信息搜集能力直接影响着新闻内容的覆盖范围。为了抢占先机,新媒体平台对新闻的报道通常比较简单直接,但随着新闻阅读量和关注度的提升,以及新闻细节不断地被挖掘出来,新媒体就必须通过自己强大的信息搜集能力,将与此新闻相关的所有信息搜集并报道出来,从而使新闻内容的覆盖范围得以扩展。

3. 新闻编排更加注重视觉效果

在新媒体时代,新闻写作更加注重视觉效果,主要体现在文字、图片和视频方面。

首先,新媒体时代的新闻语言更加时尚化,一些网络流行语的使用不仅给用户带来了视觉冲击,还拉近了媒体平台与用户的心理距离;其次,图片和视频也是提升新闻视觉效果的重要因素。无论是图片的运用还是视频穿插,都是色彩与画面的结合,不仅让新闻版面更加美观,同时也让新闻事件的展示更具真实性。尤其是视频的加入,能让用户享受强烈的视听体验。因此,新媒体时代的新闻写作更加注重整体编排的视觉效果,要想增强新闻的可视性,文字、图片和视频三者缺一不可。

4. 新闻写作过程更具动态性

网络技术的发展大大推动了传统媒体的转型升级,改变了新闻的传播方式,丰富了新闻的传播内容和途径,更让新闻写作呈现出动态化状态,打破了时间和空间对新闻传播的限制,让新闻报道能以文字图片直播、网络直播、访谈式直播等多种形式进行呈现。一篇新闻发布后,根据其阅读量和关注度,往往需要对其进行更深层次的挖掘和报道,人们对新闻的关注度越高,对新闻的深度挖掘和后续报道就越多,新闻写作的动态性就越持久。例如,在新媒体技术和平台的支持下,新闻直播通过运用文字、图片以及视频实现新闻滚动式发布,这种新闻发布形式就兼顾了新闻的时效性、灵活性和动态性。

二、新媒体新闻写作的结构

一般新媒体新闻稿由标题、导语、主体、背景、结尾五项内容构成。那么新闻稿中的五项内容需要注意哪些方面呢?

(一)精心拟标题

标题是新闻稿的眼睛,甚至有时一个标题就是一条报道。标题也是全文的主旨精华,标题是否精彩,直接关系到能否激发读者的阅读欲望。因而,标题要把最吸引人的地方体现出来,同时要简洁,字字如金。

新闻的标题有以下三种形式。

1. 多行标题

多行标题主要是三行标题,由引题、正题和副题组成。引题也称眉题,它的作用是介绍背景、烘托气氛、引出正题。正题也称主题,它的作用是概括新闻的主要内容或点明新闻的中心思想。副题也称子题,它的作用是介绍与正题有关的情况,补充正题,如点明意义、指出结果等。

2. 双行标题

双行标题是由引题、正题或正题、副题组成。正题一般有实质的内容,因此也称实题。副题和引题一般是对气氛的烘托、意义的阐述,因此又称虚题。双行标题一般是虚实结合、彼此呼应、互为补充的。

3. 单行标题

单行标题指只有正题的标题。这种标题要求突出主题,简明、醒目。

(二)写好导语

所谓导语,就是新闻稿中的第一段话或者第一句话,它由新闻稿中最新鲜、最主要的事实组成。其作用是以最简洁的语言把最重要的事实表述出来,以紧紧抓住读者。

新闻导语的写法,通常有以下几种。

1. 叙述式

叙述式这是最常见的方式。用摘录或综合的方法,把消息中最新鲜、最主要、最有吸引力的事实,以高度概括的形式加以叙述。例如,作为中国会展经济论坛主要的两场主题研讨活动之一的专家论坛,在人民大会堂新闻发布厅举行。300名来自全国主要会展城市、会展举办单位、会展服务企业以及研究机构的代表,在这里倾听 8 位业内资深专家的演讲,并与他们进行深入交流。

2. 描写式

对消息的主要事实或某一有意义的侧面做简洁朴素而又有特色的描写,给读者留下鲜明的印象。例如,棕黄色的颇具古典意味的橡木酒桶,灰白的欧式风情的酒堡,浅绿的充满梦幻色彩的葡萄园——这是河北省昌黎县耿庄村农民耿学刚新建的耿氏酒堡产品标签上的图案。

3. 评论式

对报道的事实进行简洁、精辟的评论,以揭示事物的性质和作用,引起读者重视。例如,2020 年即将过去,有些人在盘点自己一年的收成时,有喜悦,但更多的是惆怅。

4. 结论式

把结论写在开头,开门见山提示报道某一事物的意义、目的或结论。例如,辞旧迎新之际,随着勉宁高速公路提前通车,陕西省成为西北第一、西部第二个突破高速公路通车里程 1000 公里的省份。

5. 提问式

先揭露矛盾,鲜明地、尖锐地提出问题,再做简要的回答,引起读者的注意和思考。例如,经济大省如何实现经济发展与社会事业的全面进步?广东认真学习贯彻中央经济工作会议精神,明确提出切实做到六个"更加注重",努力实现全省经济持续快速协调健康发展和社会全面进步。

6. 引语式

引用与新闻有关的诗句、格言等,以增强导语的生动性。例如,"一条大河波浪宽,风吹稻花香两岸""从草原来到天安门广场,高举金杯把赞歌唱",一首首曾伴随和影响几代人成长的经典歌曲,今晚在北京音乐厅再度响起,依旧深深地打动了全场观众的心。

(三)全力做主体

主体是新闻稿中的主要部分,它要承接导语,阐述导语所揭示的主要信息。具体来讲,导语中提出的问题,在主体中要有具体事实来回答,导语中概要列出的主要事实,在主体中要予以具体展开。

(四)适当放背景

所谓背景,是指新闻事实发生的历史脉络、周边环境,以及和其他事物的内外联系等。背景是为了充实内容而存在的,背景并不是新闻稿不可或缺的组成部分,既可以根据文章主题的需要分散在若干处点明,也可以集中在一处交代,如果确无必要也可不写。

(五)开放式结尾

结尾是新闻稿的最后一句话或一段话,是用来阐明新闻所述事实的意义,加深读者对新闻稿的理解和感受。结尾要力争写出新意,但切忌出现画蛇添足的赘笔。

三、新媒体环境下的新闻文体变革

新媒体传播的新闻主要分为两类:一类是直接从传统媒体上复制而来的;另一类则是顺应新媒体的传播趋势逐渐变形而来的。从新闻产生开始,其文体的变化就离不开物质基础的支撑。技术发展催生的移动互联网媒体主要从以下几个方面对新闻文体造成了影响。

(1)滚动或下拉式的查看方式增强了新闻的连续性,并且打破了新闻篇幅的限制。我们常说的"豆腐块",很恰当地反映出传统新闻报道的特性——分裂、独立,并且没有连续性,这样的特性要求传统新闻的文本必须独立、完整。而网络媒体在报道新闻时,常常可以对新闻进行实时跟进,也可以通过界面的分割将整件事情的来龙去脉有条理地表现出来。

(2)网络媒体的互动性使受众最大化地参与新闻的生产。在传统媒体时代,受众只能单方面地接受媒体的信息,而受众对事件的看法和意见却很难反馈到媒体那里,也不可能大范围地进行表达。新媒体的出现打破了传统媒体单向的传播模式,实现了传播方和受众方的实时互动,更实现了不同受众之间的实时互动。这种新闻传播方式使传播者泛化,网络媒体中的信息可能来自每一个普通人,于是过去只有少数人可以拥有的新闻采写权被所有人一起分享,有时处于附属地位的新闻评论更是夺走了新闻报道本身的风采,成为新闻报道的主环节。

(3)媒介工具的设计越来越人性化,用户无须花费太多时间就可以学会或者适应各种媒介工具的简单操作。新媒体一目了然的界面,符合受众的阅读习惯和需求,不知不觉就使人们习惯于新媒体的传播渠道。任何一种新型媒介进入大众传播,都会对新闻文体造成一种不可抗拒的影响。

新闻文体的变革符合新闻传播的规律,而新闻传播的规律始终是由新闻的生产者和新闻的接受者共同控制着的。新闻文体的发展与变化,始终是为了满足受众的需求。新媒体之所以成为现代信息传播的新趋势,是因为它在各方面所体现出的人性化特点。在新媒体的冲击下,传统媒体都在进行不同程度的转型。例如,在版面上增加漫画新闻、图表新闻的占比,在语言表达上开始使用一些网络语言,内容偏向娱乐性等。

我们对新闻文体的变革应该持开放的态度,只有不断地变化才能永远保持新闻本身的活力。不管时代如何变迁,作为媒体人都应该时刻铭记最重要的一点:新闻不可以偏离其本质——新闻的真实性。新闻报道的职责是传递客观发生的事实,在新闻报道过程中必须保持客观、公正。新闻本无形,但新闻生产者要时刻掌控好自己手中的笔。

单元三 软文写作

一、软文内容的定位

软文的市场竞争越来越激烈,为了能够让粉丝在内容层面想到你的领域时立刻想到你,必须在内容层面明确"写什么"。

1. 了解用户是谁

明确目标用户是哪些群体,写的文章都是哪些人在看,通过问卷调查、数据分析、用户画像等技术分析确定用户群体,了解他们的购买力、喜好偏向、社交类型等。

2. 了解用户潜在需求

软文已经成为消费者了解企业和品牌,甚至购买、反馈产品与服务的主要渠道。而企业对于关注粉丝的理解程度,以及对他们的关注动机的把握,将决定其能否长期持续地提升流量并维护好宝贵的客户资源。

3. 用户价值优先

软文的内容创作要以为用户带来价值为核心导向。推文的一个重要职责是定期展示企业的产品与服务,提升品牌曝光度和销售转化。但是,如果企业广告创作的内容过于生硬且频繁,很可能让用户产生负面情绪,从而导致用户取关和用户流失。

那么,我们该如何创作自身的内容呢？根本宗旨就是客户价值为先。拿本书中的案例来说,企业是做温泉旅游产品的,我们的内容宣传就不能局限于强调旅游的目的地和景点介绍,还应该花更多的时间向粉丝介绍温泉的知识、温泉水对身体的好处、养生的知识等。

4. 专业知识分享

如果你能够敏锐地观察到本行业产品或服务的一些关键痛点,并提出颇有见地的观点和建议,就能在用户心中甚至同行间树立起专业可靠的职业形象。而这正是用户选择商品或服务时至关重要的衡量指标。

5. 去抽象化思维

软文使用语言的重点在于去抽象化,失败的广告往往是由于缺乏一种最基本的技能：找到准确的语言。因为软文的目的是让人记住,最终说服消费者购买。第一代 iPod(图 3-5)在发布时,并不是直接宣传产品内存空间有多大,而是说"把 1000 首歌装进口袋",因为 1000 首歌的大小这样具体的信息使得用户可以快速地感知它的存储空间,这就是去抽象化思维的作用。软文是不可能改变产品的,但它能改变消费者对产品的观感。

6. 保持适度娱乐性

平易诙谐的风格容易拉近彼此的距离,让粉丝产生亲切感,从而提升互动频率,这一点也是衡量软文营销价值的重要指标。

图 3-5 第一代 iPod

二、软文写作架构

撰写软文需要找到一个好的切入点,收集各种写作素材,然后取一个有诱惑力的标题,接着撰写正文,完成结尾的引导,这就是基本的写作思路。

1. 找好文章切入点

切入点是指从什么角度来写这篇文章,或者说这篇文章的主题是关于什么的,即文章要围绕什么问题进行阐述。例如,如果这篇文章写作的目的是产品营销,市场调研发现产品的核心价值点是企业的高质量服务,那么这篇文章的主题就应该与服务相关,使服务这个核心价值优势点通过文章来达到传播的最大化呈现,并实现差异化的目的。

2. 标题要有诱惑力

标题是读者第一眼看到的文字,因此一个好的标题几乎决定了一篇软文成功的大半。如何写一个有创意、吸引人的标题呢？可以从以下几个方面入手。

(1) 结合当前热门事件和话题给文章取标题。这样,当网民在搜索这些相关的话题和事件信息时,你的文章就可能排在搜索引擎前面,更容易被人们看到,从而增加网站的流量。在结合热门事件写标题时要注意把握好度,找准切入点,文章内容和标题要相符,不然就成了人人厌恶的"标题党"。

(2) 戳中用户的痛点。在营销学中有一种说法叫痛点营销,所谓痛点就是网民心中的不满、愤慨和伤心之处。每个产品、每个人都是不完美的,都会有或多或少的问题存在,有了问题,客户就会痛苦,但是仅仅是痛苦不足以吸引客户去解决问题,只有当痛苦达到某个临界点,让用户实在难以忍受时,才会促使用户寻求解决的方法,这个临界点就是我们说的用户的痛点,我们要找到这个痛点。

（3）巧妙利用疑问式/反问式引起用户的好奇心。在标题上卖个关子,激发人们阅读文章的兴趣,如《蛋黄好还是蛋白好？答案原来是这样的……》(ID：丁香医生)、《十年里发生了什么》(某红酒的软文标题),通过在标题中设置悬念,吸引用户点击并阅读。

3. 开头要引人注目

开头告诉读者看了这篇文章会有什么样的收获,读者自然会看下去；或者开头制造悬念,提起读者的兴趣,让读者读下去；或者制造心理共鸣的开头让读者觉得有共同之处,你是在设身处地地替他思考；或者制造冲突,读者自然想知道结局,因此会看下去。某微信公众号内容截图如图3-6所示。

图3-6　开头引人注目的软文

 课堂讨论

假如你是某公众号的文案编辑,要发布一篇关于空气炸锅的营销软文,你会如何设计文章的标题和开头？

4. 内容能够引导有效流量

内容是软文的核心和灵魂,有价值的内容是让读者能够读下去的必要条件,也是传达作者理念和营销效果最大化的必备条件。一篇高质量的软文,首先要文字流畅,阅读门槛低；

其次要有趣,紧抓社会热点的同时,挑动读者的某种情绪,或者能够引起讨论,或者能够彰显读者的品位;最后要不留痕迹,润物细无声。

5. 结尾让用户有所行动

软文的最终目的是引导读者行动。让用户有所行动的结尾有以下三种表现形式。

(1) 引导关注或购买。通过文章内容与目标客户的共同特点,引导读者关注或购买。

(2) 引导评论。在正文结束之后,加一句引导评论,提高粉丝活跃度。

(3) 呼吁行动。在讲述了观点之后,号召读者在实际生活中运用。

三、软文的写作技巧

软文该如何做到有创意,让人眼前一亮?下面介绍几种简单易学的技巧。

软文的写作技巧

1. 挖历史

对于企业写软文来说,挖掘历史很重要。在产品软文或品牌软文中,历史就是价值,有悠久历史的品牌往往更受人们关注,也更受欢迎。青岛啤酒是百年品牌,在青岛啤酒与时代潮流的沟通之中,它卖的不只是啤酒,还是潮流先锋的品牌个性,更是百年国潮的文化价值认同,如图 3-7 所示。

2. 讲故事

大多数人都爱看故事,并且能记得住,因此写软文要多写故事。一篇评论性的文章如果主题比较枯燥,阅读量往往会较少,但如果以故事的方式去讲述,就能引起读者的兴趣,从而有更多阅读量。故事性的文章更具可读性,但也应注意,讲故事不是目的,故事中的产品和服务线索才是文章的关键。另外,知识性、趣味性、合理性是故事的基本要求。例如,陕西省慈善协会在腾讯公益发起的"照亮回家路"公益帮扶项目的文案,如图 3-8 所示。

图 3-7 文化价值认同文案

图 3-8 公益文案

3. 借东风

古人说"天时地利人和","借东风"毫无疑问可以说是天时。所谓"借东风",就是结合时下热点。想做好这一点,需要我们常常关注新闻,并且多思考新闻背后的实质问题是什么,以及可以从哪些角度去思考热点所反映的问题,如图 3-9 所示。

4. 巧用数字

不管是标题还是正文,都应该多用数字,因为数字比较直观,会令人印象更深。我们可以想一想,有数字和没有数字的文章有什么区别?"一生中必须读的书"和"一生中必须读的 10 本书";"国家粮食和物资储备局:中国每年浪费耕地产量严重"和"国家粮食和物资储备局:中国每年浪费 2 亿亩耕地产量",哪一个更好?显然是后者,因为数字更直观、可衡量,具有冲击力。

图 3-9 "借东风"文案

5. 动真情

动真情的文章关键在于可以感染到读者,从而实现对产品的销售和品牌的宣传。例如,江小白的文案无论你喝不喝酒,无论你从事何种职业,你都会被它所吸引。一句洞悉生活、细致入微的软文能深深地打动你,让你仅读软文就能醉得不行,如图 3-10 所示。

图 3-10 江小白文案图片

6. 借助名人效应

名人的任何事情都是大众所关注的,无论是他们的工作,还是他们的生活,或是他们的兴趣等,如果你所宣传的事物或者产品能和名人有联系,借着名人效应,定会吸引不少读者的眼球。例如《2020 最后一天一定要转:刘翔:跨过去,就成了过去》,如图 3-11 所示。

7. 与用户有关

想尽一切办法让读者觉得"这篇文章跟我有关,我得点开看看"。可以利用身份标签强化代入感,包括性别、年龄、职业、地域等;也可通过描述场景增加代入感;或用好处来吸引用户，引起代入感，如图 3-12 所示。

图 3-11　借助名人效应写文案

图 3-12　与用户有关的文案

四、软文写作扩展思路的方法

不管是提炼主题还是进行正文的创作，都需要创意的支持才能推陈出新，而创新思维需要通过培养和训练才能不断提高。

1. 头脑风暴

头脑风暴通过联想反应、热情感染来激发人们的创新思维。联想是产生新观念的基本过程。在集体讨论问题的过程中，每提出一个新的观念，都能引发他人的联想，相继产生一连串的新观念，产生连锁反应，从而形成新观念堆，为创造性地解决问题提供了更多的可能性。在不受任何限制的情况下，集体讨论问题能激发人的热情。人人自由发言、相互影响、相互感染，能形成热潮，突破固有观念的束缚，最大限度地发挥创造性。

2. 逆向思维法

在思维实践中，每个人都有自己所惯用的、格式化的思考模式，当面对外界事物时，会不假思索地将其纳入特定思维框架进行处理。"羊群效应"就是典型的思维定式，人云亦云和从众心理在很大程度上会影响一个人甚至一个集体的正确判断。逆向思维可以帮助人们跳出思维定式，不采用人们通常思考问题的思路，相反，从对立的、完全相反的角度去思考问题，实际上就是"反其道而行之"。这是一种非常奇特而又绝妙的思维方法，运用得当能出奇制胜。

3. 扩散思维法

扩散思维就是指思维从某一点出发，向外任意扩散，无特定方向，无范围，用更多的创造性新设想、新方法、新方式解决问题的思维方法。应用已有的知识和记忆，加入想象，能使人们的思路更加开阔,产生许多不同的甚至是"荒诞离奇"的答案。思维可从事物的形态、材料、功能、方法、结构、组合、因果关系等方面进行。

4. 联想思维法

联想是在创新思考时经常使用的方法,比较容易见到成效。我们常说的"由此及彼、举一反三、触类旁通"就是联想中的"经验联想"。任何事物之间都存在着一定的联系,这是人们能够采用联想的客观基础,因此联想的最主要方法是寻找事物之间的关系,主动地、积极地、有意识地去思考它们之间的联系。

5. 颠倒思维法

颠倒思维法是将思考对象的整体、部分或有关性能颠倒过来,以求得新的思维产物的思维方法。颠倒思维法包括:上下颠倒、左右颠倒、前后颠倒、大小颠倒、动静颠倒、快慢颠倒、有无颠倒、是非颠倒、正负颠倒、内外颠倒、长短颠倒、好坏颠倒、主次颠倒。

6. 克弱思维法

在创造研究过程中遇到障碍时,能够潜心寻找有关事物的弱点,并作为新研究的着眼点,这就是克弱思维法。攻克了弱点,就能够解决问题。克弱思维法是古今中外创造发明活动中常用的方法,是人们打通思维障碍、会议营销,进行创新发明、技术革新等行之有效的方法。

思维训练

1. 看到那些被忽略的

很多创意人都善于观察,他们会注意到被其他人忽略的东西。当和孩子一起在游乐园玩耍的时候,沃尔特·迪士尼发现了许多坐在那里无聊的父母。"为什么没有给父母的娱乐呢?"他想。于是他有了创建迪士尼乐园的想法。

练习:走到一个公共空间,写下20个你对人们的观察结果,学习他们,理解他们。

2. 物品中的物品

选择一些物品,可以是任何东西,如一把剪刀、一卷胶带、一个订书器。现在来试试不同的可能组合,移动它们,看它们怎么放在一起,最终它们会形成一个看起来顺眼或者感觉默契的组合。也许你会发明一件新的工具,或者一件艺术品,它会颠覆你对于事物的想法。

3. 从画一笔开始

有时人们想要点燃创意的火种,却不知从哪里开始,喜欢画画却想不出要画什么,总是在等待一个有深刻含义的、惊天动地的内容,却永远等不到。不如,让我们拿起笔,在画布上从任意一笔开始,可能会是粗暴的一笔,然后画另一笔作为回应,然后再一笔,这样,我们就拥有了一幅画。在写作或者其他创意领域也是一样,写一个词,然后写一个作为回应,很快你就会有一个故事。

五、新媒体软文关键词设置

关键词是指网络用户输入搜索引擎搜索框中的提示性文字或符号。关键词可以是一个字、一个词组或一句话,也可以是一个数字、英文或其他符号。

大部分网络用户在购物类网站上通过关键词来搜索自己所需的商品。与网络购物行为类似,用户同样可以通过百度、搜狗甚至微信顶部的搜索框来搜索自己所需的信息。例如,被领导安排制作PPT,却不知如何下手的用户会在相关网页的搜索框中输入"PPT""PPT怎么做""PPT排版方法""怎么做PPT才好看"等关键词,并在搜索结果中寻找自己想要的相关信息。若企业推广的软文标题及内容中恰巧含有用户在搜索框中输入的关键词,那么该软文就会更容易被用户搜索到。因此,关键词的合理设置是软文获取流量及达到预期营销效果的前提。

(一)关键词设置的原则

关键词就像一座桥梁,连接着企业和用户。企业可以通过分析用户往常使用过的关键词来推断用户的搜索意图、兴趣偏好和需求。例如,用户搜索"连衣裙",意味着该用户可能有购买连衣裙的需求。在搜索结果中,位置排名靠前的结果获得用户点击的可能性会更高,交易成功的可能性也就越大。因此,为了让企业的推广软文获得更高的展出率及点击率,达到最大化的营销效果,就要求软文撰写者能合理地设置关键词。设置软文关键词需遵循以下两大原则。

1. 相关性

软文设置的关键词要与其品牌、产品及所在行业具有相关性。例如,干洗店要做软文营销,其关键词的设置应与洗衣、衣物保养等内容相关,如"羽绒服清洗""衣服干洗"等,而不能设置"手机测评""笔记本"等毫不相关的关键词。

2. 符合用户的搜索习惯

要根据用户习惯使用的词汇来设置关键词。例如"红薯",因为不同地区的称呼不一样,位于不同地区的用户所使用的搜索关键词也不一样:山东人和东北人一般会搜索"地瓜",上海人会搜索"山芋",安徽人会搜索"芋头",江西人则会搜索"红薯""白薯""红心薯""粉薯"等。因此,红薯的商家或企业需根据自身产品的目标市场及软文投放策略去设置和调整推广软文的关键词。

(二)关键词的位置选择

在关键词的设置中,关键词所处的位置也是非常重要的。一般来说,软文的关键词可以设置在以下几个位置。

1. 软文标题

由于搜索引擎展示搜索结果时往往会优先展示标题上的关键词,因此,在软文标题中植入关键词既能让用户更快速地搜索到软文,又能不影响软文的可读性。

2. 软文首段

与软文标题相同,软文的第一段内容对于搜索引擎的抓取作用是非常大的。软文的第一段内容会被搜索引擎默认为文章的摘要部分,同样会被展示到搜索结果中,如图3-13所示。因此,软文的第一段要尽可能地展现软文的核心观点,同时合理地布局关键词,使软文获取更高的排名。

3. 软文内容

在不影响用户整体阅读体验的前提下,可以将关键词自然地嵌入软文的正文。需要注意的是,关键词的设置要与标题的关键词相匹配。此外,如果网站或平台允许,则可以对软文中的关键词设置加粗或加下画线,这样也有利于搜索引擎的收录。

4. 软文配图文件的命名

为软文中的素材图片设置一个含有关键词的名称,有利于用户在图片类搜索中搜索到

图 3-13　位于首段的关键词

该软文的配图,从而进一步提高软文的曝光率和推广效果。

当然,在软文的写作过程中,应在确保句子逻辑清晰、语义通畅的前提下设置关键词,切忌因刻意设置关键词而导致句子不通。如果软文的篇幅较短,在正文中嵌入过多的关键词可能会影响用户的阅读体验,则尽量把关键词布局在软文的标题、开头及结尾部分。

(三)设置关键词的注意事项

一篇软文的关键词只有设置得正确、合理,才能有效地增加软文的曝光率,为软文吸引更多的流量;反之,软文将会被淹没在信息的洪流中,根本无法起到宣传推广的作用,也无法达到预期的营销效果。因此,企业要想通过软文更好地实现营销目的,在设置软文标题时就要在兼顾企业品牌、目标客户需求、搜索引擎的搜索规则的前提下,正确、合理地选择和植入关键词。

具体来说,在软文中植入关键词需要注意以下三点。

1. 尽量选择高热度、低竞争度的关键词

热度是指一个关键词被用户搜索的次数和频率,被搜索次数多的关键词可称为高热度关键词。竞争度是指用户使用某个关键词进行搜索时得出的相关结果数量的多少,数量多说明该关键词的竞争度高,数量少则说明该关键词的竞争度低。因此,设置高热度、低竞争度的关键词有利于提升软文的排名和曝光率。

2. 软文中关键词出现的频率及密度应适宜

关键词出现的频率及密度太小会影响搜索效果,太多或太密则会影响用户的阅读体验。如果软文的字数不是太多,同一个关键词一般出现不超过 5 次。文章的开头及结尾各植入 1 次,正文部分自然地植入 2～3 次即可。如果想要增加关键词在文章中出现的次数,可尝试使用辅助关键词和长尾关键词去拓展。但关键词的字数不要超过一句话总字数的 10%,

否则会被判定为关键词堆砌。

3. 软文标题与内容部分的关键词设置要相互匹配

当软文标题与内容所设置的关键词一致时,搜索引擎会抓取内容中与标题相同的关键词作为页面描述,这样有利于提高软文的曝光率。此外,软文的关键词选择还要符合企业长期的营销目标,这样有利于降低软文投放的营销成本,最大限度地发挥软文营销的效果。

一、实训项目

大唐温泉度假村酒店是在原××温泉山庄的基础上投资开发的以露天温泉为主导产品的星级度假村。度假村地处省级森林公园内,占地五十余亩,是集温泉沐浴、客房餐饮、商旅会议、棋牌娱乐、休闲度假等多种功能于一体的生态健康旅游的胜地。

临近暑假,大唐温泉度假村酒店推出以"大唐温泉,清凉一夏"为主题的水上亲子嘉年华活动,包括水中拔河、水枪大战、快乐滑梯等多款水上游戏。大唐温泉度假村酒店计划推出一篇软文进行宣传。

二、实训要求

(1) 能够根据给定的新闻稿件,拟定合适的标题,挖掘相关关键词。

(2) 根据企业产品卖点和目标人群,进行营销软文内容的设计。选择一个巧妙的产品信息进行植入,选择有诱惑力的标题,做好文章的开头、正文、结尾的设计等。

① 设定本次推广要达到的目标和效果。软文的目的是给自己的产品或者服务进行营销推广宣传,把目标用户变成实际用户,提高转化率。根据营销对象的不同,制定不同的软文营销,例如,案例中的大唐温泉度假村酒店,如果推广目标是对品牌进行推广,就需要首先对品牌有一个清晰的认识,并给予明确的定位,然后进行目标用户分析,再根据渠道的不同、受众的不同,以受众的需求为根本创作对用户有价值的内容。

② 通过用户画像分析目标用户。通过用户画像确定了用户的标签以及用户的偏好行为之后,可以有针对性地给用户推荐他们喜欢或者满足他们需求的一些广告。例如,针对学生,可以给他们推荐一些课程;针对白领,可以推给他们一些工作技能。

三、实训步骤

任务一　新闻稿件标题拟定

请阅读下面关于大唐温泉度假酒店新闻报道的资料,挖掘关键词,拟定新闻标题(可包含主标题、副标题等)。

10月9日,院士刘××携考察团来到A省B市考察地考察热资源开发利用情况。近年来,健康产业的高速发展让以健康养生为中心的休闲度假疗养项目不断进入人们的视野,成为新的时尚潮流。温泉本身具备健康与养生的效果,其特殊的属性被大众熟知并接受。据了解,在欧洲,许多国家将温泉疗养作为一种医疗手段纳入医疗保险与社会保险的范畴。

大唐温泉度假村酒店董事长××介绍,温泉可以分为三个层次:第一个层次是娱乐性质的温泉旅游；第二个层次是温泉疗养，一个疗程需要经历5~7天，泡温泉10~15次；第三个层次是要求最高的温泉水疗即温泉医疗。在大唐温泉度假村酒店中有一家规模较大的康复医院，同时涵盖温泉疗养与温泉医疗，其中的场所、设备、人员的配置皆达到合格医院的要求。

温泉对骨骼肌肉系统疾病、关节疾病、神经肌肉系统疾病等具有特殊的治疗效果。考察团重点参观了康复医院的物理治疗中心和水疗康复中心。物理治疗中心主要利用器械、徒手或患者自身的力量通过某些运动恢复患者的全身或局部的运动功能、感知功能。水疗康复则充分运用水的浮力和阻力作用使患者在温泉水中进行水中步行、平衡和协调训练、肌力训练、不抗重力运动、抗阻运动、耐力训练、关节活动度训练、有氧训练、水中医疗体操，以达到治疗和保健的作用。

任务二 软文写作

（1）要深入了解目标消费者，包括教育程度、心理喜好、收入状况、阅读习惯等，这样才能引起消费者关心和重视。

（2）好标题是成功的一半。由于生活工作节奏的加快、报纸信息量的增大，大多数消费者都习惯浏览性地快速阅读。因此，好的标题是抓住消费者眼球的关键。

（3）找个好的主题。软文一定要有一个鲜明的主题，这样才能真正吸引读者，才能产生新闻效应，给消费者留下深刻的印象。有了好的主题，软文的内容也会随之变得生动，让人感到真实、可信。

（4）表现诉求手段多样化。软文的创作经常运用到的表现诉求手法，有新闻式、说理式、情感式、直接式、问答式等。许多软文文案都尝试从不同角度去丰富软文，增加软文的可读性、知识性。

（5）软文要与市场推广相衔接。软文的创作要有系列性，它一定随着市场营销的不断加深而加深。市场变化了，广告投放策略变化了，软文也要变。软文创作流程如图3-14所示。

图3-14 软文创作流程

软文写作的具体步骤如下。

1. 寻找文章的切入点

（1）根据当前热点寻找文章的切入点

提示：新浪微博每天都有大量最新热点，而这些热点都是网友所感兴趣的，从中可以挑选几个热点来寻找文章的切入点，如某天的热点有"愚人节开玩笑""全球粮食价格上涨"等。

切入点1：_____

切入点2：_____

切入点3：_____

（2）根据用户的需求寻找文章的切入点

提示：需求是指在特定的情况下产生的特定问题，并且这个问题是可以解决的，需求分为刚性需求和非刚性需求。例如，你饿了，有卖馒头的，有卖汉堡的，虽然你很想吃汉堡，但是你的钱只够买馒头，你不吃就得饿着，所以对此时的你来说，馒头是刚性需求，汉堡是非刚性需求。

用户需求1：_____

用户需求2：_____

用户需求 3：_____

（3）根据用户的痛点寻找文章的切入点

提示：痛点就是指让目标用户付出某种行动的最大阻碍。例如，在美图秀秀之前，大部分图像处理软件（如 PS）都专注于提高处理图像的性能，这个时候，让用户使用图像处理软件的最大阻碍是易用性，因此"易用性"就是痛点。抓住这一痛点，专注于提高易用性的美图秀秀取得了初期成功。

用户痛点 1：_____
用户痛点 2：_____
用户痛点 3：_____

（4）根据品牌的特点寻找文章的切入点

提示：品牌具有个性，品牌具有专有性，品牌以顾客为中心，这都是品牌的特点。例如，海尔"真诚到永远"，给人一种优质、真诚和负责的感觉；迪士尼"让全世界开心起来"，它带给人们的将全部是快乐的回忆。

品牌特点 1：_____
品牌特点 2：_____
品牌特点 3：_____

（5）分析竞争对手的弱点寻找文章的切入点

提示：竞争对手就是你的敌人，知己知彼，百战不殆，要想占有更大的市场份额，分析竞争对手是必不可少的。例如，分析大唐的竞争对手就是同区域、同类型的温泉度假酒店，分析它们的产品，找到它们的弱点。

竞争对手弱点 1：_____
竞争对手弱点 2：_____
竞争对手弱点 3：_____

2．拟定标题

（1）根据热点事件拟定标题

提示：标题结合最新的热点事件，不仅具有时效性，还能吸引大众对热点的关注，提高文章的打开率和转发率。

标题 1：_____
标题 2：_____
标题 3：_____

（2）运用数字拟定标题

提示：数字能将模糊化的信息具体量化，适当使用数字可以在视觉上造成冲击，识别度高，更能吸引读者的目光。例如，"她已经有 47 岁了，浑身依旧充满了少女感，像 18 岁的小姑娘，是怎么做到的？"

标题 1：_____
标题 2：_____
标题 3：_____

（3）借助名人效应拟定标题

提示：名人效应是指因为名人本身的影响力，而在其出现的时候达到事态扩大、影响加强的效果。标题中出现名人会吸引读者打开,如《打造迪丽热巴同款水嫩果冻肌肤,只需要3招》。

标题1:＿＿＿＿＿＿＿＿＿＿＿＿＿＿＿＿＿

标题2:＿＿＿＿＿＿＿＿＿＿＿＿＿＿＿＿＿

标题3:＿＿＿＿＿＿＿＿＿＿＿＿＿＿＿＿＿

(4)运用场景代入拟定标题

提示:场景代入有两种情况。一种情况是让读者马上产生"这就是说我的""这些事情也是我干过的事情""好像这个画面就在我面前"这样的反应。还有一种情况就是,标题中的讲述可以让读者对不熟悉的事物变得非常熟悉,产生了强联系,如《玩命工作,就是年轻时最好的生活》《有了它,你可以2min搞定一张海报》。

标题1:＿＿＿＿＿＿＿＿＿＿＿＿＿＿＿＿＿

标题2:＿＿＿＿＿＿＿＿＿＿＿＿＿＿＿＿＿

标题3:＿＿＿＿＿＿＿＿＿＿＿＿＿＿＿＿＿

(5)利用疑问式/反问式拟定标题

提示:这样的标题会引起用户的好奇心,激发其阅读文章的兴趣,如《在夏天,你应该如何有效防止中暑?》。

标题1:＿＿＿＿＿＿＿＿＿＿＿＿＿＿＿＿＿

标题2:＿＿＿＿＿＿＿＿＿＿＿＿＿＿＿＿＿

标题3:＿＿＿＿＿＿＿＿＿＿＿＿＿＿＿＿＿

3. 设计文章结构

软文是以文章的形式来表现的,它具备了文章的一般结构。文章最基本的结构为:起—承—转—合。承,是对中心思想的传承;转,就是文章的传播,这是决定软文能不能影响人的重要因素;合,是对文章的总结和对中心思想的加强。

(1)文章开头

提示:文章的开头要做到能够吸引读者。例如,可以描绘利益,告诉读者看了这篇文章会获得什么好处;也可以制造悬念,提起读者兴趣,让读者想要读下去;还可以用真情实感来拉近与读者之间的距离。

描绘利益:＿＿＿＿＿＿＿＿＿＿＿＿＿＿＿＿＿

制造悬念:＿＿＿＿＿＿＿＿＿＿＿＿＿＿＿＿＿

真情实感:＿＿＿＿＿＿＿＿＿＿＿＿＿＿＿＿＿

(2)文章正文

提示:软文的目标主要是通过软文正文来反映的,它起着介绍商品、树立商品的消费形象和推动购买的作用。

符合事实性:朝着完全符合事实的方向构思。这种方法只要列明商品的名称、规格、性能、价格、质量、特点及电话、地址即可。

＿＿＿＿＿＿＿＿＿＿＿＿＿＿＿＿＿＿＿＿＿＿＿＿＿＿＿＿＿＿＿＿＿＿＿＿＿＿

说服性:按说服的方向构思。以消费者所能得到的利益为前提,说服其购买。说服的技巧有比较法、证明法、警告法等。

＿＿＿＿＿＿＿＿＿＿＿＿＿＿＿＿＿＿＿＿＿＿＿＿＿＿＿＿＿＿＿＿＿＿＿＿＿＿

感情性:向感情方向构思。富有感情的词句能够打动消费者,使之产生购买意念。这种广告文讲究用词精美,字里行间充满着感人的力量,属感情性诉求。

(3) 文章结尾

提示:软文的结尾可以再次强调正文中的结论,加深读者印象;还可以引导读者行动。

加深读者印象:_____
_____
_____
_____

引导读者行动:_____
_____
_____
_____

4. 完成内容创作

要求原创,不低于 600 字。

任务评价

相关评价表如表 3-2 ~ 表 3-4 所示。

表 3-2 技能评价表

序号	技能自评	任务要求	得分	备注
1	新闻稿件标题拟定	能够根据给定的新闻稿件,拟定合适的标题,挖掘相关关键词		
2	新闻稿件写作	能够编辑新闻稿件,真实、快速、简短、生动地传达新闻信息		
3	软文的切入点寻找	能够利用多种形式寻找软文的切入点		
4	软文标题拟定	能够根据软文推广的目的,利用多种形式拟定不同类型的标题		
5	软文结构设计	能够采用"起—承—转—合"的形式,设计软文结构		
6	软文内容编辑	能够根据企业产品卖点和目标人群,进行营销软文内容的创作		

表 3-3 素质评价表

序号	素质自评	任务要求	得分	备注
1	正确的价值观	能够宣扬正确的价值观,引导社会风气,传递正能量		
2	创新意识	能够在软文构思和内容编辑阶段,策划具有新意的选题内容和表现形式		
3	协作精神	能够和团队成员分工合作,共同完成实训任务		

续表

序号	素质自评	任务要求	得分	备注
4	资源搜集和整合能力	能够借助线下和网络资源,获取相应的文章素材		
5	职业道德、法律意识	能够遵守相应的互联网法律法规和平台内容管理规范,规避敏感词		
6	严谨的工匠精神	能够在软文创作各个阶段对用户群体做出精准分析		
7	自我学习能力	能够利用线下和网络资源,自我学习相关的知识和技能,不断提升自我能力		

表3-4 任务综合评价表

学生自评得分（20%）	小组互评得分（20%）	教师评价得分（30%）	企业评价得分（30%）	总分

课后习题

一、单项选择题

1. 文稿中事件所牵扯的人物,包括人名、照片、职务、时间、地点有误,或事件前因后果、人物关系与事实不符,这属于(　　)。

　　A. 政治性错误　　　　　　　　B. 事实性错误
　　C. 知识性错误　　　　　　　　D. 辞章性错误

2. 所谓(　　),就是新闻稿中的第一段话或第一句话,它是由新闻稿中最新鲜、最主要的事实组成。

　　A. 标题　　　　B. 摘要　　　　C. 导语　　　　D. 结尾

3. 软文的内容创作,要以为用户带来(　　)为核心导向。

　　A. 信息　　　　B. 服务　　　　C. 趣味　　　　D. 价值

4. 如果软文的字数较少,同一个关键词一般出现不要超过(　　)次。

　　A. 3　　　　　B. 5　　　　　C. 8　　　　　D. 10

5. (　　)是软文的核心和灵魂。

　　A. 内容　　　　B. 标题　　　　C. 导语　　　　D. 结尾

二、多项选择题

1. 文稿的加工工作一般包括(　　)几个环节。

　　A. 文稿筛选　　B. 文稿审读　　C. 文稿修改　　D. 文稿校对

2. 网络文稿标题撰写的新颖性原则表现在(　　)等方面。

　　A. 角度新颖　　B. 立意新颖　　C. 形式新颖　　D. 语言新颖

3. 让用户有所行动的软文结尾的表现形式有(　　)。

　　A. 引导关注或购买　　　　　　B. 引导评论

  C. 呼吁行动   D. 呼应开头
4. 软文写作扩展思路的方法有（ ）。
  A. 头脑风暴   B. 逆向思维法
  C. 扩散思维法   D. 联想思维法
  E. 颠倒思维法   F. 克弱思维法

三、思考题

1. 简述新媒体文稿加工的基本流程。
2. 新媒体新闻写作的特点包括哪些？
3. 新媒体新闻写作的结构包括哪些？
4. 软文写作的内容如何定位？
5. 软文写作的架构包括哪些？
6. 软文里的关键词可以设置在哪些位置？

项目四

新媒体图片编辑

➡ 教学目标

- **知识目标**

(1) 了解位图矢量图、二维图形、三维图形、图形、图像、像素、分辨率等基本概念。
(2) 掌握新媒体图片的类型和格式。
(3) 了解新媒体图片编辑的基本原则,以及使用图片会涉及的法律问题。
(4) 熟悉图片在空间上的布局方式。
(5) 掌握图片中文字的设计效果和设计格式。
(6) 掌握图片的色彩搭配形式。

- **能力目标**

(1) 能够合理地使用图片。
(2) 能够合理地设计图片的空间布局。
(3) 能够设计图片中的文字效果。
(4) 能够设计图片中的文字格式。
(5) 能够进行图片色彩搭配设计。
(6) 熟练使用常见的图形图像处理软件。

- **素质目标**

(1) 具备优秀的艺术审美能力和设计素养。
(2) 具备创新能力,推陈出新。
(3) 具备团队合作的精神,小组协作分工,共同完成任务。
(4) 具备正确的价值观,将爱国、敬业、诚信、友善等社会主义核心价值观内化为精神追求、外化为商业行动。
(5) 践行"为人民而设计"的理念,在艺术创作中涵养家国情怀、把准时代脉搏、引领社会风尚。
(6) 具备法律意识,遵守互联网和电子商务的法律法规,遵守道德规范,注意保护个人和他人的信息隐私。

党的二十大报告指出：

"必须坚持守正创新。我们从事的是前无古人的伟大事业，守正才能不迷失方向、不犯颠覆性错误，创新才能把握时代、引领时代。"

"不断提高战略思维、历史思维、辩证思维、系统思维、创新思维、法治思维、底线思维能力，为前瞻性思考、全局性谋划、整体性推进党和国家各项事业提供科学思想方法。"

本章节培养学生能够合理地设计和使用图片，具备优秀的创新创意能力、艺术审美能力和设计素养，践行"为人民而设计"的理念，在艺术创作中涵养家国情怀、把准时代脉搏、引领社会风尚。

单元一 新媒体图片编辑基础

在新媒体时代，纯文字的文案已经很少出现了，更多的是以图文的形式呈现。生动直观、富有创意的图片与逻辑缜密、构思巧妙的文字相结合，可真正实现视觉力量与思维力量的互补。

一、图片的基本概念

在制作与使用图片之前，首先需要对图片相关的基本概念有所了解，包括位图与矢量图、二维图形与三维图形、图形与图像及像素与分辨率等。

1. 位图与矢量图

位图又称点库图像或绘制图像，是由被称作"像素"的单个点组成的。一个点就是一个像素，每个点都有自己的颜色和位置，这些点可以进行不同的排列和染色，以构成图样。位图与分辨率有着直接的联系，分辨率大的位图的清晰度高，其放大倍数也会相应增加。但是，当位图的放大倍数超过其最佳分辨率时，就会出现细节丢失，并产生锯齿状边缘，如图4-1所示。

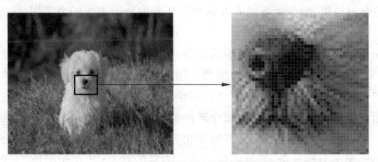

图4-1 清晰的位图和放大后的位图

矢量图使用直线和曲线来描述图形，这些图形的元素是点、线、矩形、多边形、圆和弧线等，它们都是通过数学公式计算获得的。例如，一幅花的矢量图实际上是由线段形成外框轮廓,组成外框的颜色以及外框所封闭的颜色决定了花显示出的颜色。矢量图可以通过公式计算获得,因此矢量图文件的体积一般较小。矢量图的优点是无论放大、缩小或旋转都不会失真,缺点是难以表现色彩层次丰富的逼真图像效果。图4-2所示为两幅矢量图。

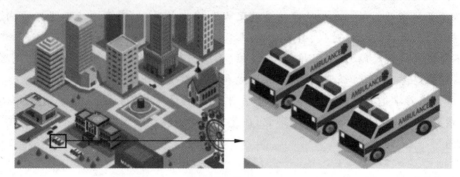

图 4-2　矢量图原图与放大后的矢量图

位图可以通过矢量化工具转换为矢量图,而矢量图则可以通过设定一定的分辨率渲染成为位图。矢量图渲染成为位图后,要进行精细的像素绘制,使作品更加细腻;而位图矢量化之后,则会产生概念化与简洁化的艺术效果,矢量化后的图形可以以高画质输出更大的幅面。

2. 二维图形与三维图形

图形又可以分为二维图形与三维图形。二维图形的变换是在二维空间中进行的,组成图形的基本单位称为图元。图元是图形中的一个独立单元,可以用来描述线型、颜色、层次等一系列参数。

三维图形的显示和变换是在三维空间进行的。目前,三维图形的应用领域越来越广泛,如三维地图计算机辅助设计(computer aided design,CAD)、仿真系统、虚拟现实系统等。三维图形及其真实感的生成需要耗费计算机更多的计算时间与储存空间。

3. 图形与图像

图形、图像这两个概念看似相近,却有着本质的区别。虽然在某些日常应用领域中,人们基本上淡化了它们的区别,但是专业的电子图片编辑人员应严格区分这两个不同的概念。

图形是指由外部轮廓线条构成的矢量图,即由计算机绘制的直线、圆、矩形、曲线、图表等;而图像是由扫描仪、摄像机等输入设备捕捉实际的画面产生的数字图像,是由像素点阵构成的位图。

图形是用一组指令集合来描述图形的内容,如描述构成该图的各种图元位置维数、形状等,所描述对象可任意缩放不会失真。图像是用数字任意描述像素点、强度和颜色,描述信息文件存储量较大,所描述对象在缩放过程中也会损失细节或产生锯齿。

图形使用专门软件将描述图形的指令转换成屏幕上的形状和颜色,图像是将对象以一定的分辨率分辨以后将每个点的信息以数字化方式呈现,可直接快速在屏幕上显示。

图形描述轮廓不是很复杂,其色彩也不是很丰富的对象,如几何图形、工程图纸、CAD、3D造型软件等。图像则表现含有大量细节(如明暗变化、场景复杂、轮廓色彩丰富)的对象,如照片、绘图等,通过图像软件可进行复杂图像的处理以得到更清晰的图像或产生特殊效果。

4. 像素与分辨率

像素是构成位图的基本单位，一张位图是由在水平与垂直方向上的若干个像素组成的。像素是一个个有色彩的小方块，每个像素都有其明确的位置及色彩值。像素的位置及色彩决定了图像的效果。一个图像文件的像素越多，其所包含的信息量就越大，文件就越大，图像的品质也就越好。图 4-3 所示为一幅高像素的图片及其放大后的效果。

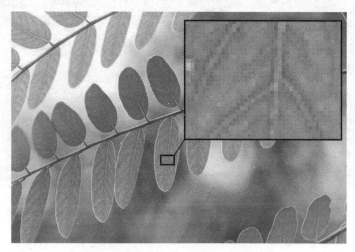

图 4-3　高像素图片及其放大后的效果

图像分辨率即图像中单位面积内像素的多少，通常用"像素/英寸"或"像素/厘米"表示。相同打印尺寸的图像，高分辨率比低分辨率包含更多的像素，因而像素点也较小。

二、新媒体图片的类型

在新媒体编辑中，图片的类型主要有照片、图示、漫画和图饰等。

1. 照片

照片是新媒体编辑中最常见的图片类型。照片通常分为新闻照片和非新闻照片两大类。新闻照片就是以新闻事件、新闻人物为拍摄对象，再现新闻现场情景的照片；非新闻照片往往是为了再现真实场景，增强阅读者对于信息的信任感。图 4-4 所示为某公众号真实拍摄使用护肤产品前后的效果图。

2. 图示

图示可以通过不同的形态将枯燥的数字形象化，将分散的内容整体化，将抽象的规划具体化，将平面的文字立体化。新媒体编辑中的图示一般可分为以下两大类。

一类是信息图表，主要有折线图、饼图、柱状图、架构图等。图 4-5 所示为小红书 KOL 三大支柱分布图。

新媒体图片的类型

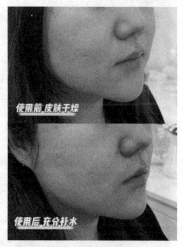

图 4-4　某公众号真实拍摄使用护肤产品前后的效果图

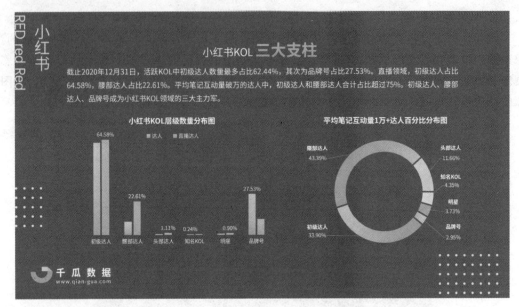

图 4-5　小红书 KOL 三大支柱分布图

另一类是信息图示，多为对事件发生的时间、地点、路线、方案等的描述。图 4-6 所示为小红书和 Mars 用户体验对比信息图。

3. 漫画

漫画是用简单而夸张的手法来描绘生活或时事的一种艺术形式。它运用变形、比拟、象征、暗示、影射等方法构成画面或画面组，来讽刺、批评或歌颂某些人和事，具有较强的社会性。图 4-7 所示为深圳卫健委用漫画开头的文案。

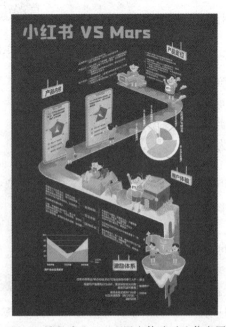

图 4-6　小红书和 Mars 用户体验对比信息图

图 4-7　用漫画开头的文案

4. 图饰

图饰不传播任何新闻信息,仅作为版面装饰的图片为页面增色添彩。图 4-8 所示为搜狐网一则题为"2022 就业蓝皮书:苏杭、成都毕业生流入增长明显,二线城市吸引力增强"的新闻,在正文标题下面配有一幅图饰,此图没有表达新闻正文中的内容,只是为了修饰版面,为页面增加一些图片色彩元素。

图 4-8　新闻图饰

三、新媒体图片的格式

新媒体编辑平台支持的网络图片格式有许多种,其中最常见的是 JPEG 格式、GIF 格式和 PNG 格式。

1. JPEG 格式

JPEG(joint photographic expert group)也可写作 JPG。该格式是网页中最常用的图片格式,采用有损压缩的方式去除冗余的图片和彩色数据,在获取极高压缩率的同时能够展现十分丰富、生动的信息,适合于色彩丰富的图片。其不足之处在于对图片压缩较多,使图片信息丢失较多,从而导致图片失真。因此,在将图片保存为 JPEG 格式时,需要在压缩率与质量之间找到一个平衡点。

2. GIF 格式

GIF(graphics interchange format)格式的图片采用无损压缩技术,只要图片不多于 256 种颜色(8 位颜色),就能既减小文件的体积又保持图片的质量。因此,GIF 格式适合于色彩单一、颜色较少的图片，如图表、按钮、剪切画等只需要少量颜色或相对简单的图片。

另外，GIF 格式支持图片透明和动画效果，尤其适合带有动画效果的图片。其动画效果是通过在一个 GIF 文件中保存多幅图片，把存于该文件中的多幅图片数据逐幅读出并显示到屏幕上而实现的。目前，网络中大部分带有动画效果的图片都是 GIF 格式的。

3. PNG 格式

PNG（portable network graphics）格式支持 24 位全彩色，采用非破坏性压缩，可以完整和精确地保存图片的亮度与彩度，同时还提供比 JPEG 格式和 GIF 格式更快的交错格式（透明背景）。PNG 格式适合背景透明的图片，如制作水印等。其缺点是图片占用空间大。通常情况下，网络图片可以通过摄影、专业图片网站、网站的图片频道、搜索引擎等途径获取。

四、新媒体图片的使用原则

既然添加图片能够使文章更加吸引读者的眼球，那么怎样使用图片才能发挥其最大用途呢？下面介绍在新媒体文章中使用图片的基本原则。

1. 保证图片的清晰度

为文章添加配图不仅是为了美化文章版式，更重要的是为了增强文章的吸引力，因此一定要保证图片的清晰度，尽量选择清晰度高的图片，避免使用带有马赛克、水印的图片，这样才能更好地吸引读者阅读文章，给读者带来良好的阅读体验。

2. 图片要与文章主题相符

文章中的配图一定要有存在的意义，也就是说图片一定要与文字内容有关联。若图与文字内容毫无关系，则很容易让读者在阅读时产生误解，产生不好的阅读体验。此外，还需要注意的是，图片是为文字内容服务的，能够通过文字表达清楚的内容，就没有必要再为文字搭配过多的图片，否则可能会让读者产生阅读上的负担。

3. 注意图片的数量

在一篇文章中使用的图片既不能太少，也不能太多，因为配图太少可能无法充分发挥图片的作用，而配图太多则容易导致出现页面加长、加载速度慢等现象，会给移动端用户造成页面总是滑不到底的错觉，从而导致跳出率增加。一般来说，一篇文章配图以 3~5 幅为宜，既能达到美化文章的目的，又不会导致页面过长而引起读者视觉疲劳。

4. 图片尺寸、色调要统一

在同一篇文章或同一个版面中，图片的尺寸和色调要统一，尽量使用同一系列或同一色系的图片，或内在有一定相关性的图片，这样可以让文章显得更有格调。

5. 对图片进行适当美化

为了让图片更具特色和吸引力，可以对图片进行适当的编辑和美化。目前，使用较多的图片编辑工具软件有 Photoshop、美图秀秀、光影魔术手等。Photoshop 的功能强大，也很专业，需要使用者具备一定的图片编辑基础。美图秀秀和光影魔术手操作起来比较容易，比较适合零基础的用户使用。

五、图片传播涉及的法律问题

现在网络上有丰富的图片库资源，获取图片的途径也很多。但是，将从各种渠道搜集来的图片进行商用可能会面临严重的法律问题。图片编辑人员要对著作权法的相关规定有深入的了解，以避免侵犯他人版权、肖像权等情况的出现。下面对使用图片时所涉及的法律问题进行归纳。

1. 未经授权使用他人图片的法律问题

图片属于著作权法保护的作品范畴。根据《中华人民共和国著作权法》第十条规定，著作权包括发表权、署名权、修改权、保护作品完整权、复制权、发行权、出租权、展览权、表演权、放映权、广播权、信息网络传播权、摄制权、改编权、翻译权、汇编权以及应当由著作权人享有的其他权利。其中，复制权是指以印刷、复印、拓印、录音、录像、翻录、翻拍、数字化等方式将作品制作一份或者多份的权利。未经授权擅自使用他人图片侵犯了著作权人的复制权。根据《中华人民共和国著作权法》第四十七条的规定，未经著作权人许可，发表其作品属于侵权行为，侵权人应当根据情况，承担停止侵害、消除影响、赔礼道歉、赔偿损失等民事责任。

2. 关于肖像权和名誉权的法律保护

《民法典》第一千零一十九条规定"任何组织或者个人不得以丑化、污损，或者利用信息技术手段伪造等方式侵害他人的肖像权。未经肖像权人同意，不得制作、使用、公开肖像权人的肖像，但是法律另有规定的除外。""未经肖像权人同意，肖像作品权利人不得以发表、复制、发行、出租、展览等方式使用或者公开肖像权人的肖像。"第一千零二十三条规定"对自然人声音的保护，参照适用肖像权保护的有关规定。"

《民法典》第一千零二十四条规定"民事主体享有名誉权。任何组织或者个人不得以侮辱、诽谤等方式侵害他人的名誉权。""名誉是对民事主体的品德、声望、才能、信用等的社会评价。"

单元二　图片美化与视觉设计

新媒体图片的组成元素一般包括背景、文字、商品等，图片版式整体规划的作用就是将这些组成元素进行设计和关联，以图文并茂的方式呈现在消费者眼前。这样能突出文字重点，形成视觉冲击，从而达到宣传推广商品和品牌的目的。

一、合理设计空间布局

新媒体图片的排版和整体构图会影响图片内容的整体走向和成型效果，甚至会影响消费者对图片中的商品或品牌的兴趣。因此，在设计图片版式的空间布局时，图片创作者一定要深思熟虑，深入了解文字在图文中的整体占比和商品图片的类型，并需要选择相应的构图方式和图文结构关系。图片在空间上的布局主要有以下四种方式。

合理设计
空间布局

1. 中心分布

这种布局方式是在画面中心位置放置图片内容，可以给消费者一种稳定、端庄的感觉，并使其目光牢牢锁定在中心位置。

图4-9所示是某玩具电商商家的促销海报，其空间布局方式就是中心分布。为了避免画面呆板，图片创作者使用了多个不同颜色的圆形形状，并将其与白色线条进行灵活搭配，

在增强画面灵动感的同时,也使图片变得更容易吸引消费者的目光。

图 4-9　中心分布布局的图片

2. 对角线分布

对角线构图是指将图片内容和商品图片安排在画面的斜对角位置,使画面更具有动感,从而吸引消费者的视线,如图 4-10 所示。

图 4-10　对角线分布布局的图片

图 4-10 所示是某零食电商商家的商品促销海报图。该图片有效利用了画面对角线的长度进行图片的空间设计,使图片内容和商品图片产生直接关系,从而突出了促销活动的主题。

3. 上下左右分布

这是大部分新媒体图片常用的布局方式,其优势在于容易平衡版式,内容图片的区别对应性强,如图 4-11 所示。

图 4-11 所示是电商商家的品牌推广图片、商品详情页图片和商品展示图片。由于手机屏幕和普通海报的长宽比例一致,大多数新媒体图片和商品详情页都会采用上下分布式的布局。而商品展示类图片和促销类图片常采用左右分布式的布局,如图 4-12 所示。这两种布局方式都能够突出图片的重点内容。

4. 井字分布

井字分布布局就是在图片中绘制两横两纵四条直线,使之组成一个"井"字,在井字的四个交叉点处选择一个点或者两个点放置商品和文案,如图 4-13 所示。

图 4-13 所示是某女鞋电商商家的促销海报图,其图片内容定位在"井"字的左上交叉点处,富有变化与动感,且与右下交叉点处的商品图片相对应,具备一定的美学价值,具有很强

图 4-11 上下分布布局的图片

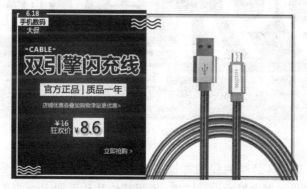

图 4-12 左右分布布局的图片

图 4-13 井字分布布局的图片

的艺术性与和谐性。

假如你是某木鱼石工艺品旗舰店的美工人员,你会如何设计店铺 banner 的空间布局?

二、设计文字效果

在完成了图片的布局后,图片创作者可通过设计文字字体对比让图片本身的文字产生位置、大小和排版效果等方面的差异,将消费者的视觉焦点集中到图片的内容上。文字的字体对比主要体现在大小粗细对比、疏密对比和方向对比三个方面,下面分别进行介绍。

1. 大小粗细对比

文字的大小粗细是体现信息重要性的主要依据,通常重要信息的文字会较大且粗,次要信息的文字则会小且细。在新媒体图片的创作中,由于放置图片的空间有限,图片创作者更需要放大和加粗最重要的信息,以减少其他不必要信息的干扰,让消费者能够快速将视线锁定到重要信息上,从而加快消费者对商品信息的接收速度,如图 4-14 所示。

图 4-14 文字大小粗细对比的图片

图 4-14 所示是某家具品牌的促销海报。该图先将最低价格放大显示,吸引消费者注意,然后用稍小一些的文字来展示活动主题,再用其他几种不同大小的文字分别介绍活动的具体内容。不同大小的文字体现出了图片的层次,提升了视觉美感。这种做法非常适合促销图片的文字设计。

2. 疏密对比

文字的疏密是指文字之间的距离,以及段落与段落之间的距离。新媒体图片中的文字通常以区块的形式呈现在画面中。为了更好地区分文字所表达的含义,图片创作者可以通过调整文字的疏密程度将不同字体、字号和颜色的文字分类隔开,让信息变得更加清晰、层次分明,否则,将会模糊主题,造成信息接收障碍,误导消费者。

3. 方向对比

图片中文字的排版方向会直接影响消费者的视觉感受。将不同的文字经过设计后进行不同方向的呈现,可以有效增加版面的动感和空间感,向消费者展示文字信息的层次结构和重要性,如图 4-15 所示。

图 4-15 是某手机的促销海报,该图片的推广主题是"极光绿"颜色。图中通过竖排和横排两种不同的文字方向设计,向消费者展示了"极光绿"的独特之处——有"范儿"。搭配文字的个性化设计,能带给消费者独特的视觉体验,给消费者留下深刻印象,这就是方向对比的成功设计。

图 4-15　文字方向对比图片

三、设计文字格式

新媒体图片表达主题的载体主要是文字,对文字的格式进行设计,可以提高图片整体的美观性、增强图像传达信息的效果、提高图片的诉求力。设计新媒体图片中的文字格式,主要包括以下几个方面的内容。

1. 新媒体图片的常用字体

图片创作者在选择图片的字体时,要根据电商商家的风格和商品的特点进行选择,以求能更好地体现图片主题,并向消费者准确地传达商品的设计理念和营销信息。新媒体图片中的常用字体主要包括宋体类、黑体类、艺术体类和书法体类四种类型,下面分别进行介绍。

(1) 宋体类。宋体是比较传统的字体,其字形较方正、纤细,结构严谨,整体会给消费者一种秀气端庄、舒适醒目的感受。常用的宋体类字体包括华文系列宋体、方正雅宋系列宋体、汉仪系列宋体等。大多数定位为女性消费群体的商品,其图片多采用宋体类字体作为主要字体,如图 4-16 所示。

图 4-16　使用宋体文字的图片

图 4-16 所示是某品牌春装上市的促销海报。图片字体主要为宋体,展示出了该商品舒适、优雅、生动、清新的特性,可以让消费者有非常舒适的视觉体验,拉近了消费者与商品之间的距离。

（2）黑体类。黑体又称方体，其字形端庄，笔画横平竖直，笔迹粗细几乎完全一致，相比其他字体会更粗，能够表现出阳刚、气势、端正等意义，可用于大多数商品海报或商品详情页等大面积使用文字的页面中。常用的黑体类字体包括微软雅黑、方正黑体简体、方正大黑简体等，如图4-17所示。

图4-17 使用黑体字体的图片

图4-17所示是某潮牌的促销海报。该图文案字体主要为黑体，向消费者展示出阳光与气势，体现了文案主题，并吸引了消费者的目光。

（3）艺术体类。艺术体是指一些非常规的特殊印刷字体，其笔画和结构一般进行了一些形象的再加工。常用的艺术体类字体包括娃娃体、新蒂小丸子体、金梅体、汉鼎、文鼎等。海报类和其他新媒体图片常使用艺术体类字体。在文案中使用艺术体类字体可以达到提升文案的艺术品位、美化文案版式、聚焦消费者目光的效果。

（4）书法体类。书法体指具有书法风格的字体，常用的有隶书、行书、草书、篆书和楷书等。书法体具有较强的文化底蕴，字形自由多变、顿挫有力，在力量中掺杂着文化气息。具有传统、古典和文化风格的品牌或商品文案多采用书法体类文字，如图4-18所示。

图4-18 使用书法体类字体的图片

图4-18所示是某品牌茶叶的海报。文案中使用书法体类文字是为了结合传统的茶文化，提升和展示品牌古典清雅的风格，吸引消费者关注并加深其对商品的印象。

2．选择字体

对于电商商家来说，为快速吸引消费者关注并促使文案快速传播，选择的文案字体应该满足以下三个标准。

（1）易读性。图片的最终效果属于商业设计的范畴，因此图片创作者在设计文案内容时要考虑绝大部分消费者的文化背景和字体识别能力,选择清晰易读的字体,尽可能地保证文字的可阅读性,让消费者可以轻松地识别与阅读文案内容,这样才能最大可能地提升页面转化率。

(2)统一性。如果图片中字体种类过多,消费者会感觉整个文案杂乱无章,主题内容模糊不清。因此,文案中最好不要超过两种字体,如果存在非中文文字,最多保留三种字体,在文案内容有限的情况下,保留一种字体即可。

(3)著作权。网络中很多字体都有版权,因此图片创作者应该谨慎,尽量选择常规易用的字体来进行文案创作。方正字体、汉仪字体等原创性较高的字体,需在购买版权后才能使用。

3. 设置文字的对齐方式

图片中的文字对齐方式主要有左对齐、右对齐、上对齐、下对齐和居中对齐五种,如图 4-19 所示。

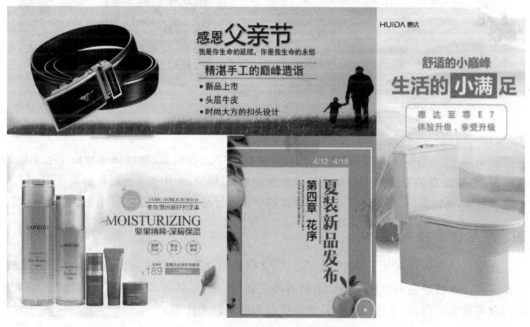

图 4-19　不同文案对齐方式的图片

图 4-19 所示是采用了各种对齐方式的文案。因为消费者的浏览习惯是从左往右,所以图片文案使用最普遍的还是左对齐的方式。另外,居中对齐也是比较常用的方式,能给消费者一种正式、稳重、可信任的感受。

(1)左右对齐和上下对齐。这几种对齐方式是根据文案版式的边界来设置的,使用这几种对齐方式的文字会与边界线平行,能向消费者展示文案的稳重、统一和整齐。

(2)居中对齐。居中对齐排版的文案可以给消费者一种正式、大气、高端的感受,并能为文案营造出一定的层次感和空间感,这种对齐方式在图片中更加常用。

4. 设计文字行间距

行间距是指文案上下两行文字之间的间隔距离。文字行间距太小或者太大都会影响消费者的阅读体验。行间距太小会造成两行文字之间的混淆,让阅读变得困难;行间距太大则会延长消费者阅读的时间,降低消费者的阅读兴趣。

图片创作者在设置文字行间距时,需要参考两行文字的行高。例如,当最粗和最大字体的一行文字的行高为 16 像素时,如果设置行间距为 2 像素(行高的 1/8),就会导致行间距太小,两行文字就会显得拥挤,不易阅读;如果设置行间距为 20 像素,行间距则会太大,两行文字就会过于宽松,会大大降低消费者继续阅读的兴趣。因此,最好把行间距设置为 8 像素(也就是行高的 1/2),这样的行间距能使文字阅读起来比较轻松。不同的人对于文字行间距的要求是不同的,合适的行间距是一个相对值,但在图片中,行间距通常会设置成行高的一半到一倍,如图 4-20 所示。

图 4-20　图片的行间距

图 4-20 所示是某品牌西装的宣传海报。由于文字内容较多,所以该图片采用了不同的行间距,且描述商品特点的字体用了底色来突出效果,同时,采用英文标题使得整体图片不显得单调乏味,品位高级,形成了层次感。整体的字体设计与"简派硬朗情怀"的图片形成呼应。

四、图片色彩搭配设计

在图片的排版与视觉设计中,除了版式、文字和图片外,色彩搭配也是非常重要的因素。图片中赏心悦目的色彩搭配能够让消费者建立起对商品和品牌的直观感受,愿意花更多的时间来浏览文案内容,从而提升商品的销售量和品牌的关注度。

(一)了解色彩的构成

图片中可以使用的色彩非常多,因此了解这些色彩的构成是图片创作者进行色彩搭配的基础。色彩主要由原色、间色和复色构成,下面分别进行介绍。

1. 原色

原色是指不能通过其他颜色的混合调配得出的颜色,是人眼在光的照射下所能感受到的基本色彩。原色互相混合后,几乎能得到所有的颜色,因此原色也叫作基色。在不同的色彩空间中,有不同的原色组合,一般可以分为色光三原色和颜料三原色。

(1)色光三原色。色光三原色也叫加法三原色,是指光谱中人眼所能识别的基本颜色,包括红色(red)、绿色(green)、蓝色(blue)三种颜色,对应 RGB 颜色模式。

(2)颜料三原色。颜料三原色也叫减法三原色,是指利用减少光波的方式来产生颜色,包括青色(cyan)、品红(magenta)、黄(yellow)三种颜色。此种原色组合常应用于打印、印刷、油漆、绘画等领域,其原理是靠介质接受光线照射,同时反射,故光源中被反射的部分即为物体所呈现的颜色,如图 4-21 所示。

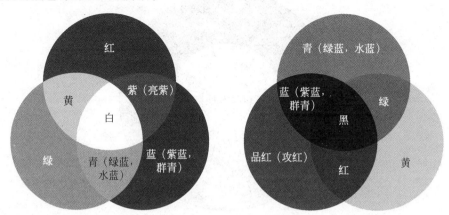

图 4-21　色光三原色和颜料三原色

2. 间色

间色也称二次色,由三原色中的某两种原色互相混合而成。例如,红色和绿色混合可以生成黄色,红色和蓝色混合可以生成紫色。

3. 复色

复色也称三次色,是指由任何两个间色或三个原色相混合而产生的颜色。例如,红色、蓝色、绿色混合可以生成白色,品红、青色、黄色混合可以生成黑色。复色有红紫色、蓝紫色、蓝绿色、黄绿色、橙红色和橙黄色等。图 4-22 所示为原色、间色与复色的示意图,任意颜色之间相互混合都可以产生新的颜色。

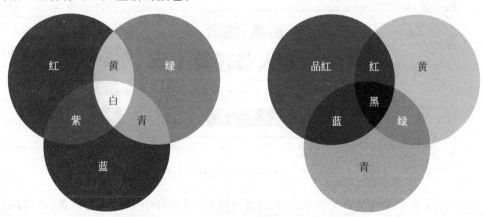

图 4-22　原色、间色与复色的示意图

将这些颜色按照光谱在自然中出现的顺序来进行排列,可以形成首尾相接的圆形光谱,一共 12 种颜色,叫作 12 色相环,如图 4-23 所示。色彩搭配就是色环上不同色相之间相互呼应、相互调和的过程。色相之间的关系取决于它们在色环上的位置,色环上色相与色相之间离得越近,对比度就越小;离得越远,对比度就越大。

按照 12 色相环的形成原理,可以扩展得到 24 色相环、48 色相环。同时还要注意,黑色是混合了所有颜色的产物,混合的颜色越多,得到的混合颜色就越浑浊,最后会无限接近黑色。白色则是不包含任何颜色的颜色,不能通过其他颜色的混合而得到 100% 的纯白。

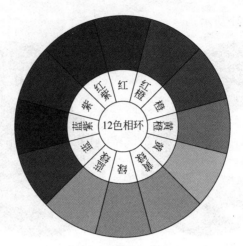

图 4-23 12 色相环

(二)图片中常见色彩的含义

对于新媒体编辑来说,虽然要在图片的色彩搭配上展示出个性,但也要遵守一定的色彩使用原则。在通常情况下,图片中常用的色彩具备以下一些含义。

图片中常见色彩的含义

(1)白色。白色代表纯洁、简单、干净等。纯白色会给人寒冷、严峻的感觉,因此在使用白色时,一般会掺一些其他的色彩,从而得到象牙白、米白、乳白和苹果白等颜色。白色是一种百搭的颜色,各种图片都可以使用,如图 4-24 所示。

图 4-24 使用白色作为主色调的图片

图 4-24 所示是某男装电商商家的促销活动图片,该图片中主色调为白色,符合白色情人节的促销主题,同时,白色与冷色蓝色的搭配向消费者传达了清爽、轻快的感觉。

(2)黄色。黄色代表高贵、富有、灿烂、活泼等,常用于美妆、珠宝、食品、茶酒、女装、女鞋和宠物等类别的图片中。

(3)黑色。黑色代表严肃、静谧、沉着等,黑色的适用性非常广,大多数颜色与黑色搭配都能产生鲜明、华丽和赏心悦目的效果。黑色常用于男鞋、腕表、手机、数码家电、办公用品、汽车、配件和图书音像等类别的图片中,如图 4-25 所示。

图 4-25 所示是某品牌腕表电商商家的商品促销图片,该图片利用黑色塑造出了商品的高端形象。

图 4-25　使用黑色作为主色调的图片

（4）灰色。灰色代表庄重、沉稳、科技感等，常用于男装、手机、数码家电、办公用品、汽车和家具建材等类别的图片中。

（5）红色。红色代表热情、奔放、喜悦、庄严等，是强有力的、喜庆的色彩，具有刺激效果，容易使人产生冲动。红色常用来突出图片效果，因为鲜明的红色极容易吸引消费者的目光。红色常用于女装、内衣、美妆、箱包、礼品、家纺、鲜花和零食等类别的图片中。一些节日的促销活动图片也常用红色作为主色调进行视觉设计，如图 4-26 所示。

图 4-26　使用红色作为主色调的图片

图 4-26 所示为圣诞前夕促销海报，该图片采用低亮度的红色作为主色调，为品牌和商品营造出一种节日的氛围，带给消费者一种喜庆的感受。

（6）紫色。紫色代表浪漫、富贵等，常用于女装、美妆、腕表、珠宝、进口食品、家纺和鲜花等类别的图片中。

（7）蓝色。蓝色代表天空、清爽、科技等，常用于腕表、手机、数码家电、办公用品、汽车、户外运动、生鲜水果、家纺、厨具等类别的电商图片中。另外，高纯度的蓝色会为图片营造出一种整洁轻快的氛围，低纯度的蓝色则有一种都市化的现代派感觉，如图 4-27 所示。

图 4-27 所示是某品牌厨具的商品海报，其主色调为明亮的蓝色，配以白色的文字和金属色的商品进行辅助，带给消费者一种干净而简洁、时尚而充实的感受。

（8）棕色。棕色代表大地、厚朴等，常用于配件、箱包、家饰和收纳用品等类别的图片中。

图 4-27 使用蓝色作为主色调的图片

（9）绿色。绿色代表植物、生命、生机等，同时该颜色可以适当缓解眼部疲劳，为耐看色之一。绿色常用于生鲜水果、零食、女装、化妆品、家电、家纺、厨具、家具建材、农产品和医药保健商品等类别的图片中，如图 4-28 所示。

图 4-28 使用绿色作为主色调的图片

图 4-28 所示是某苹果电商商家的商品促销图片，该图片采用绿色作为主色调，暗示商品生长于天然无污染的环境，带给消费者自然、新鲜的感觉，容易使消费者产生场景融入感。

（三）互补色搭配

互补色是指色相环中呈 180°对应的两种颜色，如红色和绿色、黄色和紫色、蓝色和橙色等。互补色是所有色彩搭配中对比最强烈的，有非常强烈的视觉冲击力。图片中采用互补色搭配可以给消费者一种有气势、有活力或有力量的感觉，也可以展现出品牌或商品的时尚气息，如图 4-29 所示。

图 4-29 所示是某品牌运动鞋的商品促销图片，该图片中的商品直接被设计为两种互补色搭配，既向消费者展示了商品的活力，也表现出商品时尚酷炫的设计理念。

（四）冷暖色搭配

冷暖色一般是从颜色给人带来的感官刺激来划分的。例如，黄、橙、红等颜色会给人一种温暖、热情、奔放的感觉，属于暖色调；蓝、蓝绿、紫等颜色会给人一种凉爽、寒冷、低调的感觉，属于冷色调。图片创作者在对图片进行视觉设计时，通常根据品牌或商品的特质以及图片的主题来搭配冷暖色，如图 4-30 所示。

图 4-29 互补色搭配的商品促销图片

图 4-30 暖色搭配的商品促销图片

图 4-30 所示是某品牌家居商品的促销图片，该图片在视觉设计上以红色、黄色等暖色为主，既从颜色上刺激了消费者，也表现出商品温暖、舒适的特质。因为人对色彩的感受不是绝对的，所以色彩的冷暖感觉也是相对的。除蓝色与红色是冷暖色的两个极端外，其他色彩的冷暖感觉都是相对存在的。同样都是暖色系的颜色，越接近红色的颜色就越容易带给人温暖的感觉，反之则容易带给人冷的感觉。

（五）深浅色搭配

深浅色搭配也是图片创作者在进行视觉设计时常用的一种色彩搭配方式。例如，深色会使人联想到钢铁、大理石等物品，会给人一种沉重、稳定的感觉；浅色会使人联想到蓝天、白云、彩霞、棉花、羊毛、花卉等，会给人一种轻柔、飘浮、敏捷、灵活的感觉。深浅色搭配这种方式可以使图片页面清晰、锐利，如图 4-31 所示。

图 4-31 所示是某指甲油的宣传海报图片，该图片背景采用深红与浅蓝两种对比强烈的颜色，给消费者一种干净、幽远、纯粹的感觉，同时突出了商品主体，增强了图片的视觉感和画面感，使其变得更加具有吸引力。

（六）纯色和花色搭配

花色是指颜色较多、较复杂的色彩，纯色则是单一的某种颜色。纯色和花色搭配的方式通常有两种。

图 4-31　深浅色搭配的商品海报图片

1. 突出纯色

若图片中主体色很纯净,则可使用色彩比较丰富的花色背景,以避免画面过于单调。这种色彩搭配能在突出主体商品或图片内容的同时,使图片画面颜色变得丰富而不杂乱,能最大限度地发挥海报图片的宣传作用,给消费者带来视觉上的享受。

2. 突出花色

若图片中主体色彩比较杂,则要使用纯净的背景色,即用纯色来中和花色,以突出主体的色彩、吸引消费者的目光,如图 4-32 所示。相比于突出纯色的方式,这种方式更容易展示不同类型和颜色的商品,在图片中使用较为广泛。

图 4-32　突出花色的促销活动海报图片

图 4-32 所示是天猫商城的促销活动海报图片,其背景为纯色,主体则是由各种颜色的商品组成的天猫形状,色彩鲜活、形象鲜明,在突出图片主题的同时还能让消费者对天猫商城产生好感。

 **课堂讨论**

假如你是某木鱼石工艺品店的美工人员,会如何进行店铺 banner 的色彩搭配?

单元三　使用创客贴设计图片

新媒体图片的编辑软件有很多,特别是一些在线设计平台,如创客贴、稿定设计、图怪兽等,都是专为电商运营者、新媒体运营人员和修图爱好者打造的在线智能化平面设计工具。这些工具只需通过简单拖拽操作即可轻松搞定不同场景不同尺寸的各种设计,让没有基础的设计新手也能创作出精美的图片。

这里以创客贴为例,介绍新媒体图片的设计制作流程。

创客贴在线设计平台,是一款多平台(Web、Mobile、Mac、Windows)极简图形编辑和平面设计工具,包括创客贴网页版、iPhone、iPad、桌面版、小程序等。用户可使用创客贴提供的大量图片、字体、模板等设计元素,通过简单的拖、拉、拽就可以制作出自己所需要的图片或设计。同时,创客贴提供在线印刷定制业务,是专业的一站式营销物料提供商。使用创客贴可制作营销海报、新媒体配图、印刷物料、PPT 及简历等百余种设计。从功能使用上分,创客贴有个人版和企业版。

一、创客贴文字操作流程

1. 选定一个模板,动手玩创意

根据个人喜好,选定一个模板,如图 4-33 所示。

一张手机海报主要包括文字、图片(图案)以及对应的排版。作为一个活动的海报,大致内容有主题、相应的图案、辅助的文案、时间地点,以及二维码。以上所有的元素模板上面都有了,只要将它们替换掉即可。

2. 调整大小和角度

单击需要调整的对象,就会出现如图 4-34 所示的状态。

图 4-33　选定模板

图 4-34　调整大小和角度

调整角度之后如图 4-35 所示。

图 4-35　调整角度后的图片

3. 更改文字内容

若要更改文字内容,只要双击想要修改的文字,出现如图 4-36 所示状态后进行修改即可。

图 4-36　双击想要修改的文字

如果不喜欢文字的风格,单击"文字"选项,进入图 4-37 界面选择自己喜欢的风格即可。根据自己的喜好,搭配不同的文字风格,效果如图 4-38 所示。

图 4-37　不同风格文字

图 4-38　互换文字风格

文字的字体也是可以更改的。单击选定需要修改字体的文字,在左上角处单击选择字体即可,如图4-39所示。

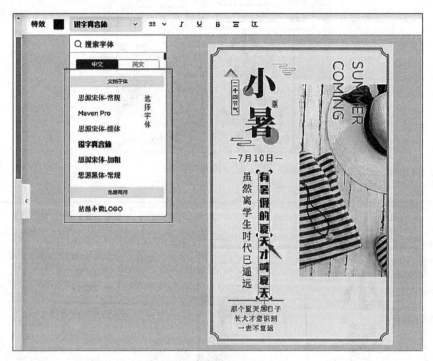

图4-39 选择字体,更换字体

文字的其他操作,如调整字体颜色、字体大小、倾斜、下画线以及字体加粗等,如图4-40所示。

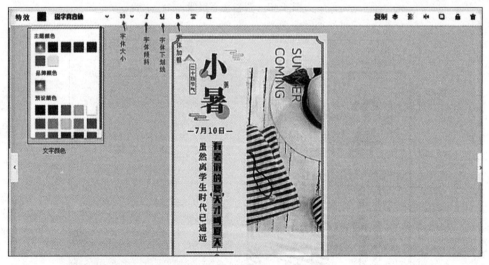

图4-40 调整字体颜色、字体大小等

调整字间距,如图4-41所示。
调整文字层级,如图4-42所示。
调整透明度,如图4-43所示。

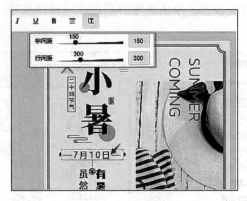

图 4-41　调整字间距

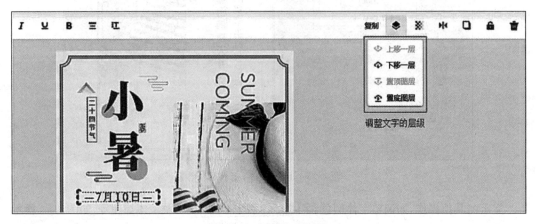

图 4-42　调整文字层级

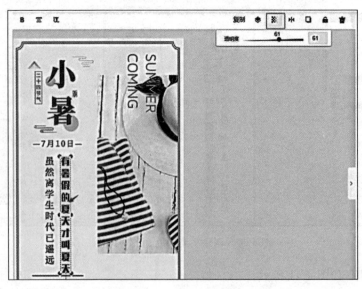

图 4-43　调整透明度

调整文字翻转,如图 4-44 所示。

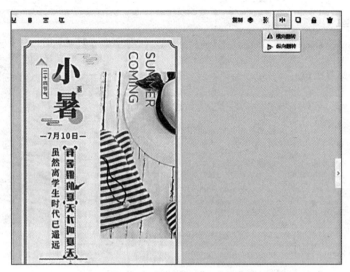

图 4-44　调整文字翻转

二、创客贴图片操作流程

如图 4-45 所示,单击选定图片,可进行放大、缩小、旋转等操作。

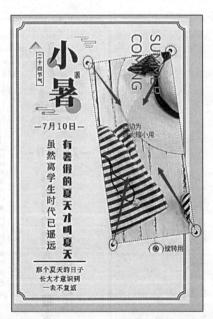

图 4-45　旋转与放大缩小图片

1. 给图片加滤镜

给图片加滤镜的效果如图 4-46 所示。

2. 给图片设置尺寸

给图片设置尺寸如图 4-47 所示。

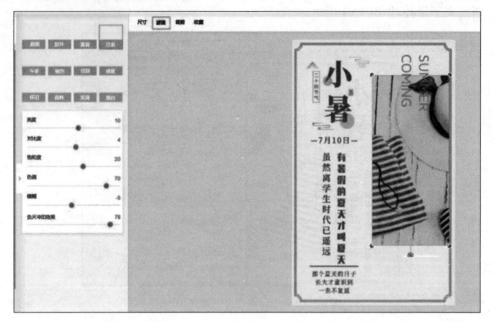

图 4-46　给图片加滤镜

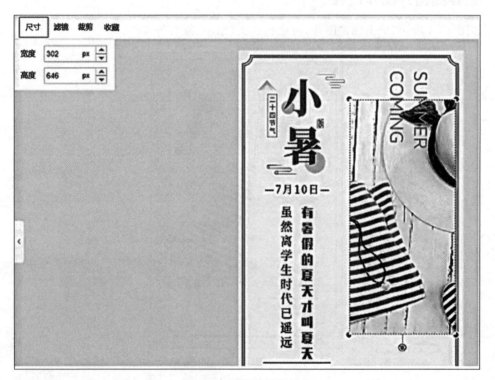

图 4-47　给图片设置尺寸

3. 裁剪图片

单击"裁剪"选项，即可进入图片裁剪状态，如图 4-48 所示。

进入裁剪状态，进行相应裁剪操作，如图 4-49 所示。

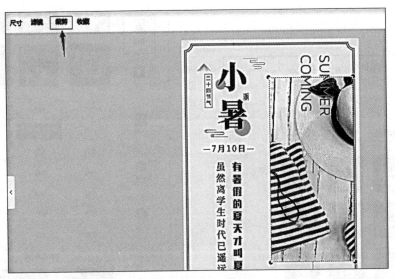

图 4-48 单击"裁剪"选项

选中图片,并按住左键可以拖动图片。

图片的其他操作还包括设置透明度、设置图片阴影、调整对称方向等,如图 4-50 所示。

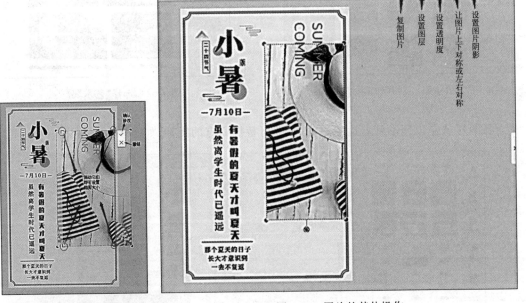

图 4-49 进行裁剪操作　　　　　图 4-50 图片的其他操作

4. 如何寻找图片的来源

创客贴素材库自带丰富的图片资源,以供用户使用。

(1) 图片来源一:素材,如图 4-51 所示。单击页面左边的"素材"模块可以发现有多种分类可供选择,这里选择"艺术"分类进行演示,如图 4-52 所示。

图 4-51 创客贴素材库

图 4-52 选择"艺术"分类

将图片从左边拖动到右边的图片处,即可替换原有的图片,如图 4-53 所示。

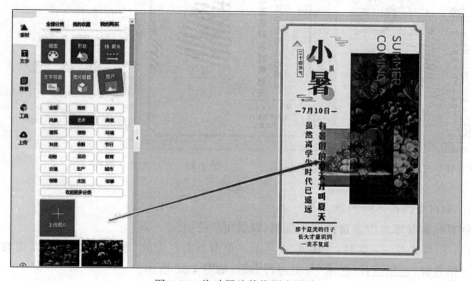

图 4-53 拖动图片替换原有图片

(2) 图片来源二：背景，如图 4-51 所示。单击页面左边的"背景"模块，找到想要的背景，将图片拖入海报正确位置即可，如图 4-54 所示。

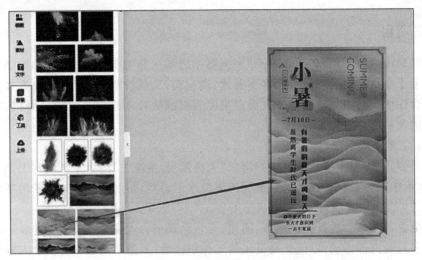

图 4-54　设置背景

(3) 图片来源三：上传，如图 4-55 所示。在页面左边找到"上传"模块，单击上传图片即可。另外，此模块还支持将手机中的图片上传。

图 4-55　上传图片

一、实训项目

大唐温泉度假村酒店,坐落于享有"中国温泉之城·东方养生胜地"之称的 A 省 B 市,占地一百七十余亩,是集温泉沐浴、客房餐饮、商旅会议、棋牌娱乐、疗养度假等多种功能于一体的综合性生态健康旅游胜地。大唐温泉度假村酒店计划推出几款宣传海报,针对几个不同的营销项目进行宣传推广。

项目一:亲子娱乐项目

临近暑假,大唐温泉度假村酒店推出以"大唐温泉,清凉一夏"为主题的水上亲子嘉年华活动,包括水中拔河、水枪大战、快乐滑梯等多款水上游戏,拓展开发暑期亲子游项目。

项目二:企业团建项目

一般企业每年都会进行企业培训、团建、会议活动等。尤其是近年来,更多的企业开始组织丰富多元的内部活动,以便提高员工的工作积极性,加强团队凝聚力。个人商务旅客也尽量把工作差旅安排得更像私人旅行。对于大唐温泉度假村酒店来说,挖掘企业客户和商务旅客的需求,为他们提供更好的服务,以便吸引更多的企业客户,这也对提升企业的经营业绩有重要的意义。

项目三:温泉疗养项目

充分利用医疗保养和度假休闲两个元素,把水质与疗效很好地结合起来,开发中老年人高端疗养项目,如饮水治疗、健康俱乐桑拿、营养咨询、美丽疗程、健康疗程等,吸引更多优质客户,创新温泉疗养方式,提高温泉产品的附加值。

二、实训要求

(1)能够根据几个不同的营销项目,确定营销方向,进行受众群体的需求分析和商品的卖点挖掘。

(2)制定不同的优惠定价策略(如折扣、套餐等),扩大品牌知名度。

(3)基于上述两点内容的策划,针对不同的营销项目,分别设计宣传海报。

附:宣传海报的设计思路

旅游:"旅"是旅行,外出,即为了实现某一目的而在空间上从甲地到乙地的行进过程;"游"是外出游览、观光、娱乐,即为达到这些目的所做的旅行。二者合起来即旅游。因此,旅行偏重于行,旅游不但有"行",而且有观光、娱乐的含义。

(1)项目气质分析。旅游一般选择在一些风景优美或者有文化历史的地方,因此整个海报需要体现风景的特点,同时传递给人们一些情绪。

(2)素材选择。因为是旅游类项目,所以素材图片的选择需是关于旅游地区的一些风景图。图片最好能够体现旅游区的特色,让人一看到就能立马想到相关的旅游区,并且最好是高清高质量的美图,这样更能吸引用户的眼球,也更传递出旅游区给旅客带来的一些心情。

(3)文字选择。对于旅游类项目设计,在选择文字的时候要考虑行业的属性、调性、气质等多方面的因素,因此选择字体时最好选择一些能够让人放松的字体,如手写体,或者将文字变形,显得更随性、轻盈,这样更符合画面的气质。

三、实训步骤

任务一　产品卖点挖掘与差异化分析

为了更好地开发企业用户市场,在与同行竞争中体现出自己的优势,大唐温泉度假村酒店需要针对企业用户重新挖掘产品卖点,实现差异化营销。

任务要求:

(1) 明确企业用户的需求。

(2) 竞品卖点调研分析。

(3) 用 FAB 法挖掘产品卖点。

(4) 填写表 4-1。

表 4-1　产品分析表

受 众 群 体	FAB 分析法		
	属　性	优　势	利　益
3~14 岁青少年及家长			
商务团体			
中老年人、养生达人			

任务二　产品定价策略设计

以下是大唐温泉度假村酒店部分产品的定价情况。

1. 温泉系列产品价格(见表 4-2)

表 4-2　温泉系列产品价格

露 天 温 泉	散客价/元	
	温泉	温泉(住店客)
成人	198	158
亲子票(1 大 1 小)	296	256
亲子票(2 大 1 小)	454	414
1.4 米以下儿童	98	88
亲亲鱼疗	20	20

2. 套装产品价格(见表 4-3)

表 4-3　套装产品价格

序号	套 装 类 型	单房价/元	套装价/元
套装 1	中式豪华双标+双人温泉门票	468	698
套装 2	园林标准房+双人温泉门票	528	748
套装 3	至尊(精品)大床房+双人温泉门票	578	854
套装 4	湖景亲子房+双人温泉门票	628	904
套装 5	园林棋牌房+双人温泉门票	628	904
套装 6	湖景家庭房+双人温泉门票	628	904
套装 7	湖景大床房+双人温泉门票	628	904
套装 8	湖景(精品)温泉房+双人温泉门票	908	1184
套装 9	园林温泉房+双人温泉门票	908	1184

3. 其他产品和服务(见表 4-4)

表 4-4 其他产品和服务

产品/服务名称	散客价/元	散客价(住店客)/元
大唐街市自助餐	88	58
Spa(精油开背)	158	188

4. 历史数据

有统计表明,大唐温泉度假村酒店的顾客中大约有 40% 左右仅入住 1 天就离开,25% 的顾客单次入住 2~3 天,20% 左右的顾客单次入住 3~5 天,10% 的顾客单次入住 5~10 天,5% 左右的顾客单次入住 10 天以上。另有数据表明,有 40% 左右的顾客是一次性消费,20% 左右的顾客每年会有 2~3 次消费,20% 左右的顾客每年会有 3~5 次消费,15% 左右的顾客每年会消费 5~10 次,5% 左右的顾客每年会消费 10 次以上。

任务要求:

"价格不对,努力白费",产品的价格直接关系企业的营收和业绩,因此,每一个企业都必须认真对待产品的定价问题。大唐温泉度假村酒店的定价对市场需求和竞争反应不够,产品价格水平整体偏高,定价形式缺乏创新,产品的价格体系缺乏市场竞争力。

(1) 请对大唐温泉度假村酒店的门票重新定一个更有竞争力的价格。

(2) 请在大唐温泉度假村酒店现有产品的基础上,设定不同的套餐系列,套餐定价要考虑单品价格(假设所有单品的成本都是原价的 50%)。

(3) 以 1 年为周期,以入住次数为单位,根据背景资料和累计批量折扣的基本原理,设计大唐温泉度假村的累计批量折扣方案。

(4) 完成表 4-5 和表 4-6。

表 4-5 套餐定价

客户类型	套餐组合	套餐价格
	如门票+自助餐	……
	门票+鱼疗	
	门票+精油开背	
	……	

表 4-6 批量折扣方案设计

批量折扣形式	折扣率/%
如每年入住≤2 次	90
如每年入住≥3 次、≤5 次	80
……	……

任务三 设计大唐温泉度假村宣传海报

根据任务一和任务二完成的内容,分别设计三个营销项目的宣传海报,可以使用 PS、美图秀秀等软件或者创客贴、找图设计、搞定设计、图怪兽等在线设计平台,要求原创。

优秀案例如图 4-56 所示。

图 4-56 大唐温泉度假村宣传海报

任务评价

相关评价表如表 4-7~表 4-9 所示。

表 4-7 技能评价表

序号	技能自评	任务要求	得分	备注
1	产品卖点挖掘	能够明确企业和组织用户的需求,用 FAB 法等挖掘产品卖点		
2	产品差异化分析	能够进行竞品卖点调研分析,实现差异化营销		
3	产品定价策略设计	能够设计温泉酒店的套餐系列、套餐价格和批量折扣方案等		

续表

序号	技 能 自 评	任 务 要 求	得分	备注
4	温泉酒店宣传海报设计	能够设计针对三个不同营销方向项目的宣传海报,体现优惠套餐、产品卖点、差异化营销等		
5	宣传海报视觉排版	要求布局合理,呈现视觉美感,突出创意,含产品卖点、促销信息等		

表 4-8　素质评价表

序号	素 质 自 评	任 务 要 求	得分	备注
1	正确的价值观	能够宣扬正确的价值观,引导社会风气,传递正能量		
2	创新意识	能够在图片构思和设计阶段,体现创新创意元素		
3	协作精神	能够和团队成员分工合作,共同完成实训任务		
4	资源搜集和整合能力	能够借助线下和网络资源,获取相应的原始图片素材,创建素材库		
5	职业道德、法律意识	能够遵守相应的互联网法律法规和图片使用规范		
6	严谨的工匠精神	能够在海报设计各个阶段对用户群体做出精准分析		
7	自我学习能力	能够利用线下和网络资源,自我学习相关的知识和技能,不断提升自我能力		

表 4-9　任务综合评价表

学生自评得分 (20%)	小组互评得分 (20%)	教师评价得分 (30%)	企业评价得分 (30%)	总分

课后习题

一、单项选择题

1.(　　)是构成位图的基本单位。

　　A. 分辨率　　　　　B. 像素　　　　　C. 尺寸　　　　　D. 原色

2.(　　)可以通过不同的形态将枯燥的数字形象化,将分散的内容整体化,将抽象的规划具体化,将平面的文字立体化。

　　A. 照片　　　　　B. 漫画　　　　　C. 图示　　　　　D. 图饰

3.(　　)布局方式是在画面中心位置放置图片内容,可以给消费者一种稳定、端庄的感觉。

　　A. 中心分布　　　B. 对角线分布　　C. 井字分布　　　D. 上下左右分布

4. （　　）是指由任何两个间色或3个原色相混合而产生的颜色。
   A. 原色　　　　　B. 间色　　　　　C. 复色　　　　　D. 二次色

二、多项选择题
1. 图片的类型主要有（　　）。
   A. 照片　　　　　B. 图示　　　　　C. 漫画　　　　　D. 图饰
2. 新媒体编辑平台支持的网络图片格式有（　　）格式。
   A. JPG　　　　　B. GIF　　　　　C. PNG　　　　　D. SWF
3. 新媒体图片中的常用字体主要包括（　　）几种类型。
   A. 宋体类　　　　B. 艺术体类　　　C. 黑体类　　　　D. 书法体类
4. 以下属于互补色搭配的是（　　）。
   A. 白色和黑色　　　　　　　　　　B. 红色和绿色
   C. 黄色和紫色　　　　　　　　　　D. 蓝色和橙色

三、思考题
1. 图形和图像的区别是什么？
2. 新媒体图片的类型有哪些？
3. 新媒体图片的空间布局一般有哪些方式？
4. 简述图片中常见色彩的含义。
5. 常见的图片在线设计平台有哪些？

项目五

新媒体图文创作与编辑

➡ 教学目标

- **知识目标**

(1) 了解图文创作的平台。
(2) 了解图文创作的价值。
(3) 熟悉图文创作的整体构思。
(4) 掌握图文选题的原则与技巧。
(5) 熟悉图文素材收集的方法。
(6) 掌握图文内容编辑的流程和方法。
(7) 掌握图文视觉排版的技巧。

- **能力目标**

(1) 能够根据企业需求,准确分析目标用户群体。
(2) 能够根据企业目标用户群体,策划优质图文选题。
(3) 能够根据企业推广的目的与要求,创作爆款图文。
(4) 能够优化图文视觉排版。
(5) 熟练使用常见的图文排版软件。

- **素质目标**

(1) 具备创新的能力,能够推陈出新,创作优质图文内容。
(2) 具备互联网思维和资源整合能力,能够借助外部资源进行图文创作。
(3) 具备团队合作的精神,小组协作分工,共同完成任务。
(4) 具备正确的价值观,将爱国、敬业、诚信、友善等社会主义核心价值观内化为精神追求、外化为商业行动。
(5) 创作积极向上的图文作品,在艺术创作中涵养家国情怀、把准时代脉搏、引领社会风尚。
(6) 具备法律意识,在图文内容创作方面遵循并宣传相应的法律法规。

课程思政

党的二十大报告指出:
"推进文化自信自强,铸就社会主义文化新辉煌。"
"我们必须坚定历史自信、文化自信,坚持古为今用、推陈出新,把马克思主义思想精髓同中华优秀传统文化精华贯通起来、同人民群众日用而不觉的共同价值观念融通起来,不断赋予科学理论鲜明的中国特色,不断夯实马克思主义中国化时代化的历史基础和群众基础,让马克思主义在中国牢牢扎根。"

本章节培养学生在新媒体图文创作和发布的过程中推进文化自信、涵养家国情怀、把准时代脉搏、引领社会风尚,利用积极向上的图文作品,传播正能量,铸就社会主义文化新辉煌。

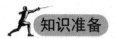
知识准备

单元一　图文创作认知

一、图文创作平台介绍

各种自媒体平台如雨后春笋般兴起,为人人都是自媒体提供了可能。基于不同的内容类型和运营方向,自媒体平台可划分为公众类、问答类、专业类、社区类、视频类、短视频、音频类、知识付费等,如图 5-1 所示。

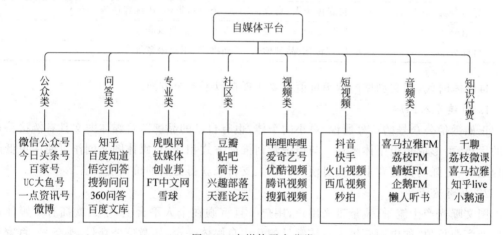

图 5-1　自媒体平台分类

公众类平台有微信公众号、今日头条号等,日活量大,用户聚合力强,是图文创作者目前的主要阵地。

问答类平台有知乎、百度知道等综合类平台,以及 39 问医生、有问必答等垂直类平台,这类平台易于搜索,目标人群精准,聚集了很多优秀图文创作者。

专业类平台主要专注深耕某一行业领域,如虎嗅网、钛媒体、创业邦等,行业针对性强,适合垂直领域的图文创作者。

社区类平台有豆瓣、贴吧、简书等,具有较强的社交属性,用户生成内容(use generated content,UGC),更易于传播,目前也有一群优秀图文创作者。

随着 5G 时代的到来,视频必然会对图文产生更大的冲击,但图文依旧是生成内容的主力军,在专业性和垂直深度上,图文编辑拥有音视频无可比拟的优势。对于图文创作者来说,多平台发展是必然的,同样的内容要在多个平台进行最大限度的分发。但术业有专攻,特别是对新手来说,要明确自我定位,选择与自我定位相符的平台。建议新手从今日头条号、百度百家号等流量大、创作扶持力度大、容易操作的平台开始,选定一个主攻的核心平台,不断打磨内容,坚持输出价值,在积累了一定粉丝量和写作经验后,重点运营多个平台,进行多平台分发。无论入驻哪个自媒体平台,只有持续输出优质的原创内容,才能打造出优秀的个人品牌,实现商业价值。

二、图文创作的价值

在自媒体时代,微信公众号、今日头条、抖音、快手等自媒体平台迅速崛起,图文、条漫、短视频、知识付费等内容形式随之火爆。基于不同的维度,自媒体有多种分类方式,如表5-1所示。其中,图文创作是目前自媒体创作最常见的类型,主要是以文字和图片相结合的形式输出内容。

表 5-1 自媒体分类

分类标准	举例
平台分类	微信公众号、微博、今日头条、百家号、抖音、快手、小红书等
内容分类	纯文字、图文、条漫、短视频、问答、直播、知识付费等
身份分类	自媒体个人、自媒体团队、企业新媒体、传统媒体等
价值分类	广告变现、产品变现、内容变现、企业赋能等
目标分类	销售转化、品牌塑造、活动推广、用户服务等

自媒体时代,图文创作的营销价值主要体现在以下三个方面。

1. 打造个人品牌

正如微信公众号的口号所说"再小的个体,也有自己的品牌",自媒体图文具有链接路径短的优势,可形成超级个体闭环。与传统营销推广方式相比,自媒体图文创作可使用更低的用户成本、更强的信任背书以及更便捷的线上支付来获得更高的价值溢价。

2. 电商运营

图文曝光产生流量,流量带来用户,用户一旦沉溺在个人平台上,个人就拥有了媒体属性以及商业价值,如电商营销。目前常见的几大自媒体平台,如微信公众号、头条号、百家号等,都已经开通电子商务功能,在图文中插入商品链接,可以直接达成交易。

3. 内容付费

内容付费的本质在于把内容变成产品或服务,收取用户费用,实现商业价值。如微信公众号的付费阅读、头条号和百家号的付费专栏,当用户看到感兴趣的内容时,可以直接付费学习更系统专业的内容。

课堂讨论

除了以上三点,自媒体图文创作还有什么营销价值?请举例说明。

三、爆款图文属性分析

爆款图文是指在特定或多个圈层(如年龄、地域、行业等)内,实现大量曝光,形成传播现象的图文内容。常见的爆文阅读量可达到十万、百万、千万等。爆款图文通常具备较高的阅读价值,易于传播,能够取得较好的推广效果。一般来说,爆款图文具备以下四点共同属性。

1. 激发用户的情感共鸣

成功的爆款图文通常能够与用户建立情感连接,激发用户情感共鸣,也就是把话真正说到用户心坎上。通常来说,当内容聚焦在"爱""向往""留恋"等情感共鸣点时,往往具备"引爆"的特质。例如文章《谢谢你爱我》,选题聚焦于平凡生活里关于爱的故事,点击率和阅读量惊人。

2. 提供适当的信息增量

"提供适当的信息增量"是目前大部分自媒体平台对图文内容的硬性要求之一。适当的信息增量是指图文内容要能给予用户一些新的观念或知识,但不能太新,避免与用户已有的认知产生断层。如果信息密度过于饱和,用户消化和理解的成本过高,就很难产生兴奋感,也就没有分享传播的动力。反之,如果信息密度过于稀薄,用户没有获得新知识,体会不到新奇感,也不会分享传播。

3. 拟定强吸引力的标题

与传统媒体时代相比,自媒体时代用户的时间和注意力越来越少,阅读习惯和阅读环境已经发生巨大改变。用户在地铁上或者排队时可以用 3~5min 看完一篇文章,如果图文标题不具有吸引力,他们就不会点击阅读正文。所以,给图文拟定一个吸睛的标题十分重要,吸睛的标题可以让同样内容的阅读量提升 10 倍之多。

4. 撰写生动有趣的正文

当前互联网环境下,用户的时间呈碎片化趋势,想要提高完读率,就要不断给予用户刺激,使其一直处于兴奋状态,吸引用户阅读到最后。通常情况下,图文创作者可以通过制造冲突或者悬念来引发用户的好奇心,也可以根据内容合理添加表情包,让用户觉得有趣,从而吸引用户完成阅读。

 课堂讨论

平时大家阅读过哪些爆款图文?这类图文有哪些特点?

四、图文创作整体流程

图文创作整体流程主要涵盖图文创作构思、图文内容编辑以及图文内容日常运营等,如图 5-2 所示。

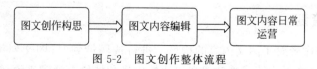

图 5-2　图文创作整体流程

1. 图文创作构思

在创作之前,需要明确创作目的和目标用户,针对具体创作目的和用户群体特征,策划选题、搜集素材、设计内容,做好写作前的准备工作。

2. 图文内容编辑

内容编辑主要通过拟定标题、设计开头和结尾、撰写正文、修改优化、视觉排版等步骤完成内容输出，达成吸引用户、销售转化、品牌传播或活动推广等目的。

3. 图文内容日常运营

日常运营主要通过推广关键词以及运营用户评论的方式来增强文章的传播效果以及提高用户黏性。同时，通过对图文数据进行分析，了解用户的真实需求，加强图文质量，从而实现内容优化。

单元二　图文创作构思

一、明确写作目的

明确写作目的是图文创作的第一步。通常来说，图文创作主要有销售转化、品牌宣传、活动推广、用户服务、内容传播等目的。基于不同的创作目的，图文主要分为产品销售类、品牌宣传类及活动推广类。

产品销售类图文的核心目标是达成销售。这类图文通常要刺激用户产生消费需求，建立信任感，最终付诸购买行动。

品牌宣传类图文的核心目标是塑造品牌。这类图文通常要体现企业的品牌形象与企业文化内涵，所以图文要符合品牌格调，能引起用户的情感共鸣，加深用户对品牌的印象。

活动推广类的核心目标是吸引和留存用户。这类图文往往形式多样，交互性强，适当运用语音、视频、表情包、问答等，能够吸引用户兴趣，提高用户留存率。

二、分析目标用户

图文创作的目标用户群体不同，写作的内容和方法也会有所不同。正确的目标用户定位与分析，能够让图文创作更加精准，更深入人心。

分析目标用户常用的方法是构建用户画像。通过用户画像，新媒体运营者可以清楚地了解目标用户群体、用户行为、用户的共同需求等。优秀的图文能将用户的痛点与共鸣点纳入内容创作之中，写出用户心中的真实诉求。

构建用户画像常用的数据信息主要来自网站后台数据、实地调研分析、权威行业报告、第三方新媒体数据分析工具(如百度指数、百度搜索风云榜、西瓜数据、新榜等)。通过分析用户数据，确定用户基本信息(如年龄、性别、地域、职业、收入水平、教育程度等)，提炼出用户群体标签，进而补充细节与场景，完善用户画像描述，使目标用户分析更加科学、精准。

三、图文选题策划

选题是图文创作者对于图文内容的构思。进行选题策划时，图文创作者要考虑用户是否会产生共鸣，用户是否能够感受到图文传达的信息和情绪。通常来说，策划选题可以从以下三个角度切入。

1. 与目标用户关联度高的选题

不同的目标人群，关注点是不同的。例如，职场年轻人的关注点主要有进修、升职、理财等；母婴群体的关注点主要有辅食、早教、喂养等。选择与目标用户群体关联度高的选题，更能够引起用户的关注。运用马斯洛需求层次理论可以洞察不同目标群体的关注点。马斯洛需求层次理论将人的需求从低到高依次分为五个层次，只有当一个人满足了较低的需求之后，才能出现较高级的需求，如图5-3所示。

图5-3 马斯洛需求层次理论

依照马斯洛需求层次理论进行选题，能够更好地了解目标用户需求，找准引爆点。例如，某职场领域自媒体策划了两个选题，一个是教你如何写出阅读量为10万＋的文章，另一个是教你如何在下班后通过写作赚到10万元。前者属于社交需求和尊重需求，后者属于安全需求，该公众号的用户是职场年轻人，安全需求大于社交需求和尊重需求，所以，后一个选题要比前一个更受欢迎。

2. 与近期热点关联度高的选题

除了洞察目标用户的需求，图文创作者还要关注社会热点，特别是那些低门槛、高共鸣、新观点、反常态的热点，很容易引发用户情绪共鸣。例如，"95后""00后"青睐的流行文化，"汉服文化"等，都可以成为热点选题。不过在借势热点的同时，创作者还要注意深挖话题，实现用户信息增量，凸显品牌特征。

3. 与日常生活关联度高的选题

人们对身边的事情和与自己生活关联度高的事情会投入更多关注，也更乐于阅读讨论和传播。自媒体时代，人人都是自媒体，用户生产内容顺应而生，用户成了内容生产的合作者。例如某微信公众账号，经常发起话题讨论活动，从用户身上挖掘大量素材并整理成文，其阅读量非常可观。

四、图文素材搜集

策划一个好的选题只是打造优质图文的第一步，接下来还需要积累相当多的素材。素材可以协助确定选题的角度和观点。素材种类并不局限，能够丰富图文内容的都可以作为素材，如独特新颖的观点、金句、段子或者书摘等。

（一）搜集素材

素材收集，本质上就是"从量变到质变"的过程。作为图文创作者，要对生活时刻保持敏感和兴奋感，发现并搜集有新意的、有趣的或有话题的素材，养成随手记录素材的习惯，整理一个自己的素材库，最好根据类型或主题分类素材，方便需要的时候快速查询。

1. 素材分类

（1）直接素材。图文创作者需要具有足够敏感的素材搜集意识和广泛的素材搜集渠道。一般来说，直接素材来源于自身经历、身边人经历、用户反馈、流量平台、专家或权威人物、引起广泛讨论的节目或影视剧、书籍等。

直接素材很多其实都是来源于自己的一些经历和感悟。阅读，看电影，看电视剧，看新闻，和别人聊天，旅游中、生活中的所见所闻所产生的心得感悟，都可以作为素材使用。

（2）间接素材。间接素材是指专业性较强的理论知识，名词解释，数据分析，微信公众号文章、百度新闻，知乎，搜搜、得到 APP 等平台上的付费类知识等。我们平时碎片化时间看到的，可以将其搜集起来。比如看到一篇有趣的文章或者不错的文章选题，随手保存下来，这样日后想要写这类文章时，或者没有选题的时候，就能进行素材调取。如果要写热点文或者观点文，就一定要关注各种新闻热点。像头条、搜狐、网易、微博等这类大的具有权威性的热门网站，它们会最快最先发布一些热点新闻。

2. 素材来源

要高效、高质量地找到需要的素材，分为以下两个步骤。

（1）确定写作目标。想要创建写作素材，首先需要明确写作的目的，写作的目标人群，写作的主题。比如案例中的温泉度假村的公众号就要考虑与温泉相关的、美容护肤、医疗、养生保健的知识。

（2）搜集素材。明确了想要写作的主题领域，在接下来搜集素材的过程中，创作者可以有目标性地去进行相应的搜集。根据目标，提炼出关键词和关键词组，确定不同搜索渠道，进行信息获取。依托于互联网，一般可以选择百度、搜狗、知乎等平台，除此之外还可以选择相应行业的垂直网站进行搜索，比如医疗、养生保健类的可以前往好大夫、春雨医生、丁香园等平台。

好的工具可以实现高效的素材搜集，如扫描全能王、有道云笔记、XMind 等。利用这些工具，我们可以用最快的速度完成手机、PC 浏览器、纸质书的信息搜集。

用户反馈也是很好的素材来源。图文创作者可以多关注好奇心日报、新榜以及知乎等用户意见聚集的平台，能够从中了解用户的真实想法，搜集到很好的素材；也可以多关注文章评论区、感人的故事或者精辟的语句；还可以通过某个话题引导用户分析，直接整理成文或者专门做用户调研。

（二）建立素材库

搜集的素材要按照相应的类别来进行分类。针对现有的素材，把各式各样的素材资源进行合理划分，整理成属于自己的一套体系，并且将这个体系做成自己的素材库，即为建立素材库。素材库应可分为排版素材库、配图素材库、文章素材库、标题素材库等。

首先，将自己感兴趣的素材复制到相应的素材库文档里。这些是未加工的素材，主要用于临时存放一些刚收集到的信息或者灵感。

其次，通读，修改其中不通用的部分。这一步就是对素材进行二次加工，例如你当时只是简单写了几个词，在这一步可以用句子把它串起来，变成一段话，形成你自己的素材。

再次，给素材设立一个关键词，根据关键词，使用思维导图工具建立完善的分类体系。比如"虽然辛苦，我还是会选择那种滚烫的人生。"这句话可以设置"人生""努力"这种关键词。

最后,要定期对收集过的素材进行复盘,在需要的时候,把合适的素材用在合适的地方。每次发现新的素材都可以按照以上方式进行分类归纳,定期删除过期的,定期增加新颖的,不断扩大更新自己的素材库。

五、图文内容设计

有了好的选题和足够的素材,下一步就是内容设计。内容设计实际上是基于选题撰写的一份图文内容大纲,可为之后的正式写作理清思路,明确观点。

1. 内容设计步骤

(1) 基于选题和素材,进行思维发散,把所有可写的观点罗列出来。
(2) 整理出这些观点之间的逻辑关系,并进行适当的增减和修改。
(3) 确定引领全文的核心观点,之后的子观点和案例都是为核心观点服务的。
(4) 整理出完整的大纲(开头引入、中间子观点、案例、收尾),并进行相应描述。

2. 内容设计大纲

优质的图文内容要求核心观点明确、整体逻辑清晰、素材指向观点。内容设计大纲通常采用金字塔结构,因为金字塔原理符合人们获取信息的原理。常见的金字塔结构有两种,如图 5-4 所示。

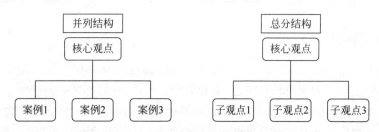

图 5-4 常见的两种金字塔结构

(1) 并列结构。这种结构的文章有一个核心观点,开头引出核心观点,中间正文通过多个案例来支持核心观点,结尾总结升华。并列结构在情感故事类、热点类图文中比较常见。

(2) 总分结构。这种结构的文章有一个核心观点和多个子观点,一般在开头引出核心观点,通过 3~4 个子观点来支撑中心思想。总分结构在偏议论说服类的干货文、热点文、情感文中比较常见。

单元三　图文内容编辑

一、图文编辑 AISAS 模型分析

与传统媒体广告不同,互联网时代的自媒体图文必须围绕互联网用户进行设计。AISAS 模型是基于互联网时代的市场特征而提出的一种用户决策分析模型,如图 5-5 所示。

图文编辑运用该模型,可以了解用户的阅读行为与心理,进行有目的的创作,即围绕互联网用户进行图文内容创作,引导用户完成阅读,并激发用户产生互动行为,如表 5-2 所示。

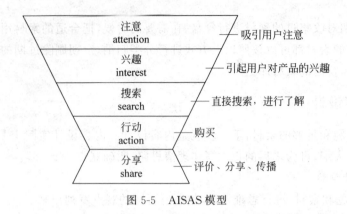

图 5-5　AISAS 模型

表 5-2　AISAS 模型在图文创作中的应用

AISAS 模型	图文	预期效果
引起注意	标题	吸引用户注意力，引导其点击阅读正文
引起兴趣	开头	引入场景，有代入感，愿意继续阅读
进行搜索	正文	信任感、价值感、信息增量，主动获取品牌/产品信息
用户行为	结尾	强互动、引导购买、转发、点赞、评论等用户行为
分享推广	推广	较好的传播力、口碑营销

二、图文标题拟定

好的标题可以让同样内容的阅读量提升 10 倍，还可以满足用户第一眼的阅读需求。实际上，8％的用户只看标题，不看内容。所以，好的标题是基于文章内容的总结提炼，即使用户没有点击阅读，也能够根据标题快速知晓图文创作者要表达的信息。拟定标题其实就是提炼文章精髓并与用户需求匹配的过程。

图文标题拟定

如何写出一个好的标题呢？下面介绍五种拟定标题的通用技巧。

1. 与己相关

研究表明，人们更加容易注意与"我"相关的内容。标题考虑用户身份，加入年龄、行业、地域、生活态度、消费文化等身份标签，呈现对用户有用的、有价值的内容更能吸引用户注意力。例如，标题《北京，有 2000 万人假装在生活》《北方人吃饺子图鉴》等。

2. 制造对比

对比即把两种相应的事物对照比较，使目标用户感受更加强烈。标题可以通过对比制造"冲突感"，特别是那些非常规的、超出人们认知的信息，可以激发用户的阅读欲望。例如，标题《他是快手"最没用网红"，却治好了 300 万人的焦虑》《停更"两微一抖"》等。

3. 引发好奇

标题中含有引起用户好奇心的内容，可以有效吸引其注意力。例如，标题《多厉害，才可以在简历上写精通 Excel？》等。

4. 启动情感

标题要善于启动情感，引发用户情感共鸣。例如，标题《谢谢你爱我》等。

5. 关键词借势

大多数人会对知名人物、权威头衔、热点人物或事件等感兴趣，借助这些关键词的势能，可提高标题吸引力。例如,标题《爱因斯坦:什么是最好的教育》等。

需要注意的是,拟标题还有一个重要原则就是要真实、准确,不做"标题党"。"标题党"为博眼球,往往断章取义、歪曲甚至捏造事实,与正文内容不符,会严重伤害用户信任。

 课堂讨论

不同自媒体平台对于图文标题有什么偏好?同一标题分发不同平台能获得同样的效果吗?请举例说明。

三、图文开头设计

如果说标题决定了用户是否会点开文章,那么开头决定了用户是否愿意继续往下阅读。开头具有承上启下的作用,一方面与标题相呼应,另一方面引导用户往下阅读。

一个成功的开头具有符合用户预期、开门见山、与"我"相关、引起好奇、简明有力五个特点。基于这五个特点,下面介绍四种常见的开头设计技巧。

1. 场景式开头

场景式开头是指开头描述情景。这个情景是大部分目标用户熟悉的,能引起用户情感共鸣,直击痛点或者打动人心的。场景式开头能让用户有代入感,提高开头吸引力。例如,奥美公司经典文案《我害怕阅读的人》的开头:"我害怕阅读的人,一和他们谈话,我就像一个透明的人,苍白的脑袋无法隐藏。"

2. 金句式开头

金句是对文章核心点进行高度概括,展现文章的重要性和价值,让用户觉得文章值得阅读。例如,文章《周润发:人活到极致,一定是素与简》的开头:"人活着有三个层次:第一个层次,活着。第二个层次,体面地活着。第三个层次,明白地活着。周润发活到了第三个层次。"

3. 冲突式开头

通过制造反差,激发用户的猎奇心理,也是一个好的开头方法。例如,文章《我见过情商最低的行为,就是不停地讲道理》的开头:"最近,我对'情商'这个词有了新的理解——高情商的人,原来最不讲道理。"

4. 故事式开头

开头讲故事的好处是让用户有代入感,阅读压力小,很容易就能读下去。例如,文章《职场里最值钱的,是你的时间》开头:"今天在办公室,一名实习编辑离职了,临走时和我说价值观不同。"

四、图文正文设计

用户点开一篇图文可能是因为精彩的标题和开头,但真正为用户创造价值、吸引用户的是正文内容。

(一)结构设计

正文撰写是重头戏,而重中之重则是结构框架。有效的结构框架是一篇图文的写作方向和重点大纲,可以让逻辑表达更加清晰,使用户更加信服和准确地接收我们想要表达的内容。通常来说,自媒体图文常用的结构框架如下。

1. 故事类图文结构

故事类图文常用"冲突、行动、结局"或"起承转合"的结构,将故事起因、经过、高潮、结果详细展现出来,增加内容张力,吸引用户阅读。

2. 论述类图文结构

论述类图文常用金字塔结构,围绕观点进行"阐述、分析、解决、总结",构成"总—分"的金字塔结构,逻辑思路清晰明了,便于用户阅读和理解。

3. 营销类图文结构

营销类图文中也有较固定的结构框架。例如,销售类图文开头设计用户熟悉的场景,提出用户痛点,正文层层递进,赢得用户信任,结尾设计价格锚点或重复卖点,引导用户转化;品牌类图文具有重情感、利传播、有格调等特点,通常是让品牌人格化,或者借助节假日氛围突出品牌情感,或者借助热点吸引用户注意力,加深用户对品牌的认知。

(二)语言表达

除了结构框架之外,还需要注意语言表达。语言表达是内容的血肉,流畅恰当的语言表达能为内容增加感染力,给予用户良好的阅读体验。通常来说,图文创作者可以通过给内容做加法,提高信息总量;给内容做减法,让文章更加简洁,符合碎片化阅读场景。

1. 补充不该省略的信息

写作时,图文创作者要站在用户的角度去思考所表述的信息是否方便用户理解。当表达的信息涉及陌生概念时,需要补上概念解释,需要补充背景信息时,也不要遗漏。

2. 适当增加论点、案例

论证一个观点,最好展开 3~5 个论点。增加论点维度,不仅丰富文章信息,深化内容,还可以提升观点的可信度。论据最好使用 2 个以上的案例、评论性文字和数据组合来丰富内容,用户也易于理解。

3. 聚焦主题、优化表达

重复的内容很容易导致用户产生厌烦情绪。例如,相近的观点、同质的案例、用不同的措辞表达同样的意思,在写作时应该尽量避免。与主题无关的信息也要果断删除。

五、图文结尾设计

心理学上有个"峰终定律",是指人们对体验的记忆是由高峰时和结束时的感觉产生的。用户阅读图文的感受也是如此,一方面受到阅读过程中峰值体验的影响,另一方面受到结尾的影响。

图文写作的核心目标之一是通过内容激发用户做出我们期待的行为,而结尾就是用户行为的触发器。例如,对于一篇销售图文来说,成功的结尾能提高购买转化率;对于一篇情感图文来说,成功的结尾能触动用户情感,引发共鸣,并引导用户留言、点赞、分享等;对于一篇干货图文来说,成功的结尾可交付给用户更多价值,加深用户印象,引导用户关注、收藏。

通常来说,写好一个结尾有很多方法。下面介绍四种常见的结尾方式。

1. 升华情绪式结尾

升华情绪式结尾通常会提炼一两个金句,用来深化主旨、升华情绪,激发用户情绪共鸣。金句放在结尾的好处是用户可以直接复制转发,操作简单。

例如,文章《努力工作,就是年轻时最好的生活》的结尾:"后来,我终于不再考虑这种问题了。因为,我从内心深处渴望更好的生活。渴望更不一样的视野,更强大的生存能力。所以,我心甘情愿选择在精力最旺盛的青春里,努力工作。"

2. 引发讨论式结尾

引发讨论式结尾通过制造话题,引发讨论,促使用户思考。结尾为用户提供话题讨论,就是为用户提供社交工具,更利于传播。

例如,文章《朋友圈3min治愈短片:余生不长,谢谢你来过》的结尾:"2018年,不论它是好是坏,都是你我共同经历的人生。2019年,你会选择怎样的人生?2019年,请回答。"

3. 观点总结式结尾

观点总结式结尾通过总结观点、梳理重点及深化主题来再次强调文章的价值,增强用户阅读的回报感、获得感,加深用户的印象,触发用户下一步行为。

例如,文章《任何成长,都离不开痛苦而持久的自律》的结尾:"自律的人一生可以完成其他人几辈子都做不到的事情,他们的生活高效、轻松、时刻充满自信和掌控感,别人眼里的苦行僧,拥有的却是人生终极的自由。"

4. 引用式结尾

引用名人名言做结尾更有说服力,用户更愿意相信,而且当你说不清楚一件事的时候,可以用名人背书,让用户从名人身上受到启发。

例如,文章《未来十年,我们所认为的能力将荡然无存》的结尾:"在结束之际,我还是想跟大家分享汤因比的这段话。他说,一个文明怎么能够延续几百年、上千年?对一次挑战做出了成功应战的创造性的少数人,必须经过一种精神上的重生,方能使自己有资格应对下一次、再下一次的挑战!希望我们能够一起接受时代和技术给我们带来的挑战!"

分享令你印象深刻的图文结尾,并说出你的体会。

六、图文诊断与修改

好的内容都是改出来的。图文初稿完成后,还需要反复修改,提高成稿效果。修改初稿的原则是从整体到局部再到细节,逐字逐句,通篇打磨。如果要在不同的平台进行分发,还需要针对不同平台要求对结构、素材、标题、段落、语句等方面酌情进行调整,要注意遵守平台内容管理规范。此外,互联网智能时代,图文创作者可以借助智能写作工具辅助图文写作、诊断内容问题以及修改润色,如百度大脑智能创作平台。

应注意的是,在排版完成即将正式推送之前,要仔细检查。细节决定成败,细节彰显态度。所以,要确保图文内容不出现低级错误,推送前的检查十分重要。表5-3列出了一份检查清单,方便对照检查。

表5-3 推送前的检查清单

序号	检查内容	检查结果
1	全文是否有错别字、病句	
2	是否精简了每一句话,删除了不必要的表达	

续表

序号	检查内容	检查结果
3	标题表述是否有误,是否符合正文内容	
4	封面图的预览效果是否理想	
5	排版是否协调、统一(字号、行距、空行、对齐)	
6	图片的版权及水印是否有误	
7	二维码是否可识别	
8	文章摘要是否合理	

单元四　图文视觉排版

排版是内容的门面,优秀的排版能给用户带来更好的阅读体验。虽然不同自媒体平台对排版有不同的要求,但都有一个共同的基本诉求,那就是文章内容条理清晰,让用户可以轻松地读完全文。下面将介绍一些在图文视觉排版中用到的方法与技巧。

1. 保证文字的可读性

文字是整个版面的重要信息来源,所以保证文字的可读性是排版首要考虑的事情。影响文字可读性的因素有很多,其中最基础的是阅读排版是否流畅。在排版时控制好文本的长度、字距、行距、段落与对齐方式,能够有效地提高可读性,如图5-6所示。

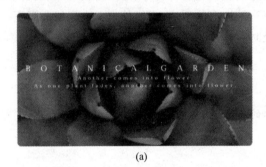

(a)　　　　　　　　　　　　　　　　(b)

图5-6　文本排版的对比

2. 文字与背景需要清晰区分

遵循白纸黑字、黑纸白字的原则,在深色的背景上采用亮色的字体一般能保证可读性。字体过细、背景与文字对比度不够、文字透明度过高都会造成文字与背景融为一体,此类问题都要做针对性的调整,如图5-7所示。

3. 选择风格合适的字体

选择与页面设计风格不搭的字体会带来"违和"的感觉,会改变页面的气质,对信息传递产生影响。粗体厚重、细体高冷,要根据页面的风格,选择与之气质契合的字体,如图5-8(b)中,棱角分明的字体更有先锋跟潮流的感觉。

4. 控制字体类型数量

除了选择风格合适的字体,也要控制字体类型数量。通常单个页面内字体类型数量最好不超过三种。字体种类太多会让页面风格极难统一,容易出现上文所说的字体与页面风格不搭的问题,也容易造成视觉干扰,如图 5-9 所示。

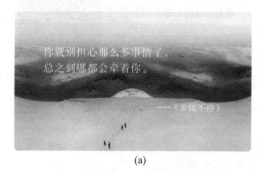
(a)

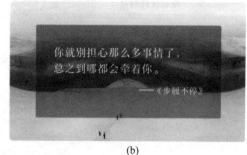
(b)

图 5-7　文字与背景的调整效果

图 5-8　棱角分明的字体对比

(a)

(b)

图 5-9　字体类型数量对比

5．统一的文本对齐方式

统一的对齐方式会让文字排版井然有序,阅读起来更流畅,多种对齐方式,则会使页面混乱不堪。除了文本之间要保持统一的对齐方式之外,正文也要尽量保持两端对齐,这关系到页面是否整洁,如图 5-10 所示。

6．控制文本行间距

行间距是行与行之间的间距。通常伴随字体大小而变化。默认行间距是稍大于字体的大小,看起来比较拥挤,可以根据页面实际情况调整间距,增加文字的呼吸感,如图 5-11 所示。

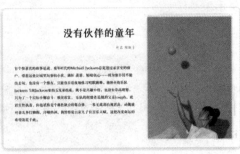

图 5-10　文本对齐方式对比

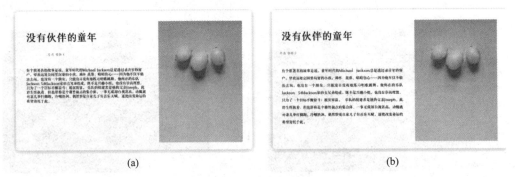

图 5-11　文本行间距对比

7. 控制字体间距

新手排版时,有时候会因为文本内容过长,而版式又受限,选择用压缩字符间距的方式来控制文本长度。其实这是一个容易被忽略的错误,字间距过于拥挤会降低文字的可读性,如图 5-12 所示。

图 5-12　字体间距对比

8. 控制行长与字数

单行文字如果包含的字数太多,文本内容将会很难阅读,一是难以换行,二是容易疲劳。合理的行长会让用户在行间跳转时更轻松,反之则会使阅读成为一种负担,如图 5-13 所示。

图 5-13　文本行长对比

9. 图文排版的亲密性

图文排版的间隔大小，是影响亲密性的主要因素。在图 5-14(a)中，一致的间隔会让人产生困惑，对各个标题、正文与图片的关系傻傻分不清楚，严重影响用户阅读体验。在图 5-14(b)中，通过调整间距，把相关的标题、正文、图片分成了一组，元素之间的关系一目了然，提高了阅读体验。

图 5-14　图文排版的亲密性对比

10. 注意留白

通常设计的首要任务是制造视觉焦点，吸引用户的注意力，而留白能够让用户尽快地寻找到所需要的信息，提高用户体验，但也不要为了留白而一味留白，应该注意元素之间的连续性。如图 5-15(a)所示，虽留出了大量的留白，但是元素之间没有太多的连续性，导致主次不分，分散了用户的注意力；而图 5-15(b)则通过对齐和调整间距的方式，使页面有了视觉焦点，同样是留白，却显得更加协调。

11. 合理使用点缀元素

当我们感觉到画面空旷时，会习惯性地添加漂浮物或相关元素来填充画面空白。这是很常见的方法，但是这个方法容易导致画面杂乱、失去视觉的焦点。漂浮物的使用有两点需要遵循，一是尽量地克制，添加的漂浮物只是为画面服务，不要过多地喧宾夺主；二是选用的漂浮物要与画面有所关联，一切的设计都要有合理的来源，如图 5-16 所示。

12. 使用几何填充

除了添加漂浮物，我们还可以选择用点、线或者色块等几何形状去填充影响版面平衡的空白。当我们的画面排版中出现了一块比较突兀的空白,而我们又没有办法通过变换版式的方法进行改变的时候,可以考虑选用这个方式去掩盖这个问题,如图5-17所示。

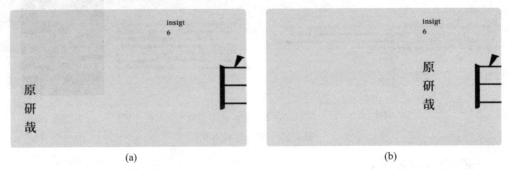

图 5-15　留白对比

图 5-16　使用点缀元素对比

图 5-17　使用几何填充对比

13. 使用底纹文字

当页面显得单调,而我们又要做一个简洁的设计时,添加点缀或者漂浮物的方式会显得不合时宜。这时候我们怎么样做才能让画面丰富起来呢,很简单,添加底纹文字,就是在背景上增加相关的英文单词或文字。处理的时候需要注意颜色要淡,需要与背景有较好的融合而且要与文案错开,不然会影响文字识别性,如图5-18所示。底纹文字的应用,好处在于保持画面简洁的同时又能丰富画面。

(a)　　　　　　　　　　　　　　(b)

图 5-18　使用底纹文字对比

14. 营造空间感

平面上的空间感，不外乎近大远小与景深模糊。营造空间感也是为了突显主体，制造视觉重点，吸引用户的注意力。如图 5-19(a)所示，两个形状大小的产品直接叠加在一起，是没有空间感可言的，左字右图的平衡被完全打破坏了；而图 5-19(b)后面的产品做了调小跟模糊，处理视觉的重点落在了前面，后面的产品被潜移默化地当成了背景的一部分，形成了画面左字右图的内容平衡，更有空间感。

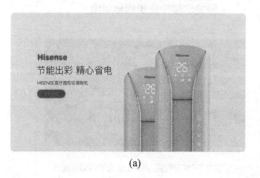
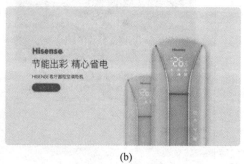

(a)　　　　　　　　　　　　　　(b)

图 5-19　营造空间感对比

单元五　常见的图文创作平台

一、微信文案的创作与编辑

微信文案是指利用文字、图片、视频等元素创作的，能够进一步引导消费者进行消费的文案。商家通过微信营销文案进行营销不仅可以降低营销成本，还能让消费者更深入地了解商品或服务，提高消费者的忠诚度。

（一）微信文案的表现形式

微信文案包括朋友圈文案、公众号文案和 H5 营销文案等，下面进行具体介绍。

1. 朋友圈文案

朋友圈文案曾经是微信营销文案的主体或主要形式。商家通过朋友圈可以分享商品打折促销信息、趣味性的内容、个人感悟、专业知识等。图 5-20 所示为朋友圈文案。

图 5-20　朋友圈文案

2. 公众号文案

微信公众号指的是企业或个人在微信公众平台上所申请的应用账号,这个应用账号是和 QQ 账号互通的。公众号是目前微信营销的主战场,它主要包括订阅号和服务号,如图 5-21 所示。

3. H5 营销文案

H5 是 HTML5 的简称,是一种制作网页的计算机语言。H5 营销文案是微信营销文案常用的一种表现形式。H5 营销文案在页面上融入了文字特效、音频、视频、图片、互动调查等各种媒体表现方式,相比于普通的图文文案显得更加灵活。企业运用 H5 的互动技术优势来展示商品特性,更能帮助消费者全方位了解商品,甚至引导消费者产生购买行为,如图 5-22 所示。

图 5-21　公众号文案

（二）微信文案的排版

排版对于微信营销文案来说非常重要。文案再出色,如果排版效果差,版面杂乱,消费者的阅读体验就会变差。微信营销文案分为文章式的文案和图片式的文案,下面就从这两个方面讲解其排版的要求。

图 5-22　H5 营销文案

1. 文章式文案

文章式文案的代表类型为微信文案等,如今的微信文案是以移动端为载体输出的,所以排版应注意以下四点。

(1) 文案的长短。全文字数控制在 1200~1500 字,一个段落不超过手机一屏,可以多分段,最好 3~5 行为一段。

(2) 字符设置。字号最好在 14~18px(数值越大,字体就越大),16px 最合适。行间距控制在 1.5~1.75 倍为最佳。

(3) 正文排版。根据内容风格的不同,可以设计不同的正文排版,一般都是左对齐,个别追求文艺风的可以考虑居中排版。

(4) 其他排版设计。合理搭配图片,一般是上文下图,适当插入视频。此外,可以用不同的字体字号来突出文案的重点,以便与正文区分。

2. 图片式文案

图片式文案受限于一张图片,其排版应注意以下几点。

(1) 文案的长短。文案不宜过长,传达出要表达的情感即可,一般文字内容要求不超过整个页面的二分之一。

(2) 文字的大小。文字大小要均匀合理,但并不要求文字大小一致,只要文字比例恰当,看起来和谐美观即可。可以用较大字号突出强调,这样页面会显得主次均匀、主题突出。

(3) 文字的颜色。文字与图片的颜色要有一定的差别,但不要太跳跃,不然容易显得突兀。比较好的搭配方式是尽量少用太鲜明亮眼的颜色。

(三)微信公众号文案创作

微信公众号是企业或个人在微信公众平台上申请的应用账号,企业或个人通过微信公众号可以向已关注公众号的消费者推送文章。微信公众号文案利用文字、图片、语音、视频等实现和消费者的全方位沟通、互动,以巩固消费者对品牌的忠诚度,不断扩大影响力,提高整体营销效果。新媒体编辑一定要掌握好微信公众号文案的创作方法。

微信公众号文案创作

1. 微信公众号标题

微信公众号文案创作的第一要务是吸引消费者,引起消费者的阅读兴趣。所以,微信公众号标题也非常重要。

(1)主题鲜明。标题是对文案内容的高度概括。想要使人们看到标题就能理解文案的具体内容,标题就必须结合文案主题且要鲜明,不能与内容毫无关联。注意,不管是标题还是文案开头,文案创作者只有 30 秒的时间留住消费者。

(2)引起消费者共鸣。标题要让消费者感同身受,觉得这篇文章就是自己的缩影,就是写给自己的,这样才能真正虏获消费者的心。

(3)不做标题党。文案创作者在拟订标题时不能为了吸引消费者的注意力、提高点击率,就恶意欺骗消费者。标题一定要跟文章内容有关,和内容不相符的标题,会使阅读体验变得非常不好。即使文案创作者以此吸引了大量消费者,那也不是目标受众,是无效流量。

(4)引人注目。标题的内容只有与消费者的心理需求联系起来,诱发他们的关心、好奇、喜悦等情绪,才能充分发挥宣传效果。因此,标题在字体、字号和位置等方面,都应考虑视觉化和艺术化的效果,要能引起消费者的注意。同时,对不同的宣传对象,标题的拟写也要有针对性,不可离题,这样才能充分发挥文案的说服力。

(5)契合 SEO。在"搜索为王"的网络时代,搜索引擎营销成为主流营销方式,而 SEO(搜索引擎优化,search engine optimization)作为免费的 SEM(搜索引擎营销,search engine marketing)手段更为重要。有时微信公众号文案主要就是为 SEO 服务的,所以我们需要从 SEO 的角度考虑为文案标题设定一些标准。首先,标题字数不宜超过 30 个字;其次,标题要含有优化的关键字,这样才能被搜索到。

2. 微信公众号封面配图和正文配图

好的文案配上好的图片才算精彩,图片配得好,不仅可以吸引消费者关注,还会为文案增添不少魅力。微信公众号中常见的插图包括封面配图和正文配图,两种配图各具特色。

(1)封面配图。封面配图是对微信公众号文案内容的说明和体现,有创意和视觉冲击力的封面配图可以快速吸引消费者的注意力,让消费者把注意力停留在封面上,并产生进一步阅读的欲望,如图 5-23 所示。

(2)正文配图。文案创作者为微信公众号文案搭配的图片一定要和文案内容有一定的关联。例如,讲解美食的微信公众号文案,可以配上美食图片;介绍旅游的微信公众号文案,可以配上风景图片。在为正文配图时,文案创作者要处理好图片的冷暖色调,图片大小也要做到与内容统一。正文配图如图 5-24 所示。

3. 微信公众号摘要

微信公众号摘要是微信公众号文案封面下方的引导性文字,如图 5-25 所示,其作用是引导消费者了解文案主题。摘要文案可以是直接陈述性的文案,也可以是提问式的文案。它可以快速引导消费者了解主要内容,或提出具有吸引力的问题,也可以吸引消费者点击和阅读,增加微信公众号文案点击量和阅读量。

图 5-23　微信公众号封面配图

图 5-24　微信公众号正文配图　　　　图 5-25　微信公众号摘要

4. 微信公众号正文

微信公众号正文的编写相对来说比较自由,可以简单地阐述,也可以分门别类地总结。下面介绍微信公众号正文的写作。

(1) 商品延伸信息。微信公众号正文应该以消费者为中心,内容紧密围绕消费者来组织,可以展示消费者想了解的商品延伸信息,也可以收集消费者购买商品前、使用过程中、使用后经常遇到的问题等。图 5-26 所示为微信公众号中有关商品延伸信息的文案内容。

(2) 商品折扣优惠信息。根据相关调查显示,有百分之三四十的消费者是冲着折扣信息才去关注一些品牌或商品的,可见商品折扣优惠信息是很重要的。图 5-27 所示为公众号发布的商品折扣优惠信息。

图 5-26 有关商品延伸信息的文案内容

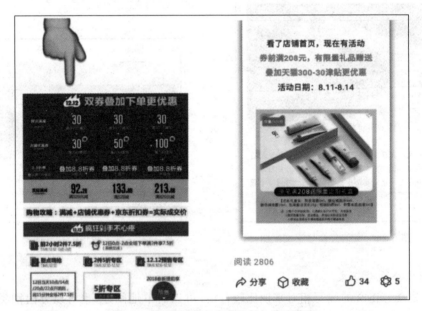

图 5-27 公众号发布的商品折扣优惠信息

（3）段子植入。很多人都喜欢好玩儿有趣的段子，因为这些段子幽默中带有一丝人生感悟，给平淡的生活增添惬意的同时，还能让大家感悟出很多人生哲理。由此可见，企业如果能够将广告植入段子中，不仅不会让消费者反感，反而会使其为自己精妙的创意而赞叹。

（4）视频植入。视频植入就是在公众号文案中插入与企业或商品相关的视频，还可以插入语音介绍。有条件的企业可以邀请明星来录制，也可以让企业领导或相关负责人来录制。总之,视频中的人物需要有一定知名度或影响力,这样会更有说服力。

（5）企业文化与员工生活。微信公众号不同于官方网站,它与消费者的距离更近,消费者也更容易接受微信公众号的信息。公众号可以说是企业的"形象代言人",因此,公众号应该展现企业应有的活力。企业可以在公众号上分享办公室环境、团队活动、一些好玩有趣的事、有趣的员工等,让粉丝通过公众号了解企业,让信息更加透明化,这样才能让粉丝感觉到这个公众号不是一个冷冰冰的账号,它的背后有这么一群可爱的人。图 5-28 所示为某微信公众号展示公司团队活动的文案。

（6）消费者对商品的评价。很多人喜欢在微信朋友圈晒生活、晒感想、晒经验。在一系列的"晒"中常常会涉及自己使用的商品或服务,而商品或服务通过这种传播方式达到的口碑效应是非常显著的。文案创作者应该把这些评价收集起来,积极筛选这部分消费者的评价信息,进行转发和简单的评论。这样可以借助消费者之口,对店铺进行正面口碑传播,树立良好的品牌形象。

图 5-28　微信公众号正文文案展示公司团队活动

5. 微信公众号底部

在公众号文章底部,一般会放置公众号二维码以及简介,以便引导读者进行关注。排版的方法主要有两种,一种是上下型排版,即二维码在上面,公众号的简介在下方。另一种是左右排版型的设计,通常可以做成小卡片的形式,这样看起来会更加精致,如图 5-29 所示。

图 5-29　左右排版型的二维码

二、微博文案的创作与编辑

微博文案简单来说就是发布在微博平台上的文案信息。一篇好的微博文案可以迅速引起读者的兴趣,为微博博主带来大量流量和较高的关注度。当然,这种流量和关注度可以有效地转化到企业的商品上。商家也可以通过微博文案链接到其他网页中,达到利用微博进行营销的目的。

(一) 微博文案的类型

微博营销文案的常见类型如下。

1. 文字微博营销文案

文字微博营销文案是一种普通的微博营销文案,它只显示一段文字,和微信朋友圈中的纯文字文案一样。

2. 图片和视频类微博营销文案

微博不仅能发布文字,还能加入图片和视频等多媒体元素,甚至可以直接用图片或视频的形式来进行。这种形式不仅使微博营销文案变得内容更加丰富多彩,还能使粉丝更加直观地查看文案的内容。图片和视频类微博营销文案要注意以下两个方面。

(1) 如果微博营销文案是以文字描述为主、图片或视频为辅,那么最好选择应景图片,以增加微博营销文案的吸引力。

(2) 如果微博营销文案是以图片或视频为主的,就要注重图片和视频所表现的内容,并为其配上一两句简短而又点题的文字。

(二) 微博文案必备的要素

在微博营销文案内容的编写上,可以同时包含"@""♯""链接"三个要素。图 5-30 所示的美的空调官方微博发布的微博中就包含了上述三个要素。使用这三个元素可以让自己编写的微博营销文案受到更多关注,提高评论率和转发率。其中,"@"指向某一个消费者,可以在很大程度上保证该消费者会阅读此内容;"♯"则增加了微博营销文案被搜索到的概率,有利于被粉丝之外的人看到;"链接"则是分享内容的有效途径,更容易激发消费者的关注兴趣。

图 5-30 美的空调的官方微博

(三) 微博文案的写作技巧

对于商家来说,微博营销文案的好坏在很大程度上能够决定营销的成败,那么微博营销文案有哪些写作技巧呢?

1. 把握时机

商家需要利用热点写作微博营销文案,以快速引发热度和关注。因此,文案创作者需要在第一时间找准营销内容与热点事件的关联点,将热点事件的核心点、商品或品牌的诉求点、消费者的关注点三者结合起来进行创作。另外,通常以热点事件作为切入点写作的微博营销文案,其写作和发布都应该在事件发生后 24 小时内完成。

2. 微博内容的原创性

一条热门微博的原创博主和话题中的人物更容易被人们所记住,所以要尝试做那个原创的人,而不是转发话题的人。现在原创知识产权受到越来越多的重视,因此不要在未经作者同意的情况下抄袭他人的文章。

3. 植入广告需要技巧

文案创作者在撰写微博营销文案内容时,措辞要含蓄,尽可能地把广告嵌入有价值的内容当中。这样既能起到宣传商品的作用,又因为能为粉丝提供价值型的内容而不会让粉丝厌恶。这样的广告具有一定的隐蔽性,所以转发率更高,营销效果也更好。像生活中的小技巧、免费的资源、有趣的事等,都可以成为植入广告的内容。

4. 善用评论和话题

文案创作者要经常查看粉丝的评论,并积极和粉丝进行互动,拉近和粉丝之间的距离。文案创作者通过查看粉丝评论的内容,可以摸索粉丝的喜好,并据此进行微博营销文案的编写。

5. 注意导语的作用

导语经常出现在一些内容较多的微博营销文案中,好的导语可以通过简短的描述快速体现文案的主要内容,吸引消费者的注意力,使其对文案内容产生强烈的阅读欲望,并引导消费者点击阅读正文内容。

(四) 微博文案的常见活动形式

微博文案的常见活动形式

很多商家通过微博营销活动以获得更多回报,比如增长粉丝、提高粉丝黏性、增强品牌好感度等。微博营销文案的活动形式很多,下面总结了一些常见的微博营销文案的活动形式。

1. 游戏型

游戏型是以游戏作为互动的形式,可以通过文字、图片承载游戏等形式进行互动。目前来说,游戏型是比较受欢迎的活动形式,粉丝能够通过参与游戏活动获得娱乐的乐趣,如图 5-31 所示为小米公司官方微博发起的抽奖游戏。

2. 问答型

问答型是微博平台早期常用的活动形式,通常是博主发起问题并给出答案,人们可以评论和转发,较常用于活动主题、品牌知识的传播。问答型活动形式如图 5-32 所示。

3. 话题型

发起话题可以吸引粉丝参与和分享。话题活动形式简单、可参与性强,已成为目前微博

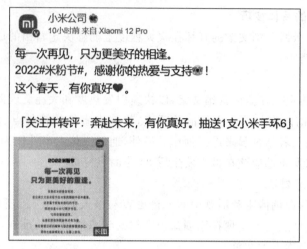

图 5-31　小米公司的抽奖游戏微博

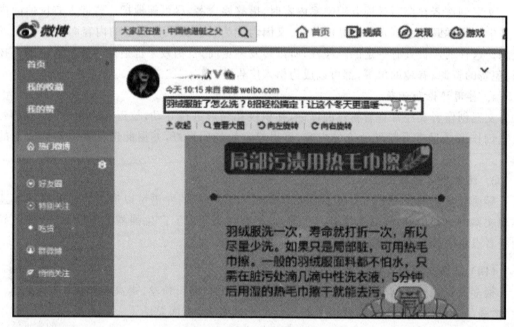

图 5-32　问答型微博

上常见的活动类型。粉丝可通过转发＋评论、评论等形式参与活动，图 5-33 所示为小米公司微博发起的"奔跑的中国"话题。

4．投票型

投票型活动形式具有参与门槛低、观点鲜明、易于传播的特性，一经推出，便受到各方的青睐，适合用于促销推广、网络调查等。

5．惊喜型

商家在活动环节和奖励机制上设置一些不确定性的元素，可以增强活动的趣味性，增加粉丝对活动的好感度。惊喜型活动形式如图 5-34 所示。

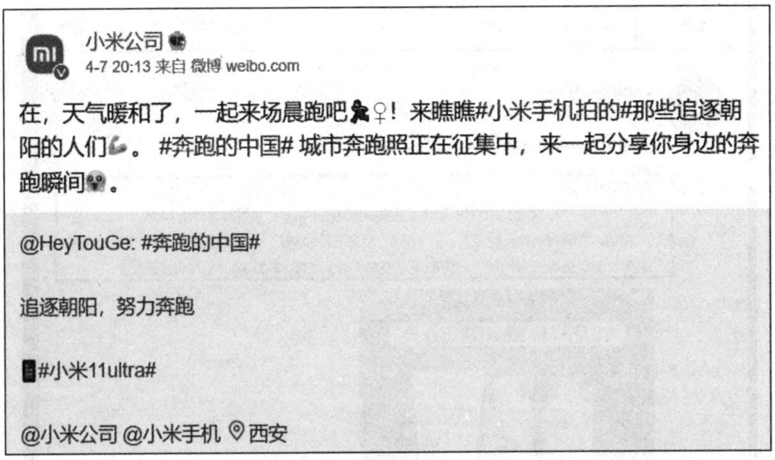

图 5-33　小米公司的话题型微博

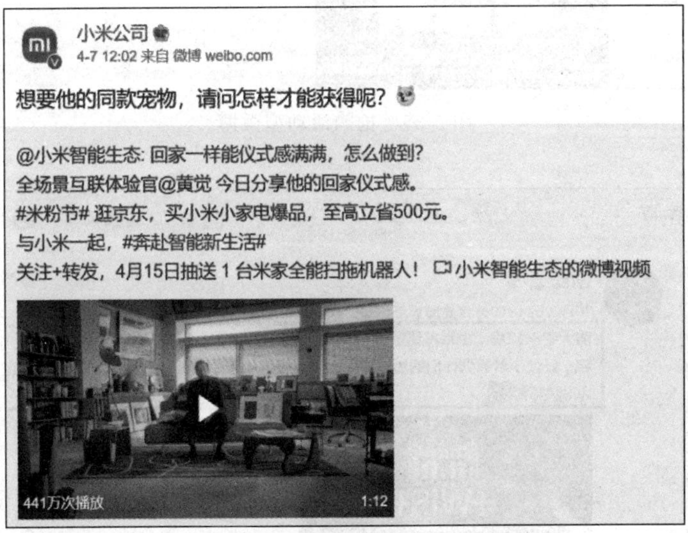

图 5-34　惊喜型活动形式微博

6．抢购活动型

商家可以推出限时限量免费抢购活动，在一定程度上激发粉丝参与的积极性。抢购活动型微博如图 5-35 所示。

7．悬念型

商家通过发起悬念活动，配合奖励机制来吸引人们的关注、参与。悬念型活动形式如图 5-36 所示。

（五）短微博文案写作

微博是一个资讯传播快、形式多样化的平台，人们习惯通过短篇幅的内容来快速获取自己需要的信息，因此短微博是微博文案中最常见的一种形式，一般控制在 140 个字以内。短微博文案写作时需要注意以下内容。

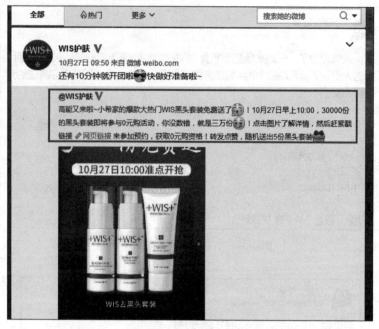

图 5-35 抢购活动型微博

图 5-36 悬念型活动形式微博

1. 包装成故事

文案创作者可以通过将需要营销的商品包装成吸引人的故事,采用对话描写和场景设置等方式,在展现故事情节和细节的同时推广商品。

2. 借势营销

借势营销是指企业及时地抓住广受关注的事件以及有热度的名人等,结合企业展开的一系列相关活动,来提高企业或商品的知名度、美誉度,树立良好的品牌形象,并最终促成商品或服务销售的营销策略。图 5-37 所示为安踏借势奥运会进行营销,图 5-38 所示为小米公司借势体育明星苏炳添进行品牌宣传。

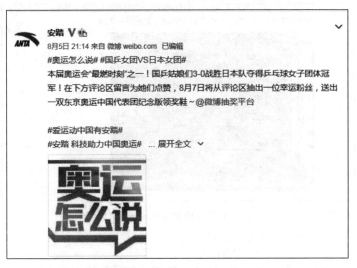

图 5-37　安踏官方微博

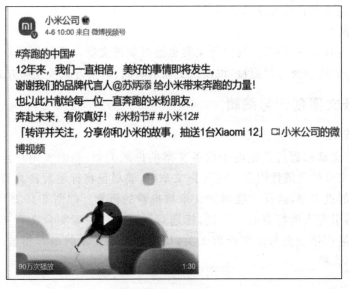

图 5-38　小米官方微博

3. 关联营销

关联营销就是品牌不单为自己撰写宣传或推广文案,还与微博上的其他品牌账号进行关联合作,以此生成一个话题,这样的关联微博文案发出之后经常会引起粉丝的关注与兴趣。美的空调官方微博在 618 到来之前发布了♯焕新你的生活♯的话题,并通过"@"功能告知京东电器,如图 5-39 所示,与京东电器进行互动和联合营销。这是典型的关联营销案例。

图 5-39　美的空调和京东电器联合营销

4. 疑难解答

此类文案通常会选取与人们工作、生活息息相关的话题或普遍面临的问题、疑虑等作为选题,并针对这些问题给予良好的解决办法。这类内容很容易引起人们的关注,若方法行之有效,就可以得到消费者的关注与认可。

5. 其他内容

上新预告、内容分享、第三方反馈等文案也是短微博文案常见的表现形式,其写法比较简单。上新预告的内容要尽量直接,说清楚上新的时间、购买方式及互动方式等。

三、今日头条文案创作与编辑

(一) 标题写作

今日头条的文章标题与其他电子商务文案的标题类似,是激发用户点击文章、继续阅读文章的关键性因素。在写作文章时,要尽量将标题写得具有吸引力,增加标题的点击率,这样才能增加文章被推荐的概率。如图 5-40 所示,这样的标题容易引起人的好奇心。不过,标题写作时也要注意契合文章正文内容,如果为了追逐热点而与正文内容无关,反而会影响文章的推荐指数,使文章被判定为不合格。

今日头条文案创作与编辑

(二) 正文写作

1. 内容要原创

文章发表后,今日头条会通过全网搜索引擎审核文章的原创度、健康度,以及是否存在恶意营销等。其中,文章原创度是需要文案人员特别注意的,只有文章原创度达到 60% 以上才会被推荐。如图 5-41 所示为"养生"版块下推荐的一篇文章,其文章正文上方显示"原创"标签,表示该文章符合原创规范。

2. 要包含关键词

今日头条是机器推荐机制,通过智能算法来进行内容的投递。由此可见,文章内容中的

图 5-40　今日头条文章

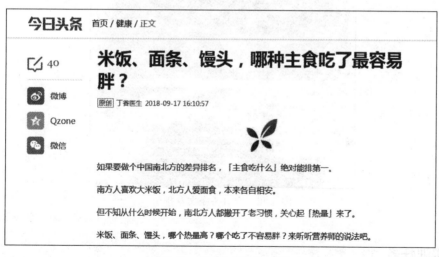

图 5-41　今日头条原创文章

关键词是非常重要的。

文案人员在写作文章正文时要注意关键词的融入,在内容中多提炼核心关键词,尽量让推荐机制更容易识别并判断出文章的关键词。当系统判定出关键词后,会将这些关键词与文章的分类模型进行对比,将这些抓取出来的关键词与文章分类词库中的关键词进行比对,如果吻合度较高，文章就会被打上该类分类的标签。

3. 覆盖目标用户

在今日头条中写作文章时要注意，文章内容要与目标用户的需求联系起来，写出大量用户都感兴趣的内容才能增加文章的阅读量。否则，即使文章被智能推荐出去，由于对该内容感兴趣的用户太少，点击量和阅读量也不会乐观，文章的推荐指数也会降低。

（三）正文排版

今日头条的文章要尽量图文结合，文字通俗易懂，图片直观、格式统一。一般文章主页建议搭配一张大图或三张小图，可根据目标用户群体的喜好来选择性配图，图片内容要与文章内容相关，风格可以是搞笑的、个性的、严谨的、清新的，但要与整篇文章的整体风格保持一致，如图 5-42 所示。

图 5-42　今日头条文章排版

一、实训项目

大唐温泉度假村酒店很早就意识到图文内容设计在社群营销中的重要性。将文案、图片等内容进行设计并在微信、小红书等多个社交平台以及携程、马蜂窝、飞猪等一站式旅游服务平台上进行传播，提高了品牌的知名度。在线下也与当地旅行社合作，通过宣传海报等形式进行活动推广,增加了品牌的曝光度。

以下是大唐温泉度假村酒店在图文内容设计方面的现状。

（1）大唐温泉度假村酒店在2016年分别创建了大唐温泉度假村酒店股份有限公司企业微信公众号和大唐温泉度假村酒店公众号,定期发布企业动态、优惠活动、软文广告等图文信息。

大唐温泉度假村酒店股份有限公司微信公众号已经通过官方认证,在按照每个月两期的频率不定期发布企业动态、品牌活动等图文信息。大唐温泉度假村酒店公众号主要是发布软文广告,前期发文的频率很高,一个月最多能有20篇文章发布,不过,目前这个公众号,账号活跃度不高,最近的内容发布在2018年。两个公众号头像辨识度都较高,符合大唐温泉度假村酒店的品牌调性以及内容风格。

（2）入驻了携程、马蜂窝、飞猪、小红书等平台,为目标用户提供产品推荐。在一站式的服务平台上通过文字、图片的形式,将温泉度假村的环境、餐饮、住宿等具体信息一一呈现,并且通过攻略、游记、评论等方式做精准的产品推荐,不仅为用户省去了旅行决策的时间,还能够为他们订制个性化的旅行方案,为目标用户提供更好的旅行体验。

（3）定期推出活动宣传海报,吸引用户参加。根据活动内容,采用视觉传达的表现形式,运用图像、文字、色彩、版面、图形等元素,进行创意性设计,展现宣传信息,吸引潜在消费者,让消费者产生参加活动的欲望,起到了促销推广的作用。

（4）建有文字、图片素材库,提高工作效率。大唐团队将工作中的素材进行了收集、整理,分类建立了素材库并分别按照内容命名。大大节省了创作时间,提高了工作效率。

二、实训要求

针对目前大唐温泉在图文内容设计存在的问题分析如下。

（1）微信公众号中原创内容较少。大唐公众号中多是对度假村、优惠活动的介绍,再就是公司新闻,原创内容较少。微信公众号的内容创作,要以能够为用户带来价值为核心导向,公众号必须在粉丝心中塑造一个专属形象,当用户一想到温泉度假酒店时,会立马想起公众号中介绍的内容。

（2）平台中的图片质量有待提高。精美的图片可以吸引用户的注意力并对图片内容产生强烈的兴趣,进而主动点击了解相关产品,最终促成产品的销售。相反,缺乏美感的图片会阻碍游客继续深入了解,影响浏览量和转化率。大唐使用的图片存在图文不符的问题,影响了画面效果。

（3）宣传海报可适当增加创意元素。海报设计,首先,要有视觉冲击力,最好能够做到一秒吸睛;其次,内容要简洁明了,能够快准狠地抓住人们的痛点;再次,海报文案不宜过多,一般以图片为主,文案为辅;最后,海报主题一定要字体醒目,这样才能更加准确地传达信息。

（4）文字素材内容较少,素材库没有形成体系。大唐建有的素材库中,图片素材比较多,文字素材较少。建立文字素材库一方面能为在缺乏灵感的时候能够从中得到启发灵感,另一方面能促进学习,这是很有必要的。另外,除了图片、文字的素材库之外,还可以建立灵感、矢量图、活动方案、行业报告、数据图表等素材库,形成素材库体系,方便按照工作内容随用随取。

基于以上存在的问题,提出以下改进措施。

（1）创建图文素材库。俗话说"工欲善其事必先利其器",就像士兵打仗要有武器库,做图文同样要建立完备的素材库体系。通过日常的搜集、积累,分门别类地建立素材库,并定期整理、持续更新,可以为今后的创作提供长久不易枯竭的原动力,为内容的输出提供强有力的支撑。

(2) 在微博、微信等平台进行优质图文内容的持续输出,继续提升大唐温泉的品牌影响力,为举办温泉文化旅游节造势。

三、实训步骤

任务一　建立大唐温泉图文素材库

1. 搜集相关的素材

提示:旅游文章主要分为三类:旅游游记、景点介绍、活动图文。要注意收集日常产生的新想法、灵感,也可以把行业内做得比较好的公众号拿出来研究,包括文章选题、颜色、字体、排版、布局、主题、公众号调性等,还可以从四季开展的活动角度去搜集相关的素材,比如春天的赏花季、夏天的亲子游、秋天的采摘季、冬天的滑雪季等,还有一般活动的素材,比如试睡、试吃的体验等。

灵感素材	公众号素材	四季活动素材	一般活动素材
A._____	A._____	春_____	A._____
B._____	B._____	夏_____	B._____
C._____	C._____	秋_____	C._____
D._____	D._____	冬_____	D._____

2. 将素材库里的素材按照属性、用途进行分类

提示:搭建好素材库之后,很重要的一点就是构建自己熟悉的检索方式。建立目录的时候要尽量简洁清晰,或者借助思维导图的方法,根据推理逻辑排布。参照图5-43构建自己的素材库。

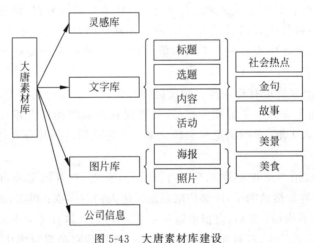

图5-43　大唐素材库建设

3. 整理、更新素材库

提示:在素材库框架上,将搜集到的素材放入素材库,并分别命名文件夹和文件,有针对性、有目的地增补更多素材。

任务二　自媒体平台进行图文发布

为大唐温泉度假村酒店即将举办的温泉文化旅游节宣传造势,在各大媒体平台(微博、

微信公众号、头条号等)进行图文排版并发布,将发布后的图文信息填写在表 5-4～表 5-6 中。要求熟悉自媒体平台图文排版与发布功能,能够按照平台要求以及内容风格,完成图文排版,设计封面图片及正文配图,完成在线发布。

表 5-4 微博图文发布

标题	
话题	
发布后的图文截图	
网址链接	

表 5-5 微信公众号图文发布

标题	
封面图	
发布后的图文截图	
网址链接	

表 5-6 头条号图文发布

标题	
话题	
发布后的图文截图	
网址链接	

任务评价

相关评价表如表 5-7～表 5-9 所示。

表 5-7 技能评价表

序号	技能自评	任务要求	得分	备注
1	图文素材库建设	能够根据图文推广的目标,整合资源,建设丰富的图文素材库		
2	图文选题策划	能够根据选题原则与技巧,策划出爆款选题		
3	图文内容大纲设计	能够基于金字塔结构,输出完整清晰的内容设计大纲		
4	图文内容编辑	创作出吸引用户的标题、开头、正文内容和结尾		
5	图文视觉排版	能够利用图文编辑器完成排版,图文规范,配比恰当		
6	微博图文发布整体效果	图文并茂,文字流畅,排版精美,广告内容自然融入,推广效果好		
7	微信公众号图文发布整体效果	图文并茂,文字流畅,排版精美,广告内容自然融入,推广效果好		
8	头条号图文发布整体效果	图文并茂,文字流畅,排版精美,广告内容自然融入,推广效果好		

表 5-8 素质评价表

序号	素质自评	任务要求	得分	备注
1	正确的价值观	能够宣扬正确的价值观,引导社会风气,传递正能量		
2	创新意识	能够在图文构思和内容编辑阶段,策划具有新意的选题内容和表现形式		
3	协作精神	能够和团队成员分工合作,共同完成实训任务		
4	资源搜集和整合能力	能够借助线下和网络资源,获取相应的图文素材,创建素材库		
5	职业道德、法律意识	能够掌握相应的互联网法律法规和平台内容管理规范,规避敏感词		
6	严谨的工匠精神	能够在图文创作各个阶段,对用户群体做出精准分析		
7	自我学习能力	能够利用线下和网络资源,自我学习相关的知识和技能,不断提升		

表 5-9 任务综合评价表

学生自评得分（20%）	小组互评得分（20%）	教师评价得分（30%）	企业评价得分（30%）	总分

课后习题

一、单项选择题

1. 以下不属于常见的图文创作平台的是（　　）。
   A. 微信公众号　　B. 抖音　　C. 小红书　　D. 喜马拉雅
2. 图文内容日常运营主要通过推广（　　）以及运营用户评论,增强文章的传播效果以及用户黏性。
   A. 标题　　B. 关键词　　C. 正文　　D. 作者
3. 分析目标用户常用的方法是构建（　　）。
   A. 用户分类　　B. 用户管理　　C. 用户画像　　D. 用户数据
4. 以下不属于图文编辑 AISAS 模型的是（　　）。
   A. 引起注意　　B. 进行搜索　　C. 用户行为　　D. 客户服务

二、多项选择题

1. 图文创作的营销价值主要体现在（　　）。
   A. 打造个人品牌　　B. 电商运营　　C. 内容付费　　D. 内容分享
2. 图文内容设计大纲常采用（　　）结构。
   A. 递进结构　　B. 并列结构　　C. 总分结构　　D. 循环结构

3. 微信文案的表现形式包括(　　)等。
   A. 空间日志　　　　B. 朋友圈文案　　　C. 公众号文案　　　D. H5营销文案
4. 微博文案的常见活动形式有(　　)。
   A. 游戏型　　　　　B. 问答型　　　　　C. 话题型　　　　　D. 投票型
   E. 惊喜型　　　　　F. 抢购活动型

三、思考题

1. 常见的图文创作平台有哪些？
2. 爆款图文一般具备哪些属性？
3. 策划选题可以从哪些角度切入？
4. 建立图文素材库的方法有哪些？
5. 试分析图文编辑AISAS模型。
6. 如何拟定一个好的文章标题？
7. 图文视觉排版的技巧有哪些？
8. 微信公众号正文文案一般包括哪些内容？
9. 微博文案的写作技巧有哪些？

项目六

新媒体音频编辑

📌 教学目标

- **知识目标**

(1) 了解新媒体音频的发展现状和发展趋势。
(2) 了解新媒体音频相较于传统广播的优势。
(3) 熟悉新媒体音频的常见格式。
(4) 掌握音频文案的特点和写作技巧。
(5) 熟悉常见的新媒体音频处理软件。
(6) 熟悉常见的新媒体音频平台。

- **能力目标**

(1) 能够根据企业目标用户群体,策划优质音频选题。
(2) 能够根据企业推广的目的与要求,创作音频文案。
(3) 熟练使用常见的音频处理软件。
(4) 熟练使用新媒体音频平台发布作品。

- **素质目标**

(1) 具备创新的能力,能够推陈出新,创作优质音频。
(2) 具备互联网思维和资源整合能力,能够借助外部资源进行音频创作。
(3) 具备团队合作的精神,小组协作分工,共同完成任务。
(4) 具备正确的价值观,将爱国、敬业、诚信、友善等社会主义核心价值观内化为精神追求、外化为商业行动。
(5) 创作积极向上的音频作品,在艺术创作中涵养家国情怀、把准时代脉搏、引领社会风尚。
(6) 具备法律意识,在音频内容创作方面遵循并宣传相应的法律法规。

📖 课程思政

党的二十大报告指出:

"增强中华文明传播力影响力。坚守中华文化立场,提炼展示中华文明的精神标识和文化精髓,加快构建中国话语和中国叙事体系,讲好中国故事、传播好中国声音,展现可信、可爱、可敬的中国形象。"

本章节培养学生在音频创作和发布的过程中能够推陈出新、创作优质作品,充分认识传承发展中华优秀传统文化的重要意义,坚持守正创新,把牢正确导向,讲好中国故事,传播好中国声音。

单元一　新媒体音频认知

一、新媒体音频的定义和发展现状

音频是人类能够听到的声音的统称。随着计算机技术的发展,特别是海量存储设备和大容量内存在计算机上的实现,让音频信息进行数字化处理成为可能,新媒体形式的各类音频开始流行起来,以音频节目为主的网络电台迎来了新机遇。

近年来,国内新媒体音频平台纷沓而至,综合性音频平台"喜马拉雅",行业内首次提出PUGC战略的"蜻蜓FM",以UGC模式为主的"荔枝FM",中央广播电视总台音频移动端产品"云听",很多互联网公司纷纷跻身音频新媒体市场。

截至2022年,中国网络音频产业规模达123亿元,仍处于快速发展阶段,预计到2023年可以超过300亿元。有声书、播客和音频直播等音频服务类型的快速发展使整个行业处于欣欣向荣的发展态势。目前行业的快速发展主要源于付费用户规模的持续高速增长,有声书、广播剧、播客及音频直播等收听场景不断拓宽。如图6-1所示,是近几年中国网络音频行业市场规模及增长率。

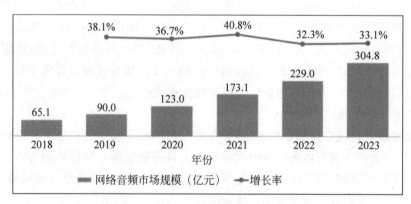

图6-1　2018—2023年中国网络音频行业市场规模及增长率

二、新媒体音频相较于传统广播的优势

随着媒体生态的变迁,音频从"受众时代"逐渐转向"用户时代"。相比于定位模糊的"受众","用户"的概念更加精准化和个性化,且新媒体双向传播的优势克服了传统媒体反馈渠道不畅的弊端。传统广播向音频新媒体的转型也更加注重个体化、互动化。

新媒体音频相较于传统广播的优势

1. 从"大众收听"到"个体定位"

传统广播的直播流是线性结构,受众往往被看作是大众或群体,在相同的时间和空间内只能收听固定的节目。相反,音频新媒体面对的则是个体,他们不是被动地接收,而是可以主动地对音频产品和内容进行选择。

目前类似于"云听"这样的音频APP都提供了大量垂直内容供用户选择，包含健康、教育、相声、有声书等多个模块。这些海量内容也可根据用户的浏览习惯进行算法推荐，譬如新用户注册时便会给用户不同的兴趣内容推荐。用户在使用过程中可根据引导进行点播，而用户的收听、收藏等行为也进一步促进了算法的个性推荐。

另外，相比于传统广播的"广撒网式"信息传播，音频新媒体更倾向于精准定位和个性服务，为特定用户做"代加工"。当下较快的生活节奏和冗杂的互联网信息，使得用户更想以低成本、高效率的方式获取知识，因此音频新媒体近几年坚持打造"代加工"细分市场，即根据用户的需求和收听习惯，把既有的声音信息进行分类、处理和呈现。这也是音频新媒体相对于传统广播所表现出来的一种内容增值，这种内容增值使得用户的需求得到更精确的满足，用户愿意为其买单，因此音频"代加工"服务也成了付费内容的重要源头。

2. 从"单向传播"到"双向互动"

传统广播具备大量的专业化人才，但苦于没有反馈渠道，生产出的优质内容只能单向传播，也无法进行二次传播，而音频新媒体改变了之前受众被动收听的模式，形成了点赞、转发、评论等多种形式的双向互动，用户有了更多的媒介权利。

除此之外，音频直播也是音频新媒体实现用户互动的重要手段。如喜马拉雅推出的独立直播APP喜马拉雅直播，主打口号为"每一天的精神陪伴"。荔枝FM上线的播客直播功能，听众进入直播后可点击举手标识与主播进行连麦。

音频新媒体还赋予用户传播声音的权利，鼓励UGC（用户生产内容）、PUGC（专业用户生产内容）的内容生产方式。UGC、PUGC模式以其低门槛、高参与的特质，消解了传统媒体的直线型传播方式，使得人人都可以传播自己的声音。如今音频新媒体UGC、PUGC模式在保持低门槛的同时，在内容和制作上也正向专业化迈进。

3. 从"单一媒介"到"再媒介化"

音频新媒体对传统广播的重塑是"再媒介化"的过程，即从传统广播中获取内容和形式进行重新组合，生产出兼有传统广播的内容形式又具备数字媒介特性的内容。如传统广播资源覆盖较多的"云听"，作为中央广播电视总台的音频客户端，依托总台的资源、技术和渠道优势，集结了中央台和地方的大量广播资源。

音频新媒体除了对传统广播进行"再媒介化"，也对电视节目进行了"再媒介化"尝试。再媒介化后的电视内容具备超媒介性，可在不同媒介中得到多元呈现和传播，为用户提供了跨越影像、声音、文本的异质性生存空间。如"云听"推出的"听电视"板块，对总台广受好评的电视节目《朗读者》《中国诗词大会》《故事里的中国》等进行音频化重构，并进行内容切分，迎合了用户碎片化的收听方式，实现了由"看电视"向"听电视"的转变，成为音频移动端的有力竞争点。

三、新媒体音频产业的发展趋势

1. 声音爱好者社区与专业广播剧制作的结合

目前，有一批热衷于配音的民间团体和个人，他们会自行录制有声书，或者参与网上配戏。这些来自民间的创作力量,如同活水一般,盘活了整个有声书制作领域。

另外,基于网络文学的兴起,一些由人气作品改编的广播剧很大程度上也会获得更多的关注与支持。而这两种有声书制作方式在未来有相互融合的趋势,如图6-2所示。

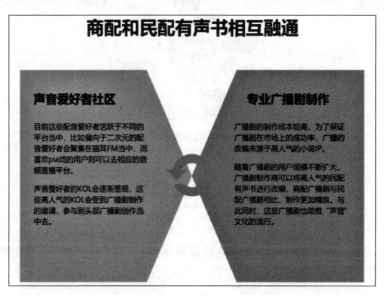

图6-2 商配和民配有声书相互融通

2. 播客经纪公司逐渐发展,并且业务开始多元化

目前播客仍然是个体化发展,很大程度上都是"为爱发电",并没有取得什么商业化的成功。不过,随着播客这种产品形态越来越被大众所接受,国内已经出现了一些播客经纪公司,这些公司的业务包括管理播客、播客商业化以及播客培训等。播客经纪公司的出现,不仅彰显了播客行业的欣欣向荣,并为以后播客主持人和播客IP的衍生服务及产品的发展提供了条件,如图6-3所示。

图6-3 博客经纪公司的典型业务

3. 借助多元化工具,拓展音频直播的可能性

音频直播相比于视频直播更加强调社交属性和陪伴属性。音频直播本身具有伴随性和情感性的特征,未来也会有新的发展可能性。从目前兴起的语音聊天,到现在逐渐成形的语音游戏,以及仍然在非主流边缘游走的AMSR等可以看出,音频直播存在着多样化的可能性,如图6-4所示。

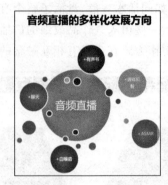

图 6-4　音频直播的多样化发展方向

单元二　新媒体音频创作与编辑

近年来,国内市场中以喜马拉雅 FM、蜻蜓 FM、播客等为代表的网络音频媒体、音频网站的强势崛起,使得网络音频的影响力开始逐渐攀升。2014 年开始,播客在国际互联网界复兴,网络音频广告凭借价格低廉、制作容易、感染力强等特征,日渐受到重视。

一、新媒体音频的常见格式

新媒体平台常用的音频格式有 WAV 格式、MP3 格式、WMA 格式和 MIDI 格式等。

1. WAV 格式

WAV 格式文件具有较好的声音品质,并为许多浏览器所支持。用户可以用 CD、磁带、麦克风等工具获取 WAV 文件。但是,WAV 文件通常体积较大,严格限制了可以在 Web 页面上使用的声音剪辑的长度。

2. MP3 格式

MP3 格式的音频文件具有体积小音质好的特点,能以较小的比特率和较大的压缩比达到近乎完美的 CD 音质。CD 是以 1.4Mb/s 的数据流量来表现其优异音质的,而 MP3 仅需要 112Kb/s 就可以达到逼真的 CD 音质。所以,可以用 MP3 格式对 WAV 格式的音频文件进行压缩,这样既可以保证音质效果,又能达到减小文件体积的目的。

3. WMA 格式

WMA 的全称是 Windows media audio,是微软力推的一种音频格式。WMA 格式是以减少数据流量但保持音质的方法来达到压缩率更高的目的,其压缩率一般可以达到 1∶18,生成的文件大小只有相应 MP3 文件的一半。WMA 还可以通过 DRM(digital rights management)方案加入防止拷贝,或者加入播放时间和播放次数的限制,甚至是播放机器的限制,可有力地防止盗版。

4. MIDI 格式

MIDI 格式一般用于器乐类的音频文件,常被做音乐的人使用。很多浏览器都支持 MIDI 格式的文件,并且不需要安装插件。尽管该格式的文件声音品质非常好,但根据声卡的不同,声音效果也会有所不同。较小体积的 MIDI 文件也可以提供较长时间的声音剪辑。MIDI 文件并不是一段录制好的声音,而是使用特殊的感触件和软件在计算机上合成的声音信息。

二、音频文案创作

(一) 音频文案的特点

1. 细分度高

网络音频内容的高细分度使得它对特定群体的聚合力非常强大。目前，国内很多网络音频细分领域都涌现了知名人物，如儿童故事领域的晚安妈妈，教育领域的夏鹏老师、安宁老师，有声小说领域的紫襟等。

晚安妈妈在喜马拉雅FM开设的"晚安妈妈"电台，拥有170万以上忠实粉丝。《晚安妈妈睡前故事》专辑每晚8:00更新一个故事，已经超过53亿次收听，其节目受到一些母婴产品的青睐，如帮宝适、健达巧克力、好慷家政服务、唯意定制等，广告投放的针对性很强。

2. 对节目干扰小

音频文案或者与节目融为一体，或者在节目的前后播出，因此对于节目本身的干扰较小。例如郭德纲的音频节目《郭论》是付费节目，其中的《中国人办年货，怎么算会过》由天猫冠名播出。节目开始之前的文案如下。

本期节目由天猫年货节特约冠名播出，天猫年货节，让心意先到家，感谢天猫年货节的大力支持，为大家带来本期免费的《郭论》。

节目之后的文案如下。

本期节目由天猫年货节特约冠名播出，天猫年货节，让心意先到家，点击页面底部按钮，参加答题，有机会赢取免费的两千份《郭论》，共同欢度年货节。

3. 提供详细信息

音频的播出较为便捷，主播可以在其中为消费者提供详细的产品信息、购买指南等。例如播客"日谈公园"在节目之前以随意口播的方式推荐产品。

Hello，大家好，我是小伙子。在节目开始之前，我来带货，然后有人说我是带货伙，哎，我挺喜欢这个名字的，那我就带货了啊！那今天给大家带的是什么呢？是一个巧克力，而且是一个可以喝的巧克力，这是我们和巴比特咖啡一起合作的产品。这个可以喝的巧克力，特别简单粗暴，它不是可可粉，它就是真正的巧克力碎，百分之七十含量的巧克力碎。怎么喝呢？其实，一般推荐的喝法，就是用热牛奶来冲泡。这个巧克力是来自南美秘鲁、非洲乌干达和亚洲印度的三大可可产区。本产品先到先得，现在的价格是149元，就在我们的日光集市可以买到。日光集市的进入方式，请关注我们"日谈公园"的微信公众号，点击日光集市的标签，与此同时，在日光集市里面还可以买到我们刚推出的超方便的大罐咖啡，还有我们和后浪出版社合作的各种书籍，还有葡萄酒、凤梨酥、蜂蜜，各种各样的好吃的、好喝的，希望大家都来逛逛。

(二) 音频文案的写作技巧

1. 发挥主持人魅力

网络音频节目《非常溜佳期》的主播佳期的声音，是略微沙哑的女中音，显现出爽朗、幽默的性格，非常适合节目定位。她的《风里雨里，我在车里等你》这一期节目由北京现代赞助播出。在这期节目中，佳期围绕汽车讲了很多有趣的段子，语言直白、幽默，具体文案如下。

音频文案的写作技巧

刚出公司大楼，就有一个发传单的小哥迎了上来，笑嘻嘻地递给我们一张传单，然后说："金九银十了解一下。"我拿过来一看，原来是北京现代汽车的广告。刀刀倒是很认真地在看，我问他："你这是要买车啊？"刀刀说："嗯，有这个想法。其实我妈早就让我买车了，我一直也没当回事儿……我想买个SUV，要是以后我结了婚，有了孩子，也够用了。"看来刀刀对丸子是动了真情了，都打算这么远了，真是冷冷的狗粮在脸上拍。第二天刀刀就和丸子一块去北京现代的4S店看车，一进门刀刀就被一辆红色的SUV吸引了。这辆车外形时尚、炫酷的流线型设计，还有动感的车身轮廓让人眼前一亮。刀刀一进门就盯着它看了半天，丸子更是在一旁大呼小叫："哎，这不就是综艺《街舞》里的车嘛，那个选手袋鼠开的这个车，还有跳爵士舞的小P，还有那个冠军韩宇，都在舞台上跟这辆车搭过CP！"

2. 节目定制化

由于音频节目制作简单、价格低廉，因此可以根据广告主的实际需求定制广告作品。例如，《老夫聊发少年狂，夜夜润手精华》是网络音频节目《段子来了》的一期特辑，是根据广告甲方的要求和产品的功能，进行的具有针对性的内容制作。具体文案如下。

孙悟空见如来佛神通广大，十分崇拜，兴奋地说："佛祖啊，我是你的粉丝，你可以关注我一下吗？"佛祖点点头，把孙悟空关在了五行山下！关注我一下，嗯，"关住"了！

"摊开你的掌心，让我看看你玄之又玄的秘密。"悟空对如来唱道。秘密啊，秘密我告诉你啊！就是如来用了美加净护手霜，多少年？五百年了，手还是白白嫩嫩的。哎，如来佛不止五百年啊！你别说还真的有可能是护手霜。

沙和尚的担子里面，挑的是什么？不可能是衣服，因为他们从来没换过衣服。不可能是食物，因为他们化缘、采野果。也不可能是经书，因为他们是去取经。那会是什么呢？唐僧经历九九八十一难，行程十万八千里，风吹日晒，脸竟然没有晒黑，可见沙僧的担子里挑的是护肤品！怪不得路上那么多妖怪，敢情都是来抢护肤品的！也是，好些妖怪都是在山洞里住着，肯定没见过大唐的美加净护手霜！

3. 利用名人效应

在这一类音频广告中，通常会邀请一些具有广泛的社会影响力和号召力的知名人物，如影视艺人、知名主播、某领域的知名专家等进行广告宣传。例如999小儿感冒药与多多父女共同合作的《多多读书》。该节目总播放量达到8187.1万，单期平均播放量达170.5万，专辑订阅量达8.8万，节目后面的音频文案内容如下。

999小萌宝：多爸你好，我是999小萌宝。

多爸：你好，我是多爸。

999小萌宝：听了您讲的课，我也好想去武汉呀！

多爸：你是馋热干面？

999小萌宝：特别馋！

多爸：热干面在武汉是"过早"的首选，"过早"就是武汉话里吃早餐的意思。

999小萌宝：哦，原来在武汉，大多数时候是早上吃热干面的啊！

999小萌宝：小朋友们，你们的早饭都吃什么呢？肯定都是妈妈精心准备的各种营养早餐吧？999小萌宝也是妈妈为宝贝们精心选择的小伙伴哦！三九小儿感冒药，让宝贝们远离感冒侵扰，是万千妈妈爱的选择。那么这期节目就到这里了。

多爸：我们下期节目再见！

999小萌宝：多爸再见，小朋友们再见！

4. 制作广播剧广告

广播剧广告是音频广告通过剧情的演绎来表达广告诉求的一种方式，通常有比较完整的情节，可以将广告信息巧妙地融入故事情节中，更容易被消费者接纳。例如京东制作的网络广播剧《京东好物掌柜，没有硝烟的战争》，描述了一名男子与妻子发生冲突，向一位名叫"掌柜"的人倾诉。具体文案内容如下。

旁白：车水马龙，掩盖不了内心的浮躁；灯火霓虹，隐藏不了心中的寂寥。高潮、低谷，依然坚信生活的美好，因为在钢筋混凝土笼罩的城市中，有一个神秘的身影，伴你左右。你好，掌柜！

旁白：夜色渐深，小区里的灯熄了不少，赵腾站在昏黄的路灯下，看着某处的灯。

人声配音A：哎！我也不太抽，我爸就是抽多了身体才不好的。哎！对了，怎么称呼你？

人声配音B：他们都叫我好物掌柜，你如果愿意，可以叫我掌柜。你在这儿站了有一会儿了？

人声配音A：孩子一天天长大了，她老了，脸色发黄了，头发分叉了，这我都知道，可是我不知道怎么去表达。

人声配音B：如果你表达不出来，送她礼物不就行了！

人声配音A：送什么呢？

人声配音B：你要学会观察，她的化妆品是什么牌子，是不是快用光了，闲聊的时候她有没有评价过什么东西，还有就是她需要的但是她没想到想要买的，如果你能送给她，这就是女人想要的惊喜。记住，女人能感受到你有没有用心。

旁白：说完掌柜就突然消失了。

这名男子站了一会儿，感觉像在做梦，可是盒子确实搁在自己手里，打开一看，里面是一个戴森吹风机和一张纸条。

5. 采用精致优美的文字

音频文案可以采用精致优美的文字，以准确地表达观念，吸引消费者，打动人心。例如某推广节目的文案如下。

路，走了44年，方向，却不止一边。

行装，偏爱黑色，内心，却是此间少年。

护照，48页，但每个终点，都值得赞颂千篇。

旅程，左右万里，时差却最多一天。

世事，上下千年，却偏要说出瞬间。

6. 借势传播

不少网络音频广告会采取借势的方式，这可以在一定程度上弥补自己的"弱势"。例如在2018年电视剧《延禧攻略》走红之后，演员秦岚所塑造的富察皇后温柔美丽，但结局悲惨，这一形象使她迅速翻红。喜马拉雅联合欧诗漫打造的《富察皇后的人生智慧》栏目，邀请该演员与听众一起品读女性智慧。具体文案内容如下。

聪明女人智慧补水，本节目由欧诗漫珍珠智慧水独家冠名赞助播出。

珍珠之美，在于优雅，莹润饱满，自在轻盈。智慧的女人从不缺乏优雅，总是款款而来，步调从容，宛若芝兰，巧笑倩兮，美目盼兮；优雅的女人从不缺乏品位，她的心里装着山水诗书、万千宇宙。这份美丽来自内心的成熟与积淀。对人生理解得越加清澈，越懂得生活的可贵，举手投足之间，都是清醒自然、风情万种。做优雅女人，披着珍珠制造的霓裳，荡漾智慧光芒，智慧的女人最美。欧诗漫，珍珠智慧水。

7. 发挥幽默感

幽默感是口语传播的一个非常明显的优势，通常能够产生非常好的效果。例如喜马拉雅FM"大众趣谈"频道的第四期《45度角直线向上的"网红"人生》，具体文案如下。

大家好，我是今天的主持人王宪，VW Live见面了！

提到45度角，你会想到什么？南方姑娘说，再加点磨皮，简直就美翻了。北方哥们会说，没事儿，不就是45度吗，黑吉辽不相信喝醉，再来一瓶！东北大妈会说，45度，冻得企鹅都哆嗦了！其实呢，我们今天说的45度不是自拍角度，不是酒精含量，也不是零下的温度，而是一种坡度，一种向上的坡度。

哎，这年头不容易啊，每个人都背着各种包袱向上爬。这几年网络上有一个群体，他们的名字不断地伴随各种出位的言论、逆天的行为被推送到你我的面前，让你主动或者被动地记住了他们。我所说的这个群体呢，就是大家都听说过的网络红人。

网络红人分成很多种，第一种，他们是靠的另辟蹊径、与众不同、语不惊人死不休的出位言论，他们其实早就有了自己45度向上的目标，尽管他们先天条件特别谦虚，但他们的野心并不谦虚啊！第二种，借力发力，成功登顶人生的45度角。一个新媒体环境崛起后，把旧时代马上就抛在了身后。这个时候，只要谁能抓住时机，借力发力，谁就具备了登顶人生坡度的装备。他的努力就像一部大众SUV在寻路，当别人选择在30度坡上沾沾自喜的时候，他选择了没人愿意走的45度向上坡度，并靠着自己优于常人的助停技巧，稳健地登上了比同行更高的45度坡。

三、新媒体音频处理软件介绍

下面介绍三款新媒体音频处理软件，可以用这些软件来处理自己录制的音频，提高音频的质量，达到满意的效果。

1. 神奇变音器(amazing slow downer)

神奇变音器是一款专门为玩音乐的人所设计的"混音播放工具"，它可以在不改变音调的前提下，直接将歌曲变快或变慢50%～400%。打开软件后，选择需要的音频文件播放(支持CD光盘、MP3歌曲、Wave、OGG等文件格式)，然后在界面调节速度和音调，相应地音量也可以调控，选定好了后单击左上角文件进行保存。

神奇变音器也可以供乐手使用，比如吉他演奏者。有了它乐手就可以通过慢放操作将无法听清的器乐、声部和乐曲编配一一记录下来。

图6-5所示为该软件编辑页面。

2. 变声专家

变声专家可以完成多种声音变声，为视频剪辑、解说等增加配音，也可以模仿人的声音，改变歌曲里的声音，创建动物声音等，还可以和各种在线游戏同时使用，比如目前特别流行的吃鸡游戏。

它特有的hook模式和虚拟音频驱动模式，能兼容任何基于互联网的程序、语言聊天应

图 6-5 神奇变声器编辑页面

用(比如 QQ)、即时通信程序(比如微信)、VOIP 网络电话、网络游戏中的语音聊天系统。比如要在直播的时候变声,只要打开软件,单击假声,选择将要变化的声音,调整语音美化均衡器,选择合适的美化选项,在高级中调整降噪,就能调出最清晰的声音。还可以男声变女声、老人声、小孩、异性声、动物声,其中动物声可把你的声音改为 50 多种动物和其他非人类的声音。所有的东西都调配好后,单击桌面右下角的音量键选择录音设备,单击麦克风全部设置为默认,设置好后就可以直接变声了。

图 6-6 所示为变声专家的页面。

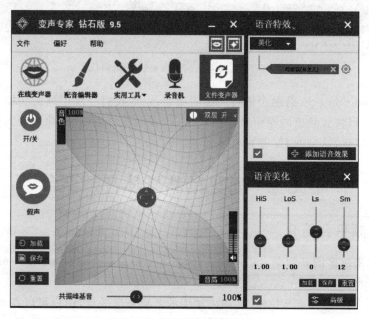

图 6-6 变声专家软件页面

3. Adobe Audition CS6

Adobe Audition CS6 是 Adobe 公司旗下专业的音频编辑和混合编辑器,运行流畅且操作简单,面向的人群都是视频专业人员,它提供先进的音频混合、编辑、控制和效果处理功能。

单击软件左上角的文件选择"音频打开",在右边的编辑窗口中就可以看见文件的波形图。在波形文件的上面有一个黄颜色的滑块是用来选择时间的,选择你要编辑的位置进行编辑即可。保存选定的文件只需要右键单击"存储选区"即可,如图 6-7 所示。

图 6-7　Adobe Audition CS6 编辑窗口

Adobe Audition CS6 有两个值得一提的功能,也是我们经常用到的功能。一个是效果里的"降噪",可以将音频里的噪声过滤掉;另一个是收藏栏里的"消除人声",软件会将音频里的人声进行淡化,达到 KTV 里的伴奏效果。

单元三　常见的新媒体音频平台

一、三大音频平台简介

如今有越来越多的音频平台供用户选择,以下主要简单介绍喜马拉雅 FM、蜻蜓 FM、荔枝 FM 三大平台。

喜马拉雅 FM(简称喜马拉雅)是国内顶尖的音频分享平台,用户可以在平台里上传、收听各种音频内容,它支持手机、计算机、车载终端等多种智能终端。

蜻蜓 FM 是一款强大的广播收听应用,用户可以通过它收听国内外数千个广播电台。蜻蜓 FM 的内容分类十分丰富,包括小说、音乐、相声小品、脱口秀、情感、健康、历史、娱乐、教育、文化、评书等多种类别。

荔枝FM是一个可以在手机上开设个人播客和录制节目的应用软件,也可以收听几十万个有趣的播客。喜欢使用荔枝FM的人群有很多,其中也不乏明星名人等主播电台,这和它包含各种类型电台有很大关系。荔枝FM是一个以UGC(用户原创内容)为主的播客社区。

二、三大音频平台的比较

三大平台都有着鲜明的风格和定位,都是主打PGC+UGC的网络电台,但是侧重点则不同,如表6-1所示为三大平台的产品定位及优势对比。

表6-1 三大音频平台的产品定位及优势对比

平台名称	喜马拉雅FM	蜻蜓FM	荔枝FM
产品定位	致力于重新发明电台,人人都能做主播	随时随地,听我想听	最好的网络收音机
特点	① 音频产品中内容多且全,具有多档黄金节目 ② 有录音功能,个人可以申请认证主播,但是有一定要求 ③ 用户规模大,社交化做得最为成功	① 跨地域收听,且包含港澳、欧美热门电台,电台数量多,范围广 ② 支持硬件FM收听 ③ 支持与DJ、主播互动 ④ 车载模式单手触控,方便快捷	① 无条件支持个人开设专属播客 ② 有强大的录制功能,长达60min,自动降噪无须处理 ③ UI设计比较文艺、清新
功能	听段子、听小说、听新闻、听音乐、听培训,想听啥都有	可以一边听广播,一边和DJ互动,也可以像收音机那样听电台	首款中文播客应用,可以在手机上开设自己的播客及录制节目

三、如何玩转音频平台

如图6-8所示为喜马拉雅FM"育学园"中一个节目有关婴幼儿夏日防护的音频,内容是教妈妈们在遇到最常见的痱子、淹脖子等问题时应该怎么应对。本节将以此音频为最终结果,带领大家学习如何策划、制作、上传发布一个音频。

图6-8 婴幼儿夏日防护音频

1. 内容策划

众所周知,音频的类别多种多样,想要成为一名主播拥有自己的节目,首先要策划音频的内容。比如要打造一个母婴养护的音频节目,那么就需要清楚节目针对的用户人群是较为年轻的宝妈群体。

宝妈群体感兴趣的内容,可能会是准妈咪的营养搭配和护肤,卫生护理;可能是待产产品的准备和简单的知识技能；可能是新生儿的个人护理和营养搭配，卫生与服装，消化吸收和过敏等情况；也可能是孩子的认知启蒙。

我们现在要制作"最常见的痱子、淹脖子问题应该怎么应对"的音频。首先要将此音频的文本写出来，像这种问题类的音频文本，我们可以从四个方面去讲述：痱子、淹脖子的症状，痱子、淹脖子出现的原因，痱子、淹脖子的解决方法，以及痱子、淹脖子的预防。

2. 音频制作

写好文本后，准备录音工具，一般用手机自带的录音软件即可，也可以在网上下载免费的录音软件，在一个安静的环境中，用自己的方法将文本读出来且进行录制，建议音频录制5～10min时长为佳。

3. 音频发布

录制好音频后，将音频上传到事先在喜马拉雅平台创建好的账号里，如图6-9所示，单击节目中的上传节目，该音频就在自己的频道中发布了。

图6-9 上传音频节目

一、实训项目

大唐温泉度假村酒店，坐落于享有"中国温泉之城·东方养生胜地"之称的A省B市，占地一百七十余亩，是集温泉沐浴、客房餐饮、商旅会议、棋牌娱乐、疗养度假等多种功能于一体的综合性生态健康旅游胜地。大唐温泉度假村酒店计划在喜马拉雅FM、荔枝FM等音频创作平台推出音频广告，针对几个不同的营销项目进行宣传推广。

1. 亲子娱乐项目

临近暑假，大唐温泉度假酒店推出以"大唐温泉，清凉一夏"为主题的水上亲子嘉年华活动，包括水中拔河、水枪大战、快乐滑梯等多款水上游戏，拓展开发暑期亲子游项目。

2. 企业团建项目

我国有超过 5000 万家企业,其中大约 50% 左右的企业每年都会进行企业培训、团建、会议活动等。尤其是近年来,更多的企业开始组织丰富多元的内部活动,以便提高员工的工作积极性,加强团队凝聚力。个人商务旅客也尽量把工作差旅安排得更像私人旅行。对于大唐温泉度假村酒店来说,挖掘企业客户和商务旅客的需求,为他们提供更好的服务,以便吸引更多的企业客户,对提升企业的经营业绩有重要的意义。

3. 温泉疗养项目

充分利用医疗保养和度假休闲两个元素,把水质与疗效很好地结合起来,开发中老年人高端疗养项目,如饮水治疗、健康俱乐桑拿、营养咨询、美丽疗程、健康疗程等,吸引更多优质客户,创新温泉疗养方式,提高温泉产品的附加值。

二、实训要求

定位为 UGC(用户原创内容)模式的喜马拉雅 FM 等平台除了拥有海量的节目音频之外,也已成为音频创作者非常集中和活跃的平台。

请同学们了解音频平台、音频内容的策划以及音频的制作流程,针对大唐温泉不同的营销项目,制作音频文案脚本,录制音频并且进行发布。

三、实训步骤

1. 创建账号

喜马拉雅 FM 等平台既可以自己申请注册一个账号,也可以用第三方账号(微信、QQ、微博)登录,如图 6-10 所示。

图 6-10 喜马拉雅注册界面

2. 制作脚本文案

文案内容可参考以下几点内容。

(1) 温泉的历史由来。

(2) 温泉的游玩项目。

(3) 温泉的保健疗养文化。

(4) 温泉的企业团建项目。

……

将脚本设计好,制作成 Word 文档,反复练习朗读,并准备录制音频。

3. 制作音频

录制原声音频,可进行后期降噪处理,加载与文风相符的背景音乐。

4. 音频上传和发布

如图 6-11 和图 6-12 所示。

图 6-11　音频上传

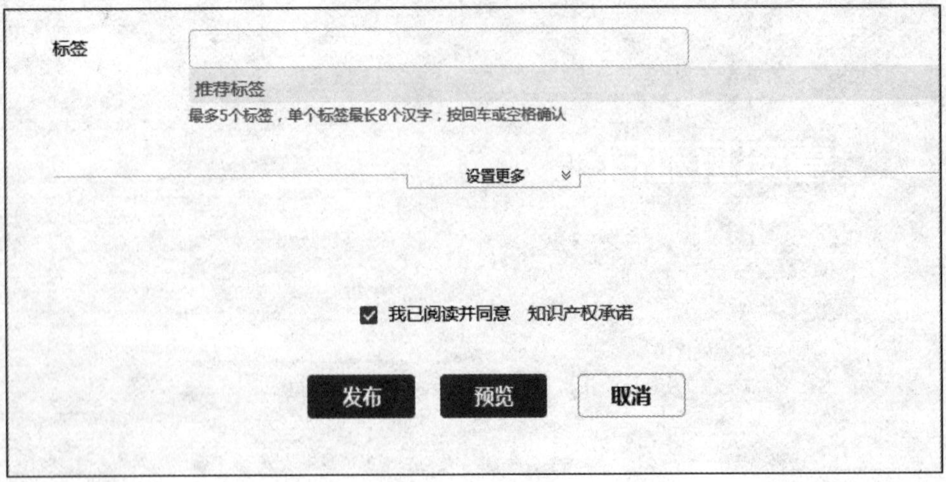

图 6-12　音频发布

任务评价

相关任务评价表见表 6-2～表 6-4。

表 6-2　技能评价表

序号	技 能 自 评	任 务 要 求	得分	备注
1	音频选题策划	能够根据音频推广的目的，策划音频选题		
2	音频脚本文案制作	能够根据企业需求和受众群体分析，制作音频脚本文案		
3	音频内容编辑	能够根据设计好的脚本，反复练习朗读，进行录制音频		
4	音频后期剪辑	能够借助音频处理软件，进行音频降噪、添加配乐等后期剪辑		

表 6-3　素质评价表

序号	素 质 自 评	任 务 要 求	得分	备注
1	正确的价值观	能够宣扬正确的价值观，引导社会风气，传递正能量		
2	创新意识	能够在音频构思和内容编辑阶段，策划具有新意的选题内容和表现形式		
3	协作精神	能够和团队成员分工合作，共同完成实训任务		
4	资源搜集和整合能力	能够借助线下和网络资源，获取相应的声音素材，创建素材库		
5	职业道德、法律意识	能够掌握相应的互联网法律法规和平台内容管理规范		
6	严谨的工匠精神	能够在音频创作各个阶段，对用户群体做出精准分析		
7	自我学习能力	能够利用线下和网络资源，自我学习相关的知识和技能，不断提升		

表 6-4　任务综合评价表

学生自评得分（20%）	小组互评得分（20%）	教师评价得分（30%）	企业评价得分（30%）	总分

一、单项选择题

1. 音频新媒体对传统广播的重塑是（　　）的过程，即从传统广播中获取内容和形式进行重新组合，从而生产出兼有传统广播的内容形式又具备数字媒介特性的内容。

A. 新媒介化　　B. 再媒介化　　C. 循环播放　　D. 二次播放

2. （　　）格式一般用于器乐类的音频文件，常被做音乐的人使用。
   A. WAV　　　　　B. MP3　　　　　C. WMA　　　　　D. MIDI
3. 网络音频内容的（　　）特点，使得它对特定群体的聚合力非常强大。
   A. 高细分度　　　　　　　　　　B. 对节目干扰小
   C. 提供详细信息　　　　　　　　D. 收听效率高

二、多项选择题

1. 新媒体音频相较于传统广播的优势有（　　）。
   A. 从"大众收听"到"个体定位"　　B. 从"单向传播"到"双向互动"
   C. 从"单一媒介"到"再媒介化"　　D. 线性结构
2. 新媒体平台常用的音频格式有（　　）等。
   A. WAV格式　　B. MP3格式　　C. MIDI格式　　D. WMA格式
3. 喜马拉雅FM的特点有（　　）。
   A. 音频产品中内容最多最全　　　B. 有录音功能录音
   C. 用户规模大　　　　　　　　　D. 社交化做得很成功

三、思考题

1. 新媒体音频相较于传统广播的优势有哪些？
2. 音频文案的特点有哪些？
3. 音频文案的写作技巧有哪些？
4. 借势传播对于音频文案来说，具有什么样独特的作用和功能？

项目七

新媒体短视频编辑

> 教学目标

- **知识目标**

(1) 了解短视频的概念及分类。
(2) 掌握短视频内容策划的要素。
(3) 掌握短视频脚本的主要类型。
(4) 了解短视频拍摄的器材和道具。
(5) 掌握短视频构图的元素与方法。
(6) 熟悉短视频剪辑的常用软件。
(7) 掌握Vlog的拍摄方式和拍摄技巧。

- **能力目标**

(1) 能够根据企业需求,制定短视频推广的目标。
(2) 能够根据企业目标与要求,撰写短视频运营策划方案。
(3) 能够结合企业品牌和产品特性,撰写短视频分镜脚本。
(4) 熟练利用拍摄器材和道具,完成短视频拍摄。
(5) 能够充分利用网络收集短视频制作素材。
(6) 熟练运用剪辑工具进行短视频剪辑制作。
(7) 能够拍摄和制作短视频Vlog。

- **素质目标**

(1) 具备创新的能力,能够推陈出新,创作优质短视频。
(2) 具备互联网思维和资源整合能力,能够借助外部资源进行短视频创作。
(3) 具备团队合作的精神,小组协作分工,共同完成任务。
(4) 具备正确的价值观,将爱国、敬业、诚信、友善等社会主义核心价值观内化为精神追求、外化为商业行动。
(5) 创作积极向上的短视频作品,在艺术创作中涵养家国情怀、把准时代脉搏、引领社会风尚。
(6) 具备法律意识,在短视频内容创作方面遵循并宣传相应的法律法规。

课程思政

党的二十大报告指出：

"实施公民道德建设工程，弘扬中华传统美德，加强家庭家教家风建设，加强和改进未成年人思想道德建设，推动明大德、守公德、严私德，提高人民道德水准和文明素养。"

本章节培养学生在短视频创作和发布的过程中推进文化自信、涵养家国情怀、把准时代脉搏、引领社会风尚，提升社会责任意识、法律意识和媒介素养，利用积极向上的短视频作品，传播正能量，铸就社会主义文化新辉煌。

知识准备

单元一 短视频认知

一、什么是短视频

随着移动终端的普及，短视频正迅速抢占人们获取信息的入口和碎片化时间，其"短、平、快"的大流量传播方式得到各大媒体平台、粉丝和资本的青睐。抖音、快手等短视频平台的"红火"滋生出一大批"网红"，其背后蕴含着巨大的流量。

短视频是指在新媒体平台上播放，适合移动观看，时长从几秒到几分钟不等，高频推送的视频。短视频的内容融合了技能分享、幽默搞笑、时尚潮流、社会热点、街头采访、公益教育和广告创意等主题。

从发展历程来看，2011年至今，我国移动短视频应用市场在不断地探索与发展中，经历了蓄势、转型和爆发三个阶段。其中，最早进入移动短视频领域的一批应用平台，如快手、微视、秒拍，积累了大量的忠实用户，占据了移动短视频市场的优势地位。2016年，短视频进入井喷期，各类移动短视频应用平台相继崛起，呈现出内容垂直化的特点，如抖音、梨视频等垂直类短视频平台。2017年，百度、阿里巴巴、腾讯三大巨头入局，改变了移动短视频市场的竞争格局，迎来了移动短视频发展的黄金时期，各短视频App的日活跃用户大幅增长。未来，5G等新兴技术的加速落地，将会推动短视频行业进入下一个快速发展阶段，催生行业的重大变革，短视频与其他行业的融合也将越来越密切。随着短视频App的发展，社交应用的内容也逐渐从传统的图文形式转变成信息量更加丰富的视频形式，受更多用户喜爱。

二、短视频的分类

1. PGC 短视频

专业生产内容（professional generated content，PGC），即各行业的专业人士制造与行业相关、质量高、有深度的优质原创内容。专业人士既可以是意见领袖，也可以是科普作者。PGC短视频的专业性强，相对来说较为稀缺，因其生产需要大量成本，如时间成本、人力成本、物料成本等。图7-1所示为B站博主"制造工厂"发布的牛肉干制造过程的原创视频，是典型的PGC短视频。目前很多以内容为王的应用平台都希望能够争取到更多的PGC视频或产出较多的PGC视频。

图 7-1　B 站博主"制造工厂"发布的原创视频

2. UGC 短视频

用户生产内容（user generated content，UGC），即用户自己创作内容，然后上传发布到互联网上，与其他用户分享。这类短视频用户独立创作，制作门槛较低，内容个性化，传播比较广泛，注册的用户多为普通大众，创作的视频取材真实、形式多样，深受大众喜爱。抖音、快手等平台上多为 UGC 短视频，如图 7-2 所示为抖音博主发布的原创视频。

三、短视频的优势

1. 短小精悍，内容有趣

短视频适合在移动端播放，时长一般在 15 秒到 5min 内。相对于文字图片来说，短视频能够带给用户更好的视觉体验，更生动形象，且因时间有限，短视频展示出来的内容往往是核心部分，也更符合用户碎片化的阅读习

图 7-2　抖音博主发布的原创视频

惯。在快速的生活节奏下，用户放松和娱乐的时间缩短，短视频能充分利用用户的零碎时间来传播信息，同时也加快了信息的传播速度。

2. 互动性强，社交黏度高

用户可以将短视频分享至各社交平台，应用中的点赞、评论、分享等功能也可以实现用户的单向、双向、多向互动。短视频传播信息的能力强、范围广、交互性强，为用户提供了广阔的创作空间，增加了社交黏度。

3. 制作门槛低，原创为主

随着短视频的兴起，部分"草根"短视频创作者火了起来。与传统视频生产与传播成本

较高，相比短视频生产传播的门槛大大降低。实现了制作方式的最简化，一部手机就可以完成拍摄、制作、上传、分享，即拍即传，随时分享。目前短视频软件还添加了滤镜、特效等功能，使制作过程更加简单，功能更简单易懂。

新媒体短视频为什么能够呈爆发式增长？

单元二　短视频策划

一、短视频内容选择

垂直化正成为短视频内容生产的趋势。短视频从"野蛮"生长走向精细化发展，产品内容走向纵深化、垂直化，这种趋势要求短视频创作者关注产品形态，专注某一领域精耕细作。短视频的内容应该如何选择呢？

1. 做有资源的短视频

资源是指拥有的物力、财力、人力等各种物质要素。创作者要知道自己的现状和优势是什么，有哪些资源和短板，通过什么内容能满足用户需求，如何才能制作出用户喜欢的视频。例如，某人外表不错，有高超的舞蹈表演技能，又有很多大型演出的机会，那么把这些资源整合起来，开设一个舞蹈表演类的账号，可做的选题就很多了。如图7-3为抖音博主发布的舞蹈视频。

图7-3　抖音博主发布的舞蹈视频

2. 做有兴趣的短视频

兴趣是最好的老师，持续的热情可以支撑创作者在某个方向深耕，持续产出视频内容，在垂直方向拓展。但兴趣又有别于专业，创作者要想判断自己能否在选定的领域深耕下去，可以先挑选同行业的优秀账号，分析其内容深度和价值属性，判断自己的兴趣能否支持稳定持续的内容产出。

3. 勇于试错调整

刚开始做短视频时,可能会走一段试错的路。通常的做法是,创作者先持续投放10天以上,密切关注数据,通过平台的表现来做预估和调整,要考虑成本和收获,还要衡量成本和最后栏目的播放量、粉丝量的对比情况。经过试错,就能够把握账号的走向和市场情况,也就可以布局短视频战略了。

4. 聚焦垂直性内容

(1) 要聚焦某类目标人群。做垂直领域最常见的方法是确定核心目标人群,通过制作直击该人群痛点的内容去吸引他们,再通过制作符合其特质和格调的内容来增加用户黏性。例如,"美柚"主打的是年轻女性群体,"辣妈帮"主打的是妈妈这个群体,如图7-4所示为"辣妈帮"App的界面。

(2) 要聚焦某类主题场景。根据短视频用户的主题场景进行纵深挖掘,在内容表达上突出场景化,与此类消费者进行深度对话。例如,"马蜂窝"主打的是旅游主题场景,图7-5所示为马蜂窝App界面。Keep主打的是徒手健身主题场景。

图7-4 "辣妈帮"App的界面

图7-5 "马蜂窝"App界面

(3) 要聚焦某类生活方式。短视频除了要塑造品牌形象外,还要能够打造一种让用户愿意追随的生活方式。例如,很多人会说:"如果我不在星巴克,那我就在去星巴克的路上。"无论是内容创作还是短视频运营,创作者都要给自己的领域做好定位工作,朝着自己的领域进行视频创作,保证内容垂直度,如图7-6所示为抖音博主发布的视频,拍摄内容都是围绕着两个孩子的日常学习和生活趣事展开。

图 7-6　抖音博主发布的视频

5. 做好相关调研

确定内容定位之后,要对竞争对手的数据表现进行调查研究,重点关注竞争对手的粉丝基数、每周更新量、每集的播放数据、内容风格、视频表现形式等,做到知己知彼。

二、短视频内容策划的七大要素

短视频内容策划应该具备以下基本要素。

1. 视频主要内容

视频专题内容的规划包括你想做什么样的视频、出镜人员是谁、在什么场景拍摄等。短视频内容策划整体的原则有内容结构紧凑、情感激发到位、达到身份认同、情节冲突或反转、加入热门话题和配乐、引发争议评论等。

短视频内容策划的七大要素

2. 封面和字幕

一个账号下的短视频,封面风格应尽量统一,字幕醒目,从而激发用户的好奇心,主页打开以后,应有整齐划一的感觉。如图 7-7 所示为抖音博主的视频,该博主的视频封面全部采用虚化后的原图作为边框背景,另配有一句经典语录文案,风格一致,主题鲜明。

3. 标签

热门标签是重要的流量入口,要尽量使用当前主流的标签,这样他人才有机会搜索并看到你的视频。当然,也可以使用平台活动的一些官方标签,如"双 11""618"等。

4. 视频简介

一个好的简要介绍,可以引发用户评论、点赞、互动、转发。通过@某个特定的账号,实现账号联动,可以达到更好的宣传效果。如图 7-8 所示为小红书博主发布的视频,简介中@了某品牌,实现了品牌宣传的效果。

5. 地址定位

不同的发布地点播放量也不一样。比起农村地广人稀,城镇人口众多,相对播放量更大;"网红"地标因自带大量的流量所以播放量也不会少。地点会带来身份认同和线下偶遇的情感激发,因此地点本身也是流量的一个入口。如图 7-9 所示为小红书博主在发布的视频下,推送了地址定位。

项目七 新媒体短视频编辑

图 7-7 抖音博主的视频主页

❀
随着年龄的增长,我越发感觉到,超越岁月的美,比年轻时的美更有味道,也更有力量。
女人做好自己,就会拥有更好的世界。
❀
好物分享/每日穿搭
丝绒蓝色西装:TieForHer/打造优雅气质
@TieForHer
#每日穿搭 #职场日常 #励志

图 7-8 小红书博主发布的视频简介

6. 投放时间

不同的投放时间,启动的播放量不一样。投放时间要根据目标群体网络行为习惯来设定,如年轻妈妈群体,白天上班,晚上回到家要照顾孩子,基本没有时间看手机,上网的时间一般在晚上 10 点以后。

7. 评论区互动

现在很多人看完视频后,更喜欢看下面的评论。评论可以引发二次打开页面,也可以带来转发,是另外一种有获得感的体验,如图 7-10 所示为抖音博主发布的视频,评论数量达到 1.1 万。

图 7-9　小红书博主发布的视频

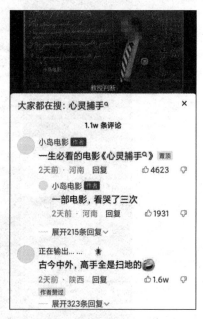

图 7-10　抖音博主发布的视频评论

课堂讨论

在抖音、快手、小红书中找几个短视频,分析短视频的标签、封面、字幕、评论等是如何设计的?

三、短视频内容的展现形式

短视频内容呈现形式指的是短视频的内容是如何展现出来、展现结构是怎样的。文章有叙述、议论、诗歌形式,短视频也有其对应的形式,短视频内容形式有以下几种。

1. 图文形式

在短视频平台上,我们经常可以看到有些视频里是没有人的,只有一张底图上加上要表达的文字,也就是说把想要表达的内容直接放在图片或者是放在视频中。也有的视频会出现与内容有关的人物,然后用文字加以说明,这类没有主人公的视频都属于图文形式的范畴。

2. 个人叙述式

个人叙述式是指主播个人叙述道理、知识或故事,多用于知识分享类短视频,比如做护肤品的,可以讲解护肤知识。这种形式最重要就是把人设打造清晰明确,清楚能够为用户提供什么样的价值,怎样通过价值内容的吸引,让用户有一个强烈的认知。这类短视频一般是真人出镜,要考验的不仅是前期准备的内容质量,还要考验一个人的说话状态,以及上镜的效果。

3. 问答式

问答式是指在视频中有两个人对话或者通过两个人一问一答的方式讲述问题的解决办法,观众是第三方旁观者。这种形式能让观众接受知识更轻松舒适。

4. 剧情式

剧情式形式就是把想表达的核心主题、做事方法、问题解决方法、道理等用剧情展示出来。剧情化的短视频传达内容自然连贯,观众接受度会更高。这类视频不仅要求真人出镜,还要求出演的人必须具备表演能力,更重要的是要有一个好剧本。在拍摄过程中,对具体的场景搭建、设备、拍摄角度、拍摄技术等都要求非常高。

5. Vlog

通过观看别人的 Vlog,可以让人获得某种程度上的心理满足。目前市场上受欢迎的高知名度创作者,多拥有和大多数人不同的生活,他们或许频繁地旅行,或许有着不同的求学或工作经历。人们通过观看他们的 Vlog 来暂时逃离自己的平淡生活,以得到某种心理满足,也通过这种途径获知更多和外部世界有关的信息,间接体验自己未曾拥有的生活。

四、短视频运营

企业或者个人的短视频,可以单独进行发布,不过更多时候是放在自媒体账号中进行发布和运营的,下面是短视频运营方案的主要内容。

1. 确定短视频推广目的

短视频推广的目的一般有两种,实现销售转化和进行品牌传播。如果是为了实现销售转化,短视频需要进行持续的营销,并且要将营销点或者购买链接加在视频中;如果是为了传播品牌,只需达到让用户了解品牌,对品牌有初步印象的程度即可。相比图文类自媒体内容,短视频实现销售转化的路径更短、更直接,所以方案的目的要唯一,要具体和有所取舍。

2. 了解目标用户群体,进行内容定位

有了目标后,要根据短视频推广目标,结合目标用户群,分析目标用户群的需求是什么。短视频的内容定位首先要满足目标用户群的需求,可以通过分析竞品账号的短视频,或者对典型的目标用户进行深度访谈来实现。内容定位不是一步到位的,可能需要多次调整,但内容的方向一定要确定好。

3. 短视频账号装修及内容生产

一个短视频自媒体账号是需要基础装修的,可以参考 QQ 空间的装修思路。头像、昵称、主页封面图、个人签名或简介等,都要符合企业的营销目标。

设计短视频内容,除了要考虑目标受众群体喜欢看什么,还要知道目前主流的短视频方向是什么。根据 2020 年艾瑞监测数据得知,幽默、美食生活、技巧知识是最受欢迎的三大品类短视频。短视频的内容如果能够和热点结合起来,将会带来更多的流量。

4. 粉丝运营

粉丝数量是短视频自媒体账号推广的重要任务指标。增加粉丝的策略分为平台内和平台外,平台内有很多具体的方法,如评论区互动,平台外增粉的方法也有很多,如把账号和其他自媒体平台、社群、售前客服、售后服务、线下活动等串联起来。

5. 转化变现

对于企业来讲,短视频推广最重要的是进行转化变现。转化变现取决于内容,内容中应对观众进行心理暗示设置,有目的地引导观众购买下单。变现的方式有很多种,如可以引流到线下门店、线上电商店铺、接商业广告等。

五、短视频脚本创作

短视频脚本是短视频创作的关键,是短视频的拍摄大纲和要点规划,具有统领全局的作用。有了脚本,摄像师、编剧、剪辑师等参与者就能迅速地领会创作意图,围绕创作目标共同完成任务。虽然短视频的时长较短,但是优质短视频的每一个镜头都是经过创作者精心设计的。

(一)短视频脚本的作用

短视频脚本主要有三个作用。

1. 提高短视频拍摄效率

脚本是短视频的依据,是短视频的拍摄提纲和框架。有了脚本,就相当于是给后续的拍摄、剪辑、道具准备等做了一个流程指导。就像我们写文章一样,正式开始之前一般都会先列一个提纲,然后根据提纲去拓展创作,这样思路更清晰,效率也更快。如果没有这个提纲和框架,在拍摄时就会杂乱无章,从而导致团队时间的浪费。

2. 提高短视频拍摄质量

根据脚本拍摄,拍摄时能够找到精准角度,包括景别、场景布置、演员、台词设计、表情、音乐、最后剪辑效果的呈现等,并且能够提高基础流量和转化率。

3. 降低团队之间的沟通成本

短视频作品通常是由一个团队来完成,包括摄影师、演员以及后期剪辑人员等。有了脚本在拍摄之前团队成员就可以通过脚本进行沟通,可以更加准确地完成任务,降低成员之间的沟通成本。

(二)短视频脚本的类型

短视频的脚本分为拍摄提纲、分镜头脚本和文学脚本三种类型。

1. 拍摄提纲

拍摄提纲相当于为短视频搭建了一个框架,开拍之前需要整理出拍摄内容,类似提炼文章主旨。选择拍摄提纲这类脚本,大多是因为拍摄内容与拍摄过程中存在大量不确定因素,提纲不会对脚本内容有具体要求,摄影师可以现场自由发挥。拍摄提纲的写作一般包括以下六个步骤。

(1)明确短视频的选题、立意和创作方向,确定创作目标。

(2)呈现选题的角度和切入点。

(3)阐述不同体裁短视频的表现技巧和创作手法。

(4)阐述短视频的构图、光线和节奏。

(5)详细呈现场景的转换、结构、视角和主题。

(6)完善细节,补充剪辑、音乐、解说、配音等内容。

2. 分镜头脚本

分镜头脚本是在文字脚本的基础上,导演按照自己的总体构思,将故事情节、内容以镜头为基本单位,划分出不同的景别、角度、声画形式、镜头关系等。后期的拍摄和制作基本上都会以分镜头脚本为直接依据,所以分镜头脚本又被称为导演剧本或工作台本。此外,分镜头脚本还可以作为视频长度和经费预算的参考依据。

分镜头脚本适用于故事性较强的短视频,其包含的内容十分细致,每个画面都要在导演的掌控之中,一般按镜号、机号、景别、拍摄手法、时长、画面内容、台词、声音、备注的顺序形成表格,分项填写,如表 7-1 所示。有经验的导演在分镜头脚本的编写格式上可以灵活掌握,不必拘泥于此。

表 7-1　分镜头脚本格式

镜号	机号	景别	拍摄手法	时长	画面内容	台词	声音	备注

在分镜头脚本中,每项内容的含义如下。

(1) 镜号:镜号是每个镜头顺序的编号,从 1 开始编号。拍摄时不一定按镜号拍摄,但编辑分镜头脚本时必须按镜号顺序编辑。需要注意的是,并非一格就是一个镜头,有时为了详细地表现镜头中的运动方式或镜头中角色的行为等,有的长镜头画面会占用几个格子。

(2) 机号:多个机位拍摄时机位的编号。

(3) 景别:画面内容所选择的视野和空间范围,包括远景、全景、中景、近景、特写、微距等,如图 7-11 所示。

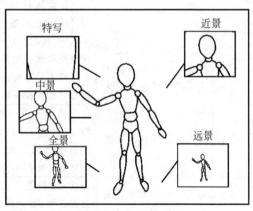

图 7-11　景别图示

(4) 拍摄手法:镜头的具体运镜方式,如固定镜头、推镜头、拉镜头、摇镜头、移镜头、跟镜头、甩镜头等,以及镜头的组合,如淡出淡入、切换、叠化等。

(5) 时长:每个镜头应呈现的时间长度,一般以"秒"为单位,方便在后期剪辑时快速找到重点,提升剪辑师的工作效率。

(6) 画面内容:视频画面上出现的内容,具体来说就是拆解脚本,把内容拆分到每一个镜头中,语言描述要具体、形象,能达到拍摄所需的要求。

（7）台词：台词分为对白、旁白、独白三种。对白是指在电影、电视中所有人物说出的对话，也叫"台词"；旁白是指影视片中的解说词，说话者不出现在画面上，但直接用语言来介绍影片内容、交代剧情或发表评论；独白也称自白，影片中的画外音就是独白，拍摄画面配上人的解说和介绍等。

（8）声音：影视作品中声音的类型有三种形式，人声、自然音响和音乐。人声指的是人所发出的由音调、音色、力度、节奏等因素组成的声音以及话语；自然音响指除了人声以外，自然界和环境中的一切音响或噪声，有时人群嘈杂声也起到自然音响的作用；音乐指的是声乐和器乐。

（9）备注：拍摄计划、注意事项、道具、资料及其出处等。

表7-2所示为分镜头脚本案例。

表7-2 分镜头脚本案例

镜号	景别	拍摄手法	时长	画面内容	台词	配乐	备注
1	中或近景	固定	10s左右	夫妻两人激烈地争吵，妻子突然提出离婚	争吵自由发挥，女：离婚吧		
2	特写	固定	10s左右	男人沉默，心里做着思想斗争和挣扎	好，离吧，当年结婚的时候我背你上的楼，你说如果将来分手，你也要把我背下楼		
3	近景	移镜	6～8s	楼梯间里两人表情复杂，男人背起了女人	来吧我背你下楼，去民政局		
4	特写	拉镜	10～15s	男人背起女人开始下楼	结婚那天，你站在这里，我说进了家门，以后就是一家人。你说从我求婚的那一刻，我们就已经是一家人了		
5	特写	拉镜	10～15s	男人背女人来到楼梯转角，男人女人随着对话眼里泛起了泪花	在这里，我说你开心的时候我也要和你一起开心，你说不管将来是幸福还是困苦，你都要和我在一起		5～8可高空俯拍两人
6	特写	拉镜	10～13s	男人继续背女人下楼	今后遇到美女，她们比我们家的（人名）差远了，我绝对不看第二眼，你说不对是第一眼都不能看		下楼的镜头方便转场
7	特写	拉镜	10～13s	男人继续背女人下楼两人的眼泪已经止不住地顺着脸颊留下来	在这里，我说谁要是敢欺负我老婆，我就跟他拼命，你说你是不是傻子，你不会报警吗？		
8	特写	固定	10～15s	同上注意落泪哭泣程度，由浅入深	这是上楼的第一步，当时我说谢谢上天赐给我一个善良贤惠的好妻子，我会好好爱她，疼她一辈子		
9	特写	固定	5～8s	女人泣不成声	我不离婚了，不离了		

续表

镜号	景别	拍摄手法	时长	画面内容	台词	配乐	备注
10	中景	自由发挥吧少年		画面回到了两人结婚的时候,伴郎伴娘围绕在新人身边,众人起哄,男人背起了新娘走向了楼梯	背上去,背上去		成本原因可不拍摄

3. 文学脚本

文学脚本要求创作者列出所有可能的拍摄思路,但不需要像分镜头脚本那样细致,只规定短视频中人物需要做的任务、说的台词、摄像师选用的拍摄方法和整个短视频的时长即可。文学脚本除了适用于有剧情的短视频外,也适用于非剧情类的短视频,如教学类短视频和评测类短视频等。要想写出优质的文学脚本,创作者需要注意以下几点。

(1) 做好前期准备。前期准备主要包括以下几个方面。
① 搭建框架:确定拍摄主题、故事线索、人物关系、场景等。
② 主题定位:故事背后有何深意,想反映什么主题,运用哪种内容形式。
③ 人物设置:需要多少人物出镜,这些人物的任务分别是什么。
④ 场景设置:寻找拍摄地点,选择室内还是室外。
⑤ 故事线索:剧情如何发展。
⑥ 影调运用:根据所要表现的情绪配合相应的影调。
⑦ 背景音乐:选择符合主题的背景音乐。

(2) 确定具体的写作结构。创作者在写文学脚本时,一般要先拟订一个整体框架。文学脚本的整体框架以"总—分—总"的结构居多,这种结构可以让短视频有头有尾。开始的"总"是指表明主题,在短视频开头 3～5s 内就要表明主题,如果超过 5s 主题还未表达清楚,很有可能会使用户选择离开,以致影响短视频的完播率;"分"是指详细叙事,用剧情来表达短视频的主题;最后的"总"是指结尾总结,重申主题,以引发用户的思考和回味。

(3) 确定演员的台词。演员的台词要简单明了,能体现演员性格和情节发展即可,如果台词过长,用户听着也会吃力。除了台词以外,演员相应的动作和表情也会帮助用户体会演员的状态和心理。

(4) 设定场景。场景可以起到渲染故事情节和主题的作用。场景一定要与剧情相吻合,而且不宜使用过多的场景。

以上三种脚本并没有具体划分哪些视频适用于哪种脚本,拍摄者要灵活应用。在短视频策划时,脚本内容应尽可能丰富完整,同时又能化繁为简,为执行拍摄提高效率。

单元三　短视频拍摄

一、短视频拍摄器材

"工欲善其事,必先利其器。"短视频的制作是一个实践性很强的工作,要完成一件短视频作品,需要从挑选合适的短视频拍摄器材开始。

（一）主要拍摄器材

1. 手机

手机是目前短视频拍摄应用最广泛的拍摄器材。手机携带便携，具备随时取材的特点，同时也是个人生活必需品，不需要额外采购，拍摄成本低。一些高端手机机型具备非常强大的功能，能够满足剪辑、拍摄、发布的要求。

2. 微型单反相机

微型单反相机小巧、便于携带，可以像单反相机一样更换镜头，并提供和单反相机同样的画质。虽然对焦性能远弱于单反相机，但体积远比单反相机小，对于预算有限又有视频画质改进需求的团队来说，微型单反相机是个不错的选择。

3. 单反相机

当短视频团队发展到稳定阶段，需要拍摄短视频广告时，对画质和后期的要求会增高，此时就需要专业的单反相机了，如图7-12所示。单反相机如果使用不当，很容易导致拍摄的画面模糊，所以初学者要慎用。

4. GoPro相机

GoPro相机是一款动作相机，可以拍摄运动过程中的视频，拥有多种视频格式和帧速率可以非常好地捕捉动作。GoPro相机设计轻巧，可安装在头盔、冲浪板、汽车等设备上，如图7-13所示。

图7-12　单反相机

图7-13　GoPro相机

5. 无人机

随着无人机技术的迅速发展，以及出于摄影、摄像方面的需求，航拍无人机已经成为拍摄某些特殊场景必不可少的工具，如图7-14所示。无人机一般体积较小，由无线电遥控设备进行控制，拍摄的效果通常比较气派，给人一种气势恢宏的感觉。

图 7-14　无人机

（二）灯光设备

灯光设备对于视频拍摄非常重要，因为视频拍摄多以人物为主体，所以很多时候都需要用到灯光设备。灯光设备并不算日常视频录制的必备器材，但是如果想要获得更好的视频画质，灯光是必不可少的。

1. 主灯

主灯作为主光源，是一个场景中最基本的光源，通常用柔光灯箱，能够将主体最亮的部位或轮廓打亮。主光通常放在主体的侧前方，位于主体与摄像机的 45°～90°范围。

2. 辅灯

辅灯作为补助光源，亮度比主光小，通常放在主光相反的地方，可以对未被主光覆盖的主体暗部进行补光提亮。光比可以理解为光照强度的比例，主灯和辅灯的光比没有严格要求，常见的是 2∶1 或 4∶1。

3. 轮廓光

轮廓光也称为发光，本质就是修饰，用于打亮人体的头发和肩膀等轮廓，增强画面的层次感和纵深感。轮廓光的位置大致在拍摄主体后侧，和主光相对的地方。

（三）辅助器材

1. 三脚架

拍摄短视频除了要有拍摄器材之外，还需要拍摄支架或三脚架，特别是拍摄一些特殊的大镜头，更需要靠三脚架来完成。单反相机的三脚架和摄像机的三脚架最大区别在于，使用摄像机的三脚架拍摄的视频更稳，可以更好地完成一些推、拉、升、降的镜头动作，所以拍摄者在选择三脚架的时候，尽量选择摄像机的脚架，如图 7-15 所示。

2. 稳定器

拍摄人物追逐、骑单车、玩滑板等户外运动画面时，人物的运动速度很快，如果拍摄者手持拍摄设备，拍摄出来的画面会抖动得非常厉害，导致观众在观看时很容易头晕、烦躁，甚至会立刻把短视频关掉，以致影响短视频的完播率，因此在拍摄时最好在设备上安装稳定器。稳定器的工作原理是在多个方向安装移动轴，由内设电子稳定系统，如陀螺仪传感器计算出运动中的晃动方向和晃动距离,然后施以反向运动来抵消运动过程中的抖动。目前,稳定器主要分为两种,一种是手机稳定器,另一种是相机稳定器,如图 7-16 和图 7-17 所示。

图 7-15 三脚架

图 7-16 手机稳定器

图 7-17 相机稳定器

3. 滑轨

如果人物或物品不移动,短视频长时间呈现固定的画面会显得很死板。为了实现动态的效果,拍摄者可以使用滑轨让拍摄器材进行平移、前推和后推等操作。镜头前推可以营造出一种接近目标的感觉,镜头后推可以营造出一种娓娓道来的感觉,镜头平移或者围着目标旋转,可以拍摄出动感的画面,给观众以代入感,使短视频看起来更流畅,如图 7-18 所示。

图 7-18 滑轨

4. 话筒

在室内拍摄短视频时，由于拍摄现场比较安静，拍摄距离较近，手机和相机自带的收音设备一般可以满足收音需求，但是，当拍摄设备距离人物超过 2 米时，声音会与环境噪声混杂在一起，影响收音效果，这时就要用到话筒。话筒分为有线话筒和无线话筒。有线话筒的收音效果要更好一些，而且不会受到电池的影响，在拍摄室内脱口秀、人物访谈等短视频时可以用有线话筒，将其夹在人物领口即可。当在室外拍摄活动场景类的短视频时，如运动或互动短剧，人物需要灵活地走动，这时就要用到无线话筒。当然，不管是有线话筒还是无线话筒，都要注意风噪问题，使用防风套能够很好地解决这个问题。

5. 摇臂

摇臂可以极大地丰富镜头语言，增加镜头画面的动感和多元化，让观众产生身临其境的感觉。摇臂拥有长臂优势，使用它能够拍摄到其他摄像机不能捕捉到的镜头，如图 7-19 所示。不过摇臂的价格较高，个人或小团队可以用一些能够平稳运动的设备（如小推车、滑板、自行车等）代替。

图 7-19　摇臂

你喜欢用什么设备拍摄短视频？原因是什么？

二、景别

拍摄工具与被摄主体的位置距离不同，被摄主体在拍摄工具取景器中呈现的画面的范围大小会不一样，这个画面范围就是景别。在其他拍摄条件不变的前提下，当被摄主体处于距离拍摄工具较远的位置时，所得到的画面范围较大；被摄主体的尺寸相对较小，细节不显著，景别较大；当被摄主体处于距离拍摄工具较近的位置时，所得到的画面范围较小，被摄主体的尺寸相对较大，景别较小。

景别

在影视剧中，导演和摄影师会利用复杂多变的场面调度和镜头调度，交替地使用各种不同的景别，使影片剧情的叙述、人物思想感情的表达、人物关系的处理更有表现力。在手机短视频拍摄中,景别也是创作者必须掌握的基本技巧之一。通常以被摄主体(人物)在画面中被截取部位的多少为标准来划分景别,一般分为八种,由大到小分别为大远景、远景、全景、中景、中近景、近景、特写和大特写。其中,大远景、远景、全景统称大景别,中景、中近景、近景、特写和大特写统称小景别,如图7-20所示。

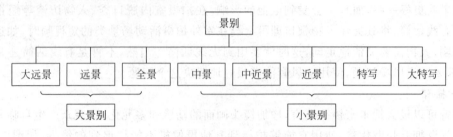

图7-20　景别的分类

短视频传递给观众的心理和情感距离与景别的大小密切相关。大景别能够表现空间距离感,可以使观众产生空间上的远离感和心理上的旁观感、疏远感和不介入感,对观众的视觉刺激和心理冲击较小;小景别能够缩小观众与被摄主体(人物)的空间距离感,可以使观众产生亲密感、参与感、认同感和互动感,能够给观众带来较强的视觉刺激和心理感应。下面分别对各个景别进行简单介绍。

1. 大远景

大远景以空间景物为拍摄对象,表现其范围和广度,是用于交代空间关系的功能性景别,常用于短视频的片头或片尾。大远景的景别空间范围最大,被摄主体不超画框高度的1/4,仅是景物空间的点缀,隐约可见,如图7-21所示。

图7-21　大远景画面

大远景具有以下特点和作用。

(1) 描绘宏大、壮观的自然景观,可以交代环境信息或时代背景,如绵延的群山、浩瀚的海洋、无垠的沙漠、俯瞰的建筑群等。

(2) 展现规模庞大、气势恢宏的人物活动,讲究"远取其势"。

(3) 借景抒情、以景表意。

(4) 衬托人物的渺小。
2. 远景

在远景的取景范围中，被摄主体的高度比大远景中的高度有所增加，但不超过画框高度的 1/2，能够隐约辨其轮廓，但看不清细节，如图 7-22 所示。

图 7-22　远景画面

与大远景侧重强调悠远、辽阔的景物空间不同，远景更加强调空间的具体感、被摄主体在空间中的位置感，以及被摄主体与环境间的关系。采用远景的景别方式可以实现借景抒情的效果。

3. 全景

全景的取景范围是用整个画框来表现被摄主体的全身或场景的全貌，如图 7-23 所示。全景既能清晰展示被摄主体的全貌或被摄人物的全身，又能交代清楚周围的环境。需要注意的是，人物的头顶和脚下要留出适当的空间，并且头顶要比脚下留出更多的空间。

图 7-23　全景画面

4. 中景

中景的取景范围为人物膝盖以上的部分，如图 7-24 所示。中景的视距适中，观众既可以看清人物上半身的活动，又能感受周围的环境，中景可以同时满足观众的视觉和心理需求。

图 7-24 中景画面

5. 中近景

中近景的取景范围介于中景、近景之间,用于表现人物腰部以上的活动,如图 7-25 所示。采用中近景有利于展示人物的上半身,特别是头部动作和面部神情。在访谈类短视频中,利用中近景可以拉近人物之间的视觉和心理距离,增强现场感、亲切感与交流感。

图 7-25 中近景画面

6. 近景

近景用于表现人物胸部以上的动作,如图 7-26 所示。近景的画面内容趋于单一,人物占据绝大部分画面,人物表情展示得很清楚,背景与环境特征不明显。

7. 特写

特写的取景范围为肩部(或颈部)以上的人物面部或被摄主体的某个局部,视距较近,如图 7-27 所示。

图 7-26　近景画面

特写具有以下特点和作用。

（1）特写能够强烈、醒目地展示人物的面部表情和丰富的内心世界,讲究"近取其神",容易集中观众的注意力,也利于表现被摄主体的局部细节或最有价值的部分。

（2）特写用于表现被摄主体的质感,如人的皮肤。

（3）特写能够使被摄主体从周围环境中独立出来,割裂局部与整体的关系,调动观众的想象,制造悬念。

8. 大特写

大特写用整个画框来表现人物面部或被摄主体的局部,如一双眼睛、一只耳朵、一只脚、一个拳头、行驶的车轮、转动的钟表、行走的脚步等。大特写的视距最近,比特写的视觉冲击力和感染力更强,能够给观众留下更深刻的印象,具有提醒、暗示、强调等作用,如图 7-28 所示。

图 7-27　特写画面　　　　　　　　　图 7-28　大特写画面

三、短视频的构图元素

在构图时,一般把图面元素分为主体、陪体、前景、后景、空白这五个元素。简单地说,主体是一幅画面的主要表现对象;陪体在画面中起陪衬、渲染主体的作用;前景是画面最靠近镜头的某个事物,增强空间感和透视感;后景位于主体之后,渲染、衬托主体的事物就是后景;空白就是留白,相对实体之外的空间。

1. 主体

主体在画面中起主导作用,是全局的焦点,一般情况下,在一幅画面中只能有一个主体。在画面中,主体有两个作用,一是表达内容,画面如果没有主体,观众就无法了解摄影师的意图;二是结构画面,主体是结构画面的中心和依据,画面中所有的元素都是围绕主体来组织的。一般情况下,有三个因素会能响主体在画面中的突出程度,分别是主体的自身条件、主体在画面中的位置、主体在画面中的面积。

2. 陪体

主体作为主题的载体,是画面结构和视觉的中心和重心,而陪体则需要配合主体来烘托画面的主题,帮助主体更好地表达主题。陪体是在画面中暗衬、渲染、突出主体的元素,并和主体构成特定的氛围。

陪体主要是为主体服务的,所以陪体与主体之间既不能毫无关联,也不能削弱主体,混淆画面的主体陪体关系,只有这样才能拍出层次分明、关系简明的图片。主体和陪体的关系如图 7-29 所示,花朵是主体,绿叶是陪体,花美叶绿,叶衬托花。

图 7-29 主体和陪体的关系

3. 前景

前景是指在画面上处于主体前面的、充当前景的对象,既可以是树木、花草,也可以是人和物等元素。在一些场面较大、景物层次丰富的画面中,常设计前景元素来烘托氛围。例如,用一些富有季节性和地方特征的元素充当前景,渲染季节气氛,烘托主体。前景还可以增强画面视觉语言,如设置前景与主体形成画面表现形式上的对比,可以增强画面视觉语言,更深刻地表达主体思想。

4. 后景

画面中位于主体之后,渲染或衬托主体的环境景物就是背景,也称作后景,主体可以没有前景,但肯定要有背景,背景是无法避免的。在日常拍摄中拍摄者往往很容易忽略背景,比较常见的就是"脑袋后面长树",这种竖线或横线将画面分割开,会大大影响视觉感受和主题表现。背景对一幅作品的成败来说举足轻重。在布局画面时,对背景的处理要力求简洁,背景简洁能够突出主体,背景复杂则容易分散观众对主体的注意力。前景与后景的显示效果如图 7-30 所示,前面的花坛是前景,后面的山峦是后景。

图 7-30 前景与后景显示效果

5. 留白

在视频拍摄过程中,留白是指在视频画面的特定位置留出一定的空白,让观众的视线得以延伸。视频画面的留白包括天空留白、运动留白和关系留白。

(1) 天空留白。指在主要人物的头顶与屏幕上框之间留出一定的空白,如图 7-31 所示。

图 7-31 天空留白

(2) 运动留白。当被摄主体处于运动状态时,应当在其运动朝向的一方留出较多的空白,如图 7-32 所示。

(3) 关系留白。当人物面向画面一侧时,应当在其面部朝向的一侧留出较多的空白。

图 7-32　运动留白

 课堂讨论

选择自己喜欢的短视频,分析其中的构图元素。

四、短视频的构图方法

1. 中心构图法

中心构图法是将画面中的主要拍摄对象放到画面中间,这种构图方法的优势在于被摄主体突出、明确,而且画面容易获得左右平衡的效果,如图 7-33 所示。

短视频的构图方法

2. 九宫格构图法

九宫格构图法是利用画面中的上、下、左、右四条黄金分割线对画面进行分割,它们的交点为画面的黄金分割点。一般在全景拍摄时,黄金分割点是被摄主体所在的位置;在拍摄人物时,黄金分割点往往是人物眼睛所在的位置,如图 7-34 所示。

图 7-33　中心构图法

图 7-34　九宫格构图法

3. 二分构图法

二分构图法把画面一分为二,通常用在风景画面的拍摄中,同样也可以用在前景与后景区分明显的画面拍摄中,如图 7-35 所示。

图 7-35　二分构图法

4．三分构图法

三分构图法分为横向三分法和纵向三分法,是指把画面分成三等份,每一份的中心都可以放置主体形态,适合表现多形态平行焦点的主体。这种构图方法不仅可以表现大空间小对象,还可以表现小空间大对象,如图 7-36 所示。

5．对称构图法

对称构图法是按照对称轴或对称中心将画面中的景物形成轴对称或中心对称,给观众稳定、安逸、平衡的感觉。这种构图方法适用于拍摄建筑物等内容,但不适合表现快节奏的内容,如图 7-37 所示。

6．框架构图法

框架构图法是利用前景景物做一个"框架",形成某种遮挡感,这样有利于增强构图的空间深度,将观众视线引向中景、远景处的主体。在使用这种构图方法时,拍摄者要注意框内景物曝光过度与边框曝光不足的问题,如图 7-38 所示。

7．水平线构图法

图 7-36　三分构图法

水平线构图法能够给人一种延伸的感觉,一般情况下用横幅画面,比较适合场面开阔的风光拍摄,让观众产生辽阔深远的视觉感受。其中,居中水平线给人和谐、稳定的感觉,下移水平线主要强调天空的风景,上移水平线主要强调眼前的景物,多重水平线则会产生一种反复强调的效果,如图 7-39 所示。

图 7-37　对称构图法

图 7-38　框架构图法

图 7-39　水平线构图法

8. 对角线构图法

对角线构图法是把被摄主体沿画面的对角线方向排列，能够表现出强烈的动感、不稳定性或生命力等特点，给观众更加饱满的视觉体验。这种构图方法大多用于描述环境，不适合拍摄时长较短的短视频作品，如图7-40所示。

图7-40 对角线构图法

9. 引导线构图法

引导线构图法是利用线条来引导观众的目光，使其汇聚到画面的主要表达对象上。这种构图方法适合在拍摄大场景、远景的画面时使用，如图7-41所示。

图7-41 引导线构图法

10. S形构图法

S形构图法是把被摄主体以S的形状从前景向中景和后景延伸，使画面形成纵深方向空间关系的视觉感，可以让画面充满灵动的感觉，能够表现出一种曲线条的柔美。S形构图法的动感效果强烈，既动又稳，不仅适合表现山川、河流、地域等自然的起伏变化，也适合表现人体或者物体的曲线，如图7-42所示。

11. 辐射构图法

辐射构图法是以被摄主体为核心，让景物呈四周扩散放射的构图形式，可以使观众的注意力集中到被摄主体上,同时又有开阔、舒展、扩散的作用。辐射构图法经常用于需要突出被摄主体但场面比较复杂的场合,也用于使人物或景物在较为复杂的情况下产生特殊效果的场景,如图 7-43 所示。

图 7-42　S 形构图法

图 7-43　辐射构图法

12. 紧凑式构图法

紧凑式构图法是将被摄主体以特写的形式加以放大,使其局部布满整个画面。这样构图的画面具有饱满、紧凑、细腻、微观等特征。采用紧凑式构图法来刻画人物面部表情,往往能够达到传神的境界,给观众留下非常深刻的视觉印象,如图 7-44 所示。

图 7-44　紧凑式构图法

课堂讨论

结合不同图片,分析不同构图法拍摄的视频意境有什么差异?

五、短视频运镜技巧

运镜也就是运动镜头,顾名思义就是通过运动摄影来拍摄动态景象。拍摄者通过使用稳定器灵活运镜,不仅可达到平滑流畅的效果,更能为影片注入气氛和情绪,让镜头充满活力。镜头的很多语言都是通过运镜的方式来表现的,运镜不仅带来视觉的冲击,还能推动故事的发展。运镜常用的技巧有以下几种。

短视频运镜技巧

1. 推镜头

推镜头是一个从远到近的构图变化,在被拍摄对象位置不变的情况下,向前缓缓移动或急速推进相机镜头,使银幕的取景范围由大到小,画面里的次要部分逐渐被推移画面之外,主体部分或局部细节逐渐放大,最终占满银幕。

推镜头是一种较为常见的运镜技巧,是指被拍摄对象位置不动,镜头从全景或别的景位由远及近向被拍摄对象推进,逐渐推成近景或特写的镜头。

2. 拉镜头

拉镜头是指人物不动,构图由小景别向大景别过渡,摄影机从特写或近景拉起,逐渐变化到全景或远景,视觉上会容纳更多的信息,同时营造一种远离主体的效果。拉镜头与推镜头的运动方向相反,摄影由近而远向后移动离开被拍摄对象,取景范围由小变大,被拍摄对象由大变小,与观众距离也逐步加大。

3. 摇镜头

摇镜头类似于用人物的眼睛来看待周围的一切,它在描述空间、介绍环境方面有独到的作用。方法是不移动相机,借助活动底盘使摄影镜头上下、左右甚至旋转拍摄,犹如人的目光顺着一定的方向对被拍摄对象巡视。

4. 跟镜头

跟镜头是移动相机的一种变换用法,跟随被拍摄对象保持等距离运动的移动镜头。跟镜头始终跟随运动着的主体,有较强的穿越空间的感觉,适宜于连续表现人物的动作、表情或细部的变化。

5. 移镜头

移镜头同摇镜头一样能扩大银幕二维空间映像能力,但因机器不是固定不变的,所以比摇镜头有更大的自由,能打破画面的局限,扩大空间。移镜头是指相机镜头沿着水平方向进行左右横移拍摄,类似生活中的人们边走边看的状态。

6. 升、降镜头

升和降是相机借助升降装置等一边升降一边拍摄的方式,升降运动带来了画面视域的扩展和收缩,通过视点的连续变化形成多角度、多方位的构图效果。它用于表现高大物体各个局部、纵深空间点面关系、事件或场面的规模、气势和氛围、画面内容中感情状态的变化等。

单元四　短视频后期剪辑

一、短视频背景音乐

背景音乐是影响短视频传播的关键因素,有时候即使故事本身没有那么好,但背景音乐配好了,会有"1+1>2"的效果。在制作视频时,要注意声画一体,如果故事本身不够好,音乐可以起到拯救画面的效果,好的故事配上好的背景音乐,就等于锦上添花。在制作短视频时,要按照以下方法选择背景音乐。

1. 背景音乐要与画面意境相适配

音乐要与画面意境相适配,唯美的画面要配上唯美的音乐,只有当画面意境与背景音乐相得益彰时,整个视频才会和谐。

2. 根据短视频内容取舍配乐

不一定要后期配背景音乐,如果视频是动手类的短视频,本身就会自带一些音效和解说,那么不配背景音乐也是可以的。

3. 根据背景音乐匹配合适的画面

有的背景音乐本身就是比较火的元素,如果想蹭背景音乐的热度,可以根据背景音乐匹配相应的动作。

4. 制作音乐特效合成背景音乐

如果想要视频的背景音乐具有特色,可以通过音乐工具做剪辑自己进行背景音乐的制作。在选择背景音乐的时候,不要有局限,各种风格的音乐都可以尝试。录制一段静音的视频,然后搭配不一样的背景音乐,看看有什么不同的效果?

二、短视频字幕制作

为短视频添加字幕可以方便用户了解内容。有字幕的短视频上热门的概率会更大。短视频添加字幕的方式一般有两种,一是添加所有视频中说话语言的字幕;二是添加语言中核心关键词字幕。几乎所有的短视频编辑软件都可以添加字幕,下面介绍几款有代表性的短视频字幕制作软件。

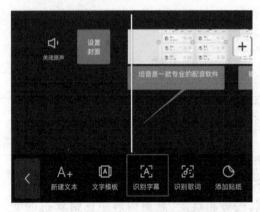

图 7-45　剪映的识别字幕功能

1. 剪映

剪映不仅可以手动添加各种花式字幕,还实现了特别便捷的语音识别功能,可以直接在软件上快速、方便、准确地识别语音并生成字幕,如图 7-45 所示。

2. 快剪辑

快剪辑支持 PC 端、Android 版和 iOS 版,它除了可以添加字幕(图 7-46),还支持一边录视频,一边自动匹配字幕。

3. 字说

字说能够呈现文字动画视场的效果,可以

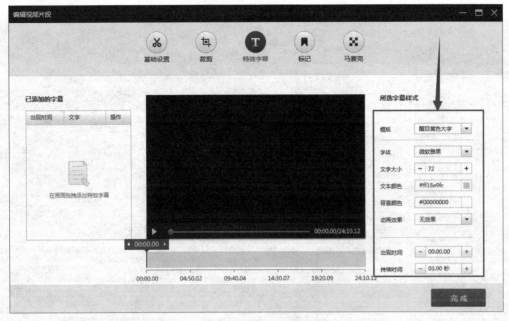

图 7-46 快剪辑添加字幕功能

智能识别语音并匹配动画,轻松上手。这款软件的视频旁白功能可以自动提取本地视频中的语音,而且字体效果比较丰富,可以添加背景图片。如果想制作流行的纯字幕动态效果,可以选择字说,如图 7-47 所示。

4. Arctime 软件

Arctime 是一款非常便捷的字幕输入软件,独创了字幕块和多轨道概念,只要在时间线上拖动调整字幕块即可轻松完成字幕创建工作。Arctime 支持大部门主流的短视频剪辑软件,界面如图 7-48 所示。

三、短视频转场效果

转场是场景或段落之间的切换,好的转场能够增加短视频的连贯性,体现视频的专业性和艺术性。为了使转换的逻辑性、条理性、艺术性、视觉性更好、更强,场与场之间的转换需要一定的手法。转场分为两类,即无技巧转场和技巧转场。

(一)无技巧转场

无技巧转场是用镜头的自然过渡来连接上下两段内容的,强调视觉的连续性,运用时要注意寻找合理的转换因素和适当的造型因素。无技巧转场的方法主要有以下几种。

图 7-47 字说语音转文字功能

1. 空镜头转场

空镜头是指一些没有人物的镜头,主要用来刻画人物情绪、渲染气氛、掩盖场景切换的

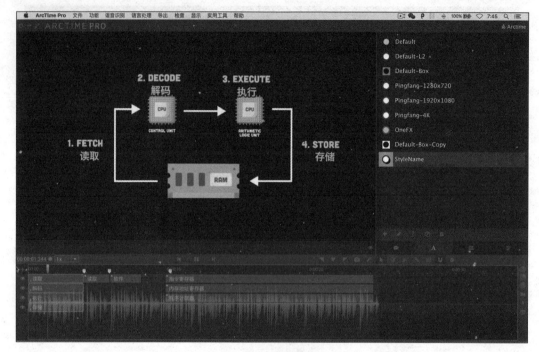

图 7-48　Arctime 软件界面

跳跃感等。空镜头转场常用于交代环境、背景、时空,抒发人物情绪,表达主题思想,是拍摄者表达思想内容、抒发情感意境、调节剧情节奏的重要手段。

2. 声音转场

声音转场是利用音乐、音响、解说词、对白等和画面的配合实现转场,是转场的惯用方式。声音转场利用声音过渡的和谐性自然转换到下一画面,主要方式是声音的延续、声音的提前进入、前后画面声音相似部分的叠化。

3. 主观镜头转场

主观镜头转场是指上一个镜头拍摄主体在观看的画面,下一个镜头接转主体观看的对象。主观镜头转场是按照前、后两镜头之间的逻辑关系来处理转场的手法。主观镜头转场既显得自然,同时也可以引起观众的探究心理。

4. 特写转场

特写转场被称为"视觉的重音"或"万能镜头",不管上一个镜头是什么,下一组镜头都从特写开始。其特点是对局部进行突出强调和放大,展现一种在平时生活中用肉眼看不到的景别。

5. 两极镜头转场

两极镜头转场利用前后镜头在景别、动静变化等方面的巨大反差和对比,来形成明显的段落间隔,适合大段落的转换。其常见方式是两极景别的运用,前后镜头在景别上的悬殊对比,能制造明显的间隔效果,段落感强,属于镜头跳切的一种,有助于加强节奏。

(二)技巧转场

利用特技的手段进行转场称作技巧转场。技巧转场常用在情节之间的转换,给观众带来明确的段落感。技巧转场的方法主要有以下几种。

1. 淡入淡出转场

在影片中常见的转场效果是淡入淡出。淡出是指上一段落最后一个镜头的画面逐渐隐去直至黑场，淡入是指下一段落第一个镜头的画面逐渐显现直至正常的亮度。实际编辑时，应根据视频的情节、情绪、节奏的要求来决定。有些影片中，淡出与淡入之间还有一段黑场，给人一种间歇感。

2. 叠化转场

叠化指前一个镜头的画面与后一个镜头的画面相叠加，上下两个画面有几秒的重合，前一个镜头的画面逐渐暗淡隐去，后一个镜头的画面逐渐显现并清晰的过程。一般用来表现空间的转换和明显的时间过渡。

3. 划像转场

划像是指两个画面之间的渐变过渡，分为划出与划入，划出是指前一画面从某一方向退出荧屏，划入是指下一个画面从某一方向进入荧屏。例如，划像盒、十字划像、圆形划像、星形划像、菱形划像等都是比较常用的划像转场。需要注意的是，因为划像效果非常明显，所以一般用于两个内容意义差别较大的段落转换。

4. 字幕转场

字幕转场是通过字幕交代前一段视频之后发生的事情，可以清楚地交代时间、地点、背景、故事情节、人物关系等，让观众一目了然。

**课堂讨论**

推镜头和拉镜头分别适合什么情节？

四、常见的短视频剪辑软件

短视频的前期拍摄工作固然很重要，但如果短视频不经过后期编辑处理，也很难给观众带来强烈的视觉冲击力。短视频的后期编辑处理要用到视频剪辑工具，利用它们可以对拍摄的短视频进行剪辑，添加转场、字幕、特效等，凸显短视频的专业性和艺术性。下面介绍几种常用的短视频后期编辑工具。

1. Adobe Premiere

Adobe Premiere 作为一款流行的 PC 端非线性视频编辑处理工具，在影视后期、广告制作、电视节目制作等领域有着广泛的应用，同样在短视频编辑与制作领域也是非常重要的工具。Premiere 拥有强大的视频编辑功能，易学且高效，可以充分发挥用户的创造能力和创作自由度。它的特点是操作简单，适合家庭日常使用，拥有完整的影片编辑流程解决方案，如图 7-49 所示。

2. 会声会影

会声会影是加拿大 Corel 公司制作的一款功能强大的视频编辑软件，正版英文名为 Corel Video Studio，具有图像抓取和编修功能。Corel 可以抓取转换 MV、DV、V8、TV 等视频格式，也可以实时记录抓取画面文件，并提供超过 100 多种的编制功能与效果，可导出多种常见的视频格式，甚至可以直接制作成 DVD 和 VCD 光盘，如图 7-50 所示。

3. 爱剪辑

爱剪辑是一款简单实用、功能强大的视频剪辑软件，用户利用它可自由地拼接和剪辑视

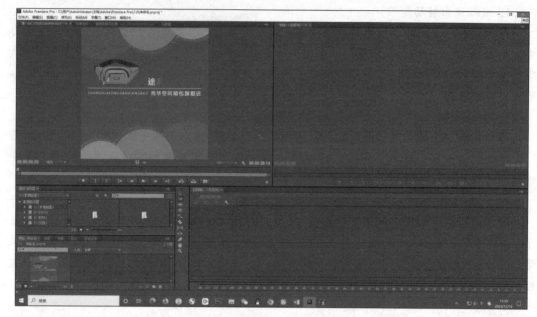

图 7-49　Adobe Premiere 界面

图 7-50　会声会影界面

频,其创新的人性化界面是根据用户的使用习惯、功能需求与审美特点进行设计的。爱剪辑拥有为视频添加字幕、调色、添加相框等齐全的剪辑功能,且具有诸多创新功能和影院级特效,如图 7-51 所示。

4. 快剪辑

快剪辑是 360 旗下的一款功能齐全、操作简单、可以边看边编辑的视频剪辑工具,有 PC

端和移动端两种。快剪辑是抖音、快手、哔哩哔哩、微信朋友圈等平台用户强烈推荐的一款视频剪辑软件,无论是刚入门的新手,还是视频剪辑专家,快剪辑都能帮助用户快速制作出爆款的短视频作品,如图 7-52 所示。

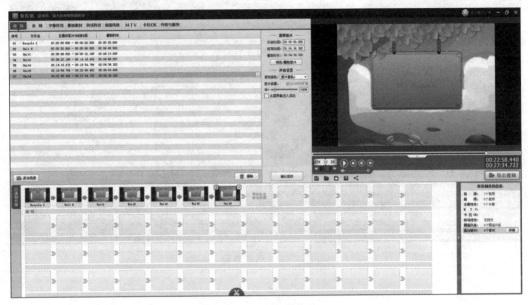

图 7-51 爱剪辑界面

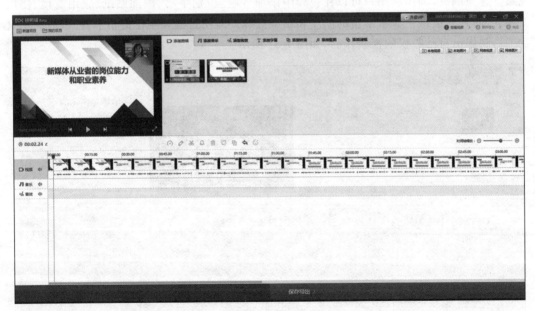

图 7-52 快剪辑界面

5. 巧影

巧影作为一款功能全面的短视频处理 App,适用于安卓系统、谷歌 ChromeOS 系统、iOS 系统,为剪辑中的视频、图片、音频、文字、效果等提供多图层操作功能,同时拥有精准编辑、一键抠图、多层视频、多层混音、潮流素材、关键帧动画、多倍变速、多种屏幕尺寸、超高分辨率输出等功能,用户使用起来十分简便,如图 7-53 所示。

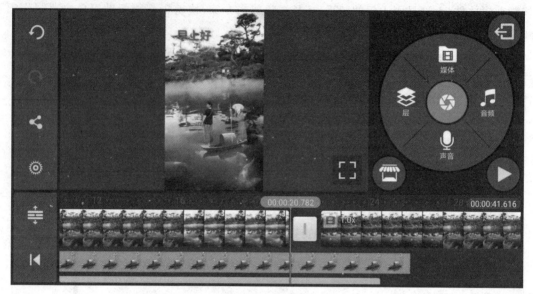

图 7-53 巧影界面

6. 剪映

剪映是抖音官方推出的一款移动端视频编辑 App,它具有强大的视频剪辑功能,支持视频变速与倒放,利用它用户可以在视频中添加音频、识别字幕、添加贴纸、应用滤镜、使用美颜等,而且它提供了非常丰富的曲库和贴纸资源。即使是视频制作的初学者,也能利用这款工具制作出自己心仪的视频作品,如图 7-54 所示。

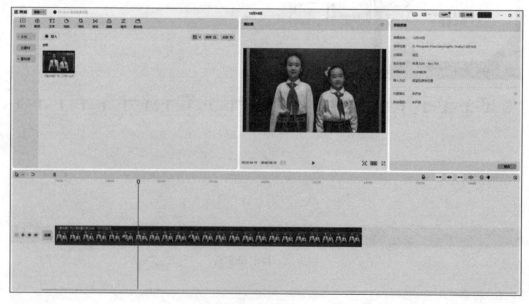

图 7-54 剪映界面

7. 福昕视频剪辑

福昕视频剪辑是一款功能齐全、简单易用的视频剪辑软件，主要用于短视频的剪辑。它拥有强大的语音转文字功能，可以自动将视频中的音频转换为字幕，包含配音、变速、调色、画中画等功能，用户可以轻松上手，且软件对计算机配置要求也不高。福昕视频剪辑界面如图 7-55 所示。

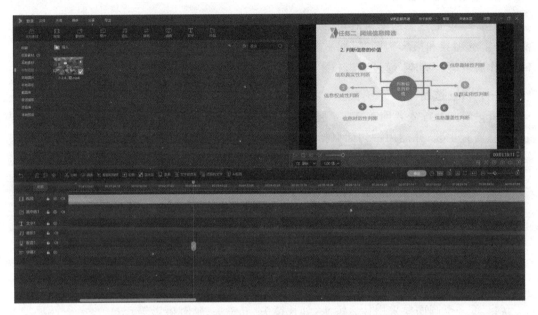

图 7-55 福昕视频剪辑界面

单元五　短视频 Vlog 拍摄实战

如今，Vlog 已经成为年轻人观察、体验、记录世界的一种方式。Vlog 创作者手持设备边走边拍，后期通过剪辑和配乐等操作完成一个小型的"纪录片"。Vlog 是 Blog 的变体，强调时效性，作者以影像代替文字或相片，写个人网志，上传与网友分享。下面将详细介绍 Vlog 的创作步骤和拍摄方法与技巧。

一、认识 Vlog

Vlog 是博客的一种类型，全称是 Video Blog 或 Video Log，意思是视频记录，是一种集文字、图像和音频于一体，经剪辑与美化后能够表达人格化和展示创作者日常生活的视频日记。

与其他具有娱乐属性的短视频相比，Vlog 最大的特点就是能够充分展示个性，通过创作者本人出镜的方式与用户进行面对面的有效交流。创作者通过拍摄自己的真实生活，在日常化的记录中保持自身的个性，以第一人称视角为主线，利用流畅的镜头、颇具个人特色的对话风格、相对完整的内容等完成自我表达。通常情况下，一个 Vlog 的时长一般为 1～

10min。没有严格的时长限制使 Vlog 在信息量、内容深度与表现形式上更加丰富。

创作者拍摄 Vlog 也是一种追求生活仪式感的方式。用 Vlog 记录生活承载着人们认真、专注的生活态度。Vlog 将人们的生活浓缩化、影像化,使已经过去的生活被记录下来,对于创作者来说这是对自身生活的记录,对于观看者来说这是一种间接参与的仪式体验。

二、Vlog 的创作步骤

拍摄 Vlog 最重要的是讲故事,创作者要有脚本思维;其次是拍摄,创作者要有一定的编导和摄影构图基础,这样才有可能拍得有趣、有美感;最后是剪辑,创作者要理解脚本,通过剪辑技术和对音乐的敏感把控视频的节奏。

Vlog 的创作步骤

(一) Vlog 选题

Vlog 创作者首先要明确 Vlog 展现的应该是一个故事,而不是日常的流水账。既然是故事,就要有主题,并能用一句话概括出来,如"学习永不止步""旅行是开阔视野的好方法"等。在拍摄 Vlog 之前,创作者要先确定主题,初学者可以先模仿再创新,找些比较优秀的 Vlog 作品,研究它们的主题是什么,以及如何围绕主题展开故事的。

(二) 写一个简单的脚本

写脚本就是把要讲的故事按照视频逻辑写下来,一般需要确定以下事项。

(1) 讲故事需要哪些素材。

(2) 拍摄场景与拍摄时长。

(3) 采用何种拍摄方式,是自拍,还是他拍。

(4) 每一个画面要采用什么镜头(如长镜头、分镜头、延时摄影等)。

(5) 画面与画面之间如何组接,即转场效果。

(6) 是否需要配备语音,采用现场收音,还是后期录制旁白。

初学者创作脚本并不是一件容易的事情,初学者可以找一些比较优秀的 Vlog 进行"拉片",即一帧一帧地查看,并记录下每个画面的信息,如人物动作、场景、时间和地点、画面构图、拍摄角度、音乐、字幕和旁白等,这样就可以分析出该 Vlog 的主题和脚本,然后仿写出一个差不多的脚本,适当修改并加入自己的创意。

(三) 拍摄视频素材

在拍摄 Vlog 之前,首先要确定拍摄画幅,一般都采用横屏拍摄。接下来,就是确定拍摄器材,一部手机就可以完成 Vlog 的制作,现在大部分的手机都可以拍摄 4K 分辨率的画面,输出 1080P 分辨率的视频,能够满足社交平台视频播放清晰度的要求。如果创作者对 Vlog 的拍摄有更高的要求,还可以选择其他辅助设备,如手机稳定器、三脚架、话筒、专业的运动相机等。

在拍摄过程中,创作者可以利用推、拉、摇、移等运镜方式拍摄被摄主体周围的环境、细节或状态,利用遮挡镜头、相似场景转换等方式实现镜头之间的转场。

(四) 视频剪辑

视频剪辑相对来说比较复杂,最考验创作者的创作能力,创作者需要把拍摄时的灵感融合起来。在 Vlog 的后期制作过程中,创作者可以利用一些视频剪辑工具制作片头,设置不同场景的过渡,为视频添加滤镜,添加音乐、音效,添加视频特效等。常用的 Vlog 后期剪辑技巧如下。

1. 快慢结合

通过调整视频速度的快慢,可使视频具有"呼吸感"。创作者通过调慢视频速度,可以将一些时刻重点营造出一种浪漫或悬念式的感觉,如跳水、奔跑等动作;通过加快视频速度,可以将十几分钟的视频压缩成数秒,呈现出车水马龙、斗转星移的效果。

2. 远近结合

除了速度上的快慢变化,镜头的远近变化也很重要。如果一直采用近景或远景镜头,很容易让用户陷入视觉疲劳,而采用远近结合的镜头可以让 Vlog 变得灵动,内容也更加饱满。

3. 节奏感

选择背景音乐之后可根据音乐节奏剪辑视频。例如,选取乐曲当中的某个节点(如鼓点、人声等),根据它分割视频段落,并分别填入视频素材,在音乐高潮部分配上恰当的视频素材,如跳跃动作、烟花绽放等。

(五)添加旁白和字幕

除了画面和声音外,一个完整的 Vlog 还需要添加必要的字幕。例如,为 Vlog 添加标题来点明视频主题,让用户迅速了解该 Vlog 要讲什么内容,如图 7-56 所示。此外,有时还需要在视频画面中添加一些解释性的说明文字,让用户更容易看懂视频内容,如添加时间和地点信息、出镜人物信息、物品名称等,如图 7-57 所示。

图 7-56　添加 Vlog 标题

图 7-57　添加说明文字

(六)添加配乐

恰如其分的配乐可以烘托 Vlog 的气氛,让其焕发不一样的光彩。在选择配乐前,创作者首先要弄清楚 Vlog 要表达的情绪是欢快的,还是忧伤的;画面是明亮的,还是阴暗的;场景是快速变化的,还是缓慢移动的,以此来确定配乐的基调。

确定好基调后,创作者可以从音乐平台上筛选出符合该基调的音乐作品。一般来说,尽量避免使用含有歌词的配乐,除非歌词和 Vlog 视频内容相关,否则歌词很容易让用户分心,无法专注在视频内容上。挑选出心仪的配乐后,创作者就可以利用剪辑工具为 Vlog 添加配乐了。在剪辑配乐时,只需保留需要的部分,并为其添加淡入淡出效果,当 Vlog 中有人说话时,需要把配乐的音量调低。

三、Vlog 的基本拍摄方式

一段 Vlog 视频中的拍摄方式一般可以分为手持稳定器自拍、固定机位拍摄、主观视角拍摄、空镜头拍摄和特写镜头拍摄,下面将分别介绍这几种基本拍摄方式。

1. 手持稳定器自拍

第一种拍摄方式是创作者手持稳定器用手机自拍,创作者可以先对着镜头做一个自我介绍,然后边走边说,说一下自己要去干什么,在解说的过程中还可以拍摄自己周围的美景,如图 7-58 所示。

2. 固定机位拍摄

第二种拍摄方式是将手机固定在某个场景中,确定好画面构图以后,人物从镜头外走入画面,这样的画面会显得更加生动,增强临场感,如图 7-59 所示。

图 7-58 手持稳定器自拍

图 7-59 固定机位拍摄

3. 主观视角拍摄

第三种拍摄方式是主观视角拍摄,创作者手持稳定器用后置摄像头拍摄自己看到的一些场景和人物,展示当前环境下自己所能看到的一切,这种主观视角镜头代入感很强,如图 7-60 所示。

图 7-60 主观视角拍摄

4. 空镜头拍摄和特写镜头拍摄

除了采用以上三种拍摄方式外,创作者还可以在 Vlog 中添加一些特写镜头和静态的空镜头来丰富画面内容。空镜头主要用于展现环境,画面中通常没有主体人物,以某种逻辑性将其插入情节剪辑中,是创作者阐明思想内容、叙述故事情节、抒发情感意境、转换时空、调节画面节奏的重要手段,如图 7-61 所示。

图 7-61　空镜头

四、Vlog 的拍摄技巧

初学者通过学习一些常用的 Vlog 拍摄技巧,可以直接提升 Vlog 作品的品质。下面将简要介绍一些 Vlog 的拍摄技巧。

(一) 使用广角镜头拍摄

由于手机摄像头的视野有限,在 Vlog 的拍摄画面中,人物的脸部往往会占据半个画面,使画面中的背景信息变少。此时,可以用手机的广角镜头进行拍摄,或者在手机摄像头上外接广角镜头,来展示更多背景信息,如图 7-62 所示。

图 7-62　使用广角镜头拍摄

（二）使用八爪鱼三脚架

在户外复杂的拍摄环境中，有时很难固定手机，而且拍摄视角也受限制，如果创作者想让拍摄视角更丰富，可以使用八爪鱼三脚架将手机固定在自己想要的位置，并调整球形云台至所需的视角进行拍摄。将八爪鱼三脚架的三只脚收起来时还可以进行手持拍摄，这样可以举得比较远，画面中的人脸也会显得小一些，如图 7-63 所示。

图 7-63　使用八爪鱼三脚架拍摄

（三）镜头移动时动静结合

在拍摄 Vlog 时，需要根据拍摄对象的运动状态决定是否移动镜头，采用动静结合的方式进行拍摄。动静结合，即"动态画面静着拍，静态画面动着拍"。动态画面指的是拍摄的画面本身在动，如冒着热气的咖啡、路上的行人、翻涌的浪花等，如图 7-64 所示。在这类画面中，由于被摄主体本身就在动，如果拍摄时镜头也有大幅度移动，就会让整个画面显得很乱，让用户找不到被摄主体。而对于静止的被摄主体，则可以通过运镜的方式表现画面节奏，例如，采用推镜头展示被摄主体的细节，采用拉镜头展示被摄主体的全貌，通过摇镜头和移镜头展示更多的空间和环境等。

图 7-64　冒着热气的咖啡

（四）手持手机拍摄时只动一处

拍摄 Vlog 时如果没有稳定器、三脚架等辅助设备，创作者只能手持手机进行拍摄，这时可以双腿微屈稳住下盘，然后夹紧大臂，收紧小臂，相当于把身体作为支架稳住手机，如图 7-65 所示。

图 7-65　手持手机进行拍摄

在只用手机拍摄 Vlog 时，要遵循"只动一处"的原则。例如，只动手腕进行上下摇动拍摄；只动腰部进行左右摇动拍摄；只动腿部向前或向后走路，走路时膝盖保持略微弯曲的状态。不论沿哪个方向移动手机，动作速度都要匀速，不能时快时慢，这样拍摄出来的画面才会比较稳定。

（五）利用九宫格构图

九宫格构图源自于黄金分割理论，四条线是黄金分割线，它们的四个交点是黄金分割点，画面中的黄金分割线和黄金分割点所在区域是非常吸引注意力且兼具美感的，拍摄 Vlog 时，创作者把自己想要突出的对象放在这些位置即可。手机相机自带的九宫格参考线就可以实现多种构图方式，具体如下。

1. 中心法

中心法就是创作者借助九宫格的中心区域进行构图，这是最常用的方法，将被摄主体放在九宫格的中心，它就是视觉的焦点，如图 7-66 所示。

2. 三分法构图

借助九宫格的三分线进行构图更具灵活性，能够拍到更多的环境，根据被摄主体的形状放置在一条三分线上即可，如图 7-67 所示。如果拍摄重点是景，也可以使用三分法构图，找到环境中的水平线，如地平线，将其放在三分线的横线上即可，如图 7-68 所示。

3. 黄金分割点构图

要想将三分构图法发挥到极致，可以在三分法构图的基础上额外强调画面的某一局部，如将人眼放置在黄金分割点上即可，如图 7-69 所示。

图 7-66　中心法构图

图 7-67　三分法构图

图 7-68　水平线三分法构图

图 7-69　黄金分割点构图

4. 对角线构图

将画面中吸引用户视线的两点(如拍摄的主体与陪体)安排到左上和右下或右上和左下两个交叉点,即可形成对角线构图,如图 7-70 所示。

图 7-70 对角线构图

(六) 多视角拍摄

拍摄位置决定了拍摄视角,创作者在拍摄 Vlog 时可以采用平视角、高视角、低视角、创意视角等多个视角进行拍摄,这样可以使画面显得不单调。

1. 平视角拍摄

拍摄 Vlog 时,最常见的就是平视角拍摄,即镜头跟人眼在同一个高度,这是最常用的拍摄高度。采用平视角拍摄方式拍摄出来的画面接近人眼看到的画面,但画面会略显单调,如图 7-71 所示。

图 7-71 平视角拍摄

2. 高视角拍摄

高视角拍摄就是站在楼房高处或大桥等高处位置向下进行拍摄,这种拍摄视角有一定的实现难度,如图 7-72 所示。

3. 低视角拍摄

低视角拍摄就是降低手机的高度进行拍摄,如蹲下来进行拍摄,主要包括低角度平拍和低角度仰拍。创作者采用低视度平拍时，可以在户外将手机放低，平拍脚、草丛、小孩、宠物等，也可以在桌子上将手机放低，平拍切菜、写字、敲击键盘等场景，如图 7-73 所示。采用低视角仰拍的方式拍摄楼房、树木、落叶等都会呈现很好的画面效果，创作者只需从低视度将手机向上仰拍即可，如图 7-74 所示。

图 7-72　高视角拍摄

图 7-73　低视角平拍　　　　　　　　图 7-74　低视角仰拍

4. 创意视角拍摄

采用隐藏视角和拟人视角可以拍摄出令人耳目一新的视频，会显得创意十足。例如，将手机放在冰箱里、抽屉里、背包里进行拍摄，就可以拍出隐藏视角，如图 7-75 所示。将手机贴在物体上进行拍摄，就像赋予了它们眼睛，从它们的视角看世界，可以拍出拟人视角的画面。例如，将手机贴在吹风机上拍摄吹头发的画面，如图 7-76 所示。

（七）注意拍摄距离

在拍摄 Vlog 时，应注意镜头与被摄主体的距离，要想增强表现力，可以近距离拍摄特写镜头；要想拍摄更多的环境画面，可以远距离拍摄全景。例如，拍摄人物吃饭的镜头时，可以先远距离拍摄人物吃饭的全景，然后近距离拍摄美食的特写镜头。将这两种拍摄距离组合使用，可以增强视频的表现力。

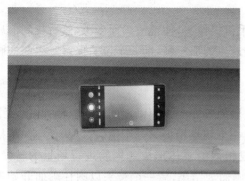 

图 7-75　隐藏视角拍摄　　　　　　　　图 7-76　拟人视角拍摄

（八）延时摄影

采用延时摄影的方式可以在 Vlog 中展现时间的流逝，让用户在数秒中看完几个小时的镜头。例如，采用延时摄影拍摄街道从白天到夜晚的画面，生成一个时长只有几十秒的视频。

（九）无缝转场，让 Vlog 酷炫起来

在 Vlog 中常用的转场方法包括重复动作法、遮挡镜头法、相似场景转换法和甩镜头法。

1. 重复动作法

重复动作法就是在两个场景中拍摄同一个动作，让视频画面自然衔接。重复动作可以是响指、旋转、跳跃等，任何动作都可以，只要是同一个动作。剪辑时在两个镜头中各自找到动作的中点，前一个镜头的结束保留动作前半部分，下一个镜头的开始保留动作的后半部分，就可以实现转场了。例如，前一个镜头手指向左滑动，镜头随之以相同的速度向右运镜，在下一个镜头中切换场景，将手指放到上一个镜头结束的位置，然后继续完成向左滑动的动作，如图 7-77 所示。

图 7-77　利用重复动作法进行转场

2. 遮挡镜头法

遮挡镜头法就是利用手、身体、物品等遮挡手机摄像头,使镜头画面变黑,然后找到前后两个镜头中各自黑屏的部分,即镜头被物体完全遮黑的那一帧,前一个镜头保留遮黑前的画面,后一个镜头保留遮黑后的画面。

3. 相似场景转换法

相似场景转换法就是利用颜色相似的天空、墙面等完成视频画面的转换。例如,第一个镜头的拍摄以向上摇镜头至天空为结尾,然后换一个场景拍摄第二个镜头,以从天空向下摇镜头为开头进行拍摄。当然,也可以利用相同或相似的主体形象遮挡物进行场景的转换。如图7-78所示的前一个镜头向右移动并以圆柱画面为结尾,后一个镜头以圆柱画面开始进行不同空间的自然转场。

图 7-78 相似场景转场

4. 甩镜头法

甩镜头法就是有逻辑地朝同一个方向甩镜头。例如,在完成第一个镜头的拍摄时快速向右甩镜头,即从左向右甩镜头拍摄第二个场景,在剪辑视频时,将两个视频片段进行组接即可。

 实训任务

一、实训项目

短视频是移动互联网时代新的信息传播符号,正在以势不可挡的姿态闯入消费者的娱乐生活。短视频作为优质的内容载体不仅能够给消费者带来更好的体验,也能直接提高商家的转化率。大唐温泉度假村酒店通过抖音、小红书等平台进行产品推介、品牌推广,增加产品销量及品牌的曝光度。

1. 大唐温泉度假村酒店在短视频内容设计方面的现状

大唐温泉度假村酒店在抖音分别建有大唐温泉度假村和大唐温泉两个抖音号,发布的视频画面唯美,能够展示大唐温泉度假村酒店优美的环境、古典的建筑,也能够体现出大唐的主题,还搭配了较舒适的背景音乐,创造出了一个惬意舒适的环境氛围。另外,通过寻找企业家为企业代言,推介产品,迅速取得了用户的信任。

2. 大唐温泉度假村酒店在短视频内容设计中存在的问题分析

(1) 大唐温泉度假村酒店抖音中的作品数量少,视频内容略显单调。做短视频首先要有自己有定位,找到自己内容的方向、人设、风格、记忆点;然后要有自己的创作思路,做短视频的目标、目的、创意、执行力等。有趣的、好玩的、有用的、好看的内容,才能吸引用户观看关注、评论点赞,才能帮助视频上热门涨粉。要想呈现出能够引起用户共鸣的、新鲜的、独特的创意视频就必须进行脚本的创意策划,在拍摄短视频之前,对短视频内容、立意、画面呈现等进行设计。可以将温泉度假村的主要功能——温泉以及酒店产品、服务以及企业文化价值等相关的内容进行策划,然后按照脚本创意策划流程进行拍摄剪辑。

(2) 视频内容呈现方式比较单一。现有视频主要是通过图文和个人叙述式的展示形式将酒店环境以及古风的主题进行了展现,内容呈现方式比较单一,在内容展示方面还可以通过情景剧、Vlog等形式进行内容呈现。

(3) 视频素材较少,没有建立视频素材库。大唐温泉素材库中缺少视频类的素材,没有单独建立视频素材库。在短视频中内容是爆款的必备条件,优质的内容一方面要看创作者对信息的整合能力,另一方面要看创作者的素材挖掘能力。

二、实训要求

请同学们按照脚本设计、视频拍摄、创建素材库、内容呈现的流程完成大唐温泉短视频的拍摄和创作编辑。

1. 短视频脚本设计

脚本,是将图像、台词、音乐等各种元素串联起来的文案剧本,决定着短视频的风格和走向。从文案到台词与对白,从视觉到听觉,短视频脚本文案的撰写有着很多特殊性,想要在短视频流量的洪流中脱颖而出,顺利抓牢用户的眼球,就需要写好一个脚本。

2. 短视频拍摄

开展短视频拍摄准备工作,选择合适的拍摄场景,拍摄器材以及拍摄道具,列好工作清单。

3. 创建视频素材库

当有足够数量的优秀素材可以挑选时,才能够创造出优秀的视频。在平日用心去寻找合适的素材,比如当下热门的话题创作素材、同行热门作品提炼的素材、媒体网站和搜索网站收集的视频、音频等,做好各种素材的归类,逐步搭建自己专业的素材库。

4. 短视频内容呈现

短视频更加关注内容的价值,对创作者的要求越来越高,要想创作出用户喜爱的作品就要注重内容的呈现。短视频内容呈现形式有个人叙述式、图文式、问答式、剧情式、Vlog等形式,通过不同的呈现方式可以让用户得到更多有价值的内容从而吸引用户的关注。

三、实训步骤

任务一

撰写分镜头脚本,完成表7-3,要求脚本分拣合理,结构完整,情节饱满,体现品牌或产品的特性。

表 7-3　短视频分镜头脚本

镜头	拍摄手法	时长	画面	台词	声音	备注
1						
2						
3						
4						
5						
……						

任务二

开展短视频拍摄准备工作,选择合适的拍摄场景,拍摄器材以及拍摄道具,填写短视频拍摄准备清单,见表 7-4。

表 7-4　短视频拍摄准备清单

项　　目	具　体　内　容
拍摄场景	场景1:
	场景2:
	……
拍摄时长	
拍摄器材	
灯光设备	
拍摄道具	
备注	

任务三

1. 日常素材收集

日常素材收集可以从以下几个方面去考虑。

当前热点:寻找当下热门的话题和创作素材,可适当蹭蹭热门。

同行热门作品:寻找同行热门的作品提炼素材,可模仿学习其拍摄方式、输出内容、要点控制、关键词使用等优点。

对标账号:意思就是寻找目前阶段学习的榜样,选择同行业同领域、处在成长期的、作品内容较为优质的自媒体账号,作为目前对标学习的目标。

2. 通过一些媒体网站和搜索网站收集可商用的视频、音频、图片、方案等创作素材

将搜集来的素材分门别类,存放在不同的文件里备用。

任务四

可以使用剪映、会声会影、快剪辑等视频编辑软件完成短视频制作与剪辑,要求添加封面、字幕、背景音乐、台词等,注意转场设计、运镜技巧,输出格式为 MP4,要求时长不低于

3min,并且完成表7-5。

表7-5 短视频制作分析表

项目	具体内容
封面	
字幕	
背景音乐	
台词	
转场设计	
运镜技巧	
创作心得	

任务评价

相关任务评价表见表7-6~表7-8。

表7-6 技能评价表

序号	技能自评	任务要求	得分	备注
1	短视频分类	能够说出多种短视频分类方式及其内容特点		
2	短视频内容策划要素	能够掌握和运用短视频内容策划七大要素		
3	短视频运营方案撰写	掌握策划方案撰写步骤,能够独立撰写短视频策划方案		
4	短视频脚本创作	掌握短视频的三种脚本类型,能够独立撰写短视频分镜头脚本		
5	短视频拍摄	掌握短视频拍摄技巧,能够运用拍摄器材完成拍摄		
6	短视频后期剪辑	能够搜集有效素材,并且运用剪辑软件进行短视频后期剪辑		
7	短视频Vlog拍摄	能够拍摄短视频Vlog,表达不同的主题思想,传播正能量		

表7-7 素质评价表

序号	素质自评	任务要求	得分	备注
1	正确的价值观	能够宣扬正确的价值观,引导社会风气,传递正能量		
2	创新意识	能够在短视频构思和内容编辑阶段,策划具有新意的选题内容和表现形式		
3	协作精神	能够和团队成员分工合作,共同完成实训任务		

续表

序号	素质自评	任务要求	得分	备注
4	资源搜集和整合能力	能够借助线下和网络资源,获取相应的短视频素材,创建素材库		
5	职业道德、法律意识	能够掌握相应的互联网法律法规和平台内容管理规范		
6	严谨的工匠精神	能够在短视频创作各个阶段,对用户群体做出精准分析		
7	自我学习能力	能够利用线下和网络资源,自我学习相关的知识和技能,不断提升		

表 7-8 任务综合评价表

学生自评得分（20%）	小组互评得分（20%）	教师评价得分（30%）	企业评价得分（30%）	总分

课后习题

一、单项选择题

1. （　　）正成为短视频内容生产的趋势。
   A. 垂直化　　B. 娱乐化　　C. 精简化　　D. 综合化

2. （　　）短视频就是把你想表达的核心主题、做事方法、问题解决方法、道理等用剧情展示出来。
   A. 个人叙述式　　B. 问答式　　C. 剧情式　　D. Vlog

3. 分镜头脚本是在文字脚本的基础上,导演按照自己的总体构思,将故事情节、内容以（　　）为基本单位,划分出不同的景别、角度、声画形式、镜头关系等。
   A. 时间点　　B. 镜头　　C. 镜号　　D. 人物

4. （　　）是利用线条来引导观众的目光,使其汇聚到画面的主要表达对象上。
   A. 水平线构图法　　　　　　B. 框架构图法
   C. 对角线构图法　　　　　　D. 引导线构图法

二、多项选择题

1. 短视频内容策划的要素包括（　　）。
   A. 垂直化　　B. 封面和字幕　　C. 标签　　D. 视频简介
   E. 投放时间　　F. 评论区互动

2. 短视频的脚本分为（　　）类型。
   A. 拍摄提纲　　B. 分镜头脚本　　C. 文学脚本　　D. 时间脚本

3. 在构图时,一般把图面元素分为（　　）元素。
   A. 主体　　B. 陪体　　C. 前景
   D. 后景　　E. 空白

4. Vlog 视频中的拍摄方式一般包括（　　）。
   A. 手持稳定器自拍　　　　　　　　B. 固定机位拍摄
   C. 主观视角拍摄　　　　　　　　　D. 空镜头拍摄
   E. 特写镜头拍摄

三、思考题
1. 短视频内容策划的七大要素是什么？
2. 分镜头脚本包含的要素有哪些？
3. 短视频内容的展现形式包括哪些？
4. 视频拍摄的景别包含哪些类？
5. Vlog 的创作步骤包含哪些？

项目八

直播内容策划与编辑

▶ **教学目标**

• **知识目标**

(1) 了解直播营销的概念和优势。
(2) 掌握直播营销的表现形式。
(3) 掌握直播场景搭建的方法和注意事项。
(4) 掌握直播脚本的要素和分类。
(5) 掌握直播脚本大纲的撰写要点。
(6) 熟悉直播流程和直播内容的类型。
(7) 掌握直播话术设计的要点和原则。
(8) 掌握直播复盘的方式。

• **能力目标**

(1) 能够根据企业目标与要求,搭建直播场景。
(2) 能够结合企业品牌和产品特性,撰写直播脚本。
(3) 能够根据企业需求和推广目的,设计直播流程。
(4) 能够结合企业品牌和产品特性,设计直播话术。
(5) 能够做好直播复盘。

• **素质目标**

(1) 具备优秀的语言表达能力、逻辑思维能力、灵活应变能力、心理抗压能力。
(2) 具备创新能力,能够推陈出新,创作优质作品。
(3) 具备团队合作的精神,小组协作分工,共同完成任务。
(4) 具备正确的价值观,将爱国、敬业、诚信、友善等社会主义核心价值观内化为精神追求、外化为商业行动。
(5) 培育文化自信、诚实守信、精益求精的工匠精神,在直播过程中涵养家国情怀、把准时代脉搏、引领社会风尚。
(6) 具备法律意识,在直播过程中遵循并宣传相应的法律法规。

▶ **课程思政**

党的二十大报告指出:
"全面推进乡村振兴,坚持农业农村优先发展,巩固拓展脱贫攻坚成果,加快建设农业强国。"

"加快建设农业强国,扎实推动乡村产业、人才、文化、生态、组织振兴。"

本章节要求学生掌握平台直播的规则和技巧,并举例直播带货的成功案例,如地方旅游、家乡特产、国货品牌、公益产品等,使学生在掌握直播营销能力的同时,培养学生服务地方经济的意识和报效家乡的情怀。

单元一 直播营销认知

在信息广泛传播的网络时代,相较于静态的图文内容越来越难以吸引用户的注意力,直播则以视频的形式向用户传递信息,其表现形式不仅立体化,还能实现实时互动,更容易吸引用户的注意力。随着直播行业的蓬勃发展,企业、品牌商也纷纷运用直播来开展营销活动,实现销售渠道的开拓和销售额的提升。

一、直播与直播营销

传统意义上的直播是指广播电视节目的后期合成与播出同时进行的播出方式,如以电视或广播平台为载体的体育比赛直播、文艺活动直播、新闻事件直播等。但随着互联网技术的发展,尤其是移动互联网速度的提升和智能手机的普及,基于互联网的直播形式出现了。当前人们所说的直播,多数情况下是基于互联网的直播,即用户以某个直播平台为载体,利用摄像头记录某个事件的发生、发展进程,并在网络上实时呈现,其他用户在相应的直播平台上能直接观看并进行实时互动。

直播以互联网技术为依托,有实时性强、互动性强、更具真实性的特点。现场直播结束后,直播活动举办方还可以为用户提供重播、点播服务,这样做有利于扩大直播的影响范围,最大限度地发挥直播的价值。

直播作为一种全新的内容表现形式,在丰富互联网内容表现形式的同时,也为企业品牌商带来了一种新的营销方式——直播营销。所谓直播营销,就是指企业、品牌商以直播平台为载体进行营销活动,以达到提升品牌影响力和提高商品销量目的的一种营销活动。

二、直播营销的优势

直播为企业、品牌商带来了新的营销机会。作为一种新兴的网络营销手段,直播营销具有以下三个优势。

1. 即时互动性

传统的营销方式通常是由企业、品牌商发布营销信息,用户被动地接收信息。在这个过程中,企业、品牌商无法立刻了解用户对营销信息的接收情况和用户对营销信息的态度。

相反,直播具有良好的互动性。在直播过程中,企业、品牌商在向用户呈现营销信息的同时,用户也可以针对营销信息发言和互动,参与到直播活动中,这样既有利于增强用户的参与感,又调动了直播间的氛围。针对某些话题,甚至可以形成意向用户、围观用户以及企业、品牌商三方之间的强烈互动,真正实现企业、品牌商与用户之间,用户与用户之间的深度互动,实现营销效果最大化。

2. 场景真实性

在营销活动中，真实、高质量的商品是企业、品牌商赢得用户信任的第一步。在传统的营销方式中，无论是图文式广告还是视频类广告，它们虽然制作精良，极具吸引力，但却让有些用户对其真实性产生怀疑，因为它们都是提前制作好的成品，制作过程中经过了大量人为的剪辑和美化。而在直播的形式中，企业、品牌商不仅可以展示商品的生产环境、生产过程，让用户了解商品真实的制作过程，获得用户的信任，还可以展示商品的试吃、试玩、试用等过程，让用户直观地了解商品的使用效果，从而刺激用户的购买欲。

3. 营销效果直观性

消费者在线下购买商品时，容易受到外部环境的影响，而在直播活动中，主播对商品的现场展示和介绍，以及直播间内很多人争相下单购买的氛围，很容易刺激其他用户直接下单购买商品。在直播过程中，直播运营团队可以看到直播间的实时数据，了解直播间内商品的售卖情况，及时掌握直播活动的营销效果。

三、直播营销的表现形式

直播营销具有场景真实的特点，为了吸引用户观看直播，直播运营团队需要根据实际情况选择比较具有看点的直播营销形式。具体来说，常见的直播营销形式有以下几种。

直播营销的表现形式

1. 商品分享式直播

商品分享式直播就是主播在直播间里向用户分享和推荐商品，或者由用户在直播间的评论区留言，告诉主播自己需要的商品，然后主播按照用户的需求推荐并讲解相应的商品，整个直播的内容就是主播讲解并展示商品，如图8-1所示。

2. 产地直销式直播

产地直销式直播是指主播在商品的原产地、生产车间等场景进行直播，直接向用户展示商品真实的生产环境、生产过程，从而吸引用户购买，如图8-2所示。

3. 基地走播式直播

基地走播式直播是指主播到直播基地进行直播。很多直播基地是由专业的直播机构建立的，能够为主播提供直播间、商品等服务。直播基地通常用于直播机构自己旗下的主播开展直播，或租给外界主播、商家进行直播。在供应链比较完善的基地，主播可以根据自身需求在基地挑选商品，并在基地提供的直播场地中直播，如图8-3所示。

直播基地搭建的直播间和配置的直播设备大多比较高档，所以直播画面及效果比较理想。此外，直播基地中的商品会在淘宝店铺或天猫店铺中上架，主播在

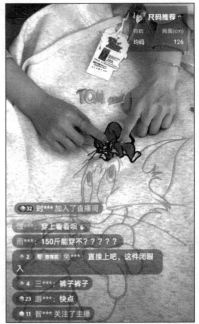

图8-1　商品分享式直播

基地选好商品后，在直播时将商品链接导入自己的直播间即可。因为这些商品都是经过主播仔细筛选的，所以比较符合主播直播间用户的需求，而且基地提供的商品款式非常丰富，主播不用担心缺少直播商品。

图 8-2 产地直销式直播

图 8-3 基地走播式直播

一般情况下,在基地进行直播时,主播把商品销售出去后,基地运营方会从中抽取一部分提成作为基地服务费。

4. 现场制作并体验式直播

现场制作并体验式直播是指主播在直播间里现场对商品进行加工、制作,向用户展示商品经过加工后的真实状态。食品、小家电、3C商品(3C商品是计算机类、通信类和消费类电子商品三者的统称,如计算机、平板电脑、手机或数字音频播放器等)等可以采取这种直播营销模式。

尤其对于一些可加工的食品来说,主播可以实时直播加工食品的过程,然后进行试吃,如图 8-4 所示,这样既能向用户展示食品的加工方法,提高用户对食品的信任度,又能丰富直播内容,提高直播的吸引力。不过,虽然这种形式会对用户产生较大的吸引力,但是也存在一定的局限性,毕竟一场直播通常持续的时间较长,让主播在一场直播中从头吃到尾,显然是一项不小的挑战。

5. 砍价式直播

砍价式直播是指在直播中,主播向用户分析商品的优缺点,并告诉用户商品大概的价格,待有用户提出购买意向后,主播再向货主砍价,为用户争取更优惠的价格,价格协商一致后即可成交。

图 8-4 现场制作并体验式直播

6．秒杀式直播

秒杀式直播是指主播与企业、品牌商合作，在直播中通过限时、限量等方式向用户推荐商品，从而吸引用户购买。秒杀式直播进行时氛围紧张刺激，价格优惠程度高或稀缺性强，能吸引用户积极参与，如图 8-5 所示。

7．教学培训式直播

教学培训式直播是指主播以授课的方式在直播中分享一些有价值的知识或技巧，如提升英语口语能力的技巧、化妆技巧、甜点制作技巧、运动健身技巧等，主播在分享知识或技巧的过程中推广一些商品，如图 8-6 所示。这样不仅能让用户通过观看直播学习到某些知识或技能，也能让用户感受到主播的专业性，提高用户对主播推荐商品的信任度。

图 8-5 秒杀式直播

图 8-6 教学培训式直播

8. 才艺表演式直播

才艺表演式直播是指主播直播表演舞蹈、脱口秀、魔术等才艺,并在表演才艺的过程中使用某种商品,从而达到推广商品的目的。才艺表演式直播适用于推广表演才艺时会使用到的工具类商品,如表演才艺穿着的服装、鞋,或使用的乐器等。为了达到良好的直播效果,在这种直播形式中,主播不能只是自顾自地表演,还要与用户互动,这样才能增强直播的吸引力,让缺少语言交流的表演不显得无聊,如图8-7所示。

图8-7 才艺表演式直播

9. 开箱测评式直播

开箱测评式直播是指主播边拆箱边介绍箱子里面的商品。在这类直播中,主播需要在开箱后诚实、客观地描述商品的特点和商品的使用体验,让用户真实、全面地了解商品的功能、性能等,从而达到推广商品的目的。图8-8所示为某主播发布的一款手机开箱测评直播视频。

图8-8 开箱测评式直播

10. 访谈式直播

访谈式直播是指围绕某个主题,主播与嘉宾通过互动交谈的方式阐述自己的观点和看法，从而实现营销推广的目的。例如，Vivo X50 Pro＋上市之际，Vivo 品牌方举办了一场新品线上品鉴会直播。在品鉴会上，主播邀请几位摄影爱好者分享了自己使用 Vivo X50 Pro＋拍摄的感受，如图 8-9 所示，带领用户领略了这款手机强大的摄影功能。

图 8-9　访谈式直播

11. 海淘现场式直播

海淘现场式直播是指主播在国外商场、免税店直播，用户通过观看直播选购商品，如图 8-10 所示。通过直播海淘现场，用户容易产生仿佛亲身在国外商场购物的感觉，商品的标价也一目了然，有利于提升用户对商品的信任度。

图 8-10　海淘现场式直播

12. 展示日常式直播

在直播中，直播吃饭、购物等日常生活可以作为宣传个人形象的内容。同样，对于企业来说，也可以通过直播企业的日常活动来进行品牌宣传。所谓企业的日常活动，包括企业研发新品的过程、企业生产商品的过程、企业领导开会的情景，以及企业员工的工作环境、工作状态等。对于企业中的从业人员来说，这些事情稀松平常，但对于直播间里的用户来说，这些事情却属于企业运营中的"机密",对他们有着非常大的吸引力,因此,展示企业的日常活动也是一种吸引用户注意力的直播营销方式。

例如,某自媒体号策划的"带你云游工厂"活动,以直播探访企业工作基地的方式,带领用户探访企业的幕后配音间(见图 8-11)、玩具设计工作室等,并访问为故事配音的工作人员,向用户揭秘自媒体内容的生产方式,在给用户带来新奇体验的同时,也向其展示了品牌商精细化生产商品的态度和过程,从而提升了用户对商品的信任度。

图 8-11 探访配音间

单元二 直播场景的搭建

一、搭建直播场景的作用

直播是一种新的搭建人、货、场之间的关联机制,更加直观、真实,互动性也更强。它可以让消费者更直接地看到商品的方方面面,比如主播现场的语言和情绪、观众现场的即时反馈等。相比于纯粹的图片和短视频直播会让商品显得更加真实,进而降低信任成本。直播有四大优势:超强的三维空间的展示能力、立体化;及时互动取代单一刻板文字聊天;通过直接的测款演示,引导用户选取商品并消费;直播环节的完整性、关联度强。

直播的直接目的是成交,而成交的前提是沟通。随着消费者品质需求的提升,品牌直播活动大多以沟通的方式展开,搭建生动化场景,营造很强的参与感,这样才能增强用户黏度和消费者对品牌的好感度。

搭建直播场景可以留住精准用户,能够让用户清晰地了解企业形象,了解企业是做什么的,从而使有需求的用户留下来。

搭建直播场景还可以吸引潜在用户,以往,潜在消费者了解产品的最主要链路就是"店铺详情页搜索——点击进入详情页——了解产品信息——是否购买产品",这种方式对消费者来说缺乏体验感,购买欲望会降低,再者,进入详情页之后唯一互动方式就是联系客服,互动感不强。相比,直播优势就十分明显,多元的呈现形式、互动方式,以及十分详尽的商品展示、强互动感、主播情绪的带动等,都极其容易增加消费者的共情能力。

二、搭建直播场景的目的

不同类型的商家直播需求也会有差异,商家一般根据自己的定位、需求来确定目标,目标一般有两种:一是销售,二是品牌宣传。

1. 销售目标

想要利润最大化,流量、客单价、转化率、成本都是要考虑的数据维度。而好的销售直播场景有助于提升这些数据,帮助店铺直播的销售量显著增加。销售目标场景需要的元素有重点突出销售信息、最大程度突出产品、产品的功能要尽可能地展示详尽。

2. 品牌宣传目标

品牌宣传为主的直播间,除了要增加曝光量之外,还要注重品牌的影响力、形象塑造,官方成绩、明星代言等信息需要重点突出。品牌宣传目标场景包含的元素有品牌 logo 的突出、新颖独特的 VI 打造、让直播间成为有独特记忆点的直播间,这样更有利于帮助品牌形成自己的 IP。

三、直播间布景

整洁、温馨、有文化内涵的直播布景,能给主播带来自信,也为主播的颜值效果加分。布景可以按照主播的风格定位,比如有的主播走的是甜美风,在布置上可以取用甜美的元素;也可以按照功能定位,比如有的主播定位是服装带货主播,那我们就要将空间中产品放置的空间设计好,然后在此基础上装扮空间,最好地展示产品。

色彩是定位风格的一个主要元素,直播空间的色彩可以根据个人的风格来进行选择,需要注意的是不宜过于鲜艳,墙面的颜色会通过直播中打光反射到主播脸上,影响观众的观感和对主播的好感度。

直播空间中软装的布置、墙面等装饰,这也是直播空间装修中较为重要的一点,真实的布景比背景布的效果要好很多,高级感更强。直播间的地面也要尽量选择浅色的地毯、浅色的地板或者选择木地板。如果是陈列货架服饰类直播间内可以放衣架或者衣柜,衣服要摆放整齐。美妆类直播间可以摆放陈列货架,以某美妆类直播间为例,各类化妆品虽然众多,但全部整齐地摆放在陈列货架上,井然有序,如图 8-12 所示。

图 8-12 美妆类直播间

除了布置和色彩外,灯光也非常重要,一般会选择一些射灯放置在顶部边缘,打造整体的明亮观感。

四、直播场景搭建要素

直播场景
搭建要素

直播间是直播的核心模块,也是基于直播场景的所有互动和展示的承载模块。直播已经演化成"直播+"的模式,直播场景的搭建有以下几个要素。

(一)环境选择和布置

直播间的环境最好是一处独立、安静的空间,面积足够即可,可以根据自己售卖的产品去做选择,可以选择办公室、家里的房间、店铺的隔间等场地,不建议在周边存在噪声干扰的地方直播。

在购买设备、道具,以及装修布置直播间之前,需要对直播间进行一个全局的规划,不同的产品对于所需要的直播间场景都不一样,所以,建议优先参考同行的直播间风格。

直播间常见的展示类型为半无人直播、坐姿半身景直播、站立半身景直播、站立全身景直播。

直播场景中需要注意以下几个重点。

1. 直播场景要贴合直播产品与内容,适合主播发挥

贴合直播产品与内容的直播场景可以分为原产地直播、工厂车间直播、品牌门店探店直播、室内主题直播间直播等。

2. 背景

直播间的背景最好是纯色,但不建议是白色,因为直播间的灯光都会比较亮,如果是纯白色容易反光,灯光直射在墙面会直射在观众眼睛里,导致长时间看直播的人产生视觉疲劳。另外,最好以浅色纯色背景墙为主,要简洁、大方、明亮,不要花里胡哨,因为杂乱的背景容易使人反感。建议直播背景墙的颜色是深灰色或浅棕色,这样的颜色能突出主播,也可以根据售卖的产品布局不一样的背景。

3. 灯光

直播的灯光和背景墙的颜色一定要匹配,顶灯灯光要足够把场景照亮,左右灯光则负责增加人物和产品的立体感。如果是实体店,一般上面装一个顶灯和照货架的射灯就可以了,如图 8-13 所示。

图 8-13 直播间灯光

4. 道具

直播间常用的道具有：KT 板、窗帘、摆放产品的货架、多台手机。

制造氛围的道具有：小黑板、秒表、计算器、鼓、ipad 或计算机屏幕。

主题道具：服装的衣架、鞋包的专用货架、衣服展示的圆形展台、生鲜零食的电煮锅等，要一眼就能看出来是卖什么的。

5. 直播间的产品排列

护肤品大牌要放在显眼位置，让粉丝 1 元抢；零食要摆放成品类众多的样子，看起来产品丰富，分量十足；工厂厂家直播可以直接在后面展示库存，表示是真的实体工厂，价格实惠有保证；实体门店，有品牌的一定多展示品牌 Logo。

 课堂讨论

某经营特色农产品水果的直播间，应该如何布景？

（二）直播设备清单

直播有两种方式，一种是使用手机直播，另一种是使用计算机直播。

1. 使用手机直播

使用手机直播一般包括以下设备。

（1）一台用于直播的手机。手机需要能够满足高清、平稳、低延迟的要求。

（2）双头领麦。主副播各一个麦克风，不然主播距离手机过远，会导致声音太小，观众听不清晰，使观看直播体验不好，如图 8-14 所示。

（3）手机支架，美颜灯。手机支架一般是和美颜灯连在一起的，也有分开的。支架有放在桌面上的短支架，也有放在地上的长支架，可以根据直播类型去选择，如果是半无人直播就可以选桌面的短支架，如果是全身景直播就可以选择长的支架，如图 8-15 所示。

图 8-14　领麦

图 8-15　短支架和长支架

2. 使用计算机直播

使用计算机直播一般包括以下设备。

（1）摄像头。摄像头是直播间的摄像设备，至少要满足高清、平稳、低延迟三个要求，这样才能在直播时呈现较完美的画面。

（2）计算机。一般是CPU i5以上的配置，最好是i7，内存8G、独立显卡和声卡。

（3）声卡＋麦克风。声卡主要是连接计算机，选择上可以多咨询几家对比；麦克风分为两种，即电容麦和动圈麦，室内用电容麦，室外用动圈麦，根据自身情况选择即可。

（4）手机支架。手机支架的种类非常多，有多个机位（手机＋声卡＋麦克风＋补光灯）一体的，也有分开单个独立的，有落地的，也有台式的，根据自己的需求选择即可。重点考虑的是稳定性、不占空间。

（5）直播灯光。一套完整的基础灯光设备一般是由环境灯、主灯、补光灯和辅助背景灯组成，如图8-16所示。主灯是让整个直播间有亮度，而不是局部亮；设备灯，主光源建议使用球形灯，因为球形灯打出来的光足够柔和，以显色度96%以上为佳；补光灯一般都是侧面45°打光，不能直接打，也不能后面打，是为了让画面更柔和，主播的皮肤看起来有光泽、细腻。

图8-16　直播灯光

（三）直播间灯光的调试

（1）在开播前首先要看看光线是否充足，阴影是否太明显，暗角是否过多，角度是否合适，产品是否有展示空间，例如鞋子、衣服、化妆品，场景是否符合售卖的产品格调，网络上行速度是否顺畅。

（2）打光时注意采用三点布光的技巧，三点布光又称为区域照明，一般用于较小范围的场景照明。如果场景很大，可以把它拆分成若干个较小的区域进行布光。一般有三盏灯即可，分别为主体光、辅助光与背景光，如图8-17所示。

主体光：直接放在对象前方，主要是为了照亮场景中的主要对象以及其周围区域。

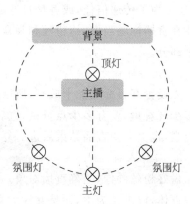

图8-17　三点布光的技巧

辅助光：增加主体层次间的亮暗对比。

背景光：增加背景的亮度，从而衬托主体，并使主体对象与背景相分离，让背景和对象之间有层次感。一般使用泛光灯，亮度宜暗不宜亮。

单元三　直播脚本策划

一、撰写直播脚本的目的

（1）直播脚本可以增加粉丝关注度，升级粉丝观感；可以为观众提供独特的视角和深度；可以建立舆论导向，进行长期 IP 化打造；可以减少突发状况，包括控场意外、节奏中断等。

（2）脚本让直播有了统一的规划，可以减少直播过程中的突发状况，很大程度上可以让直播内容有条不紊地进行。

（3）脚本让主播更可以顺畅地传递专业内容。直播脚本里包含了产品引入话题、产品讲解、流程推荐、品牌介绍等的话术，同时包含了产品的直播排序，精准到时间。通过脚本主播能清楚地看到自己在每个时间段的带货内容，参考话术也可以降低主播因为忘词、不懂产品所带来的只能按照产品包装去介绍产品的尴尬。

（4）直播脚本方便后期的复盘优化。复盘是直播非常重要的工作内容，每场直播后，我们都要以粉丝、直播观众的角度去回顾上一场的直播，在回顾中将工作流程化，并且要总结优点，将经验转化为能力，同时也要发现缺点，不断纠正错误。

二、直播脚本的要素

开播前准备的内容包括开播时怎么预热、本次直播如何开场、什么时间预告下次直播的爆款、人气款和下次直播的全部产品等，同时要规范好直播主要工作人员的工作内容，如何各司其职的同时又相互配合，紧急情况时的应对政策、注意事项等。一个完整的直播脚本，包含以下几个要素。

1. 直播主题

开始一场直播之前，首先要明确这场直播的主题是什么，目的是什么，是为了优惠做活动，还是为了传递信任，或者是打造品牌。在创建直播预告的时候，可以把直播的目的直接标注在直播标题当中，给粉丝和观众一个提示，明确直播主题，这个是直播开始时最重要的一个部分。

2. 直播目标

先设置好目标才能干成事，所以在一场直播之前，要提前预估本场直播的目标，比如要有多少观看量，要有多少点赞量，进店率是多少等。这些数据都要提前有个规划，这样目标性更强，也更方便直播结束后进行复盘总结。

3. 目标人群

做好粉丝画像，明确直播对象。这场直播主要是给谁看，是年轻用户群体，还是中老年用户群体，以男性为主，还是女性为主。

4. 团队分工

每一个人都要有自己的职能职责，一场成功的直播是每一个员工合力协作的结果。比如主播要介绍产品，突出卖点，助理要协助主播来突出卖点，还要和观众进行互动，回复用户的提问，后台的运营人员要修改价格，上下架产品等。要根据本场直播的性质和需求合理搭配直播人员,并分工合作。

5. 时间段

直播的每个时间段粉丝群体是不一样的,基本分为三个时间段。第一个时间段是早上的6点到10点,这个时间段为圈粉时间段;第二个时间段是12点到18点,这个时间段为维护粉丝时间段;最后一个时间段是18点到24点,这个时间段为黄金时间段。

建议新手主播每天在固定的时间段里直播,这样才能养成粉丝观看你直播的习惯。直播的时间到了要准点离场,及时预告下一次直播的时间和品类,为下一场直播预热。

6. 直播节奏和看点

要规划好本场直播对产品、福利、时长等顺序、节奏的安排,先发福利还是先说产品,产品时长控制在多长时间,福利抽奖有几轮等。比如每个整点截图有福利,点赞到十万或二十万时提醒粉丝截图抢红包等。

7. 确定直播预热方案

预计要为直播引流多少,用什么方法进行预热引流,文案预热还是短视频预热,多方案预热还是简单预热。

8. 控制好直播的预算

要对直播需要多少预算,直播中要发放多少优惠券的面额等进行把控。脚本中可以提前设计好能承受的优惠券面额或者是秒杀活动,赠品支出等,提前控制直播预算。

9. 利益点

确定本场直播的利益点,例如,今晚每介绍一款商品就有抽奖、红包大派送、大让利折扣等,并号召观众互动刷屏,留言先抽一轮奖品等,目的就是要拖住观众并持续给直播间累积人气。

一个好的脚本一定会让整场直播变得紧凑环环相扣,能让观众停留在你直播间的时间越久,那么下单成交的概率就越高。

三、直播脚本大纲的撰写要点

在撰写直播间脚本的时候,需要从直播环节来把握一些撰写要点。

1. 开场环节

直播刚刚开始,最重要的目标就是暖场,提升直播间的人气。暖场的时长可以控制在5~15min,这个阶段需要主播跟粉丝问候打招呼,抽奖发福利,跟粉丝友好互动,提前说一下今天的直播间产品有哪些亮点。在暖场期要准备好暖场话术,开场抽奖玩法,直播间整个卖品的大概介绍,本场直播间的大奖福利介绍等。

2. 正式售卖环节

在正式销售中,售卖环节可以分为销售初期、销售高峰期和销售末期。各部分时长可根据自身直播情况进行分配。

在销售初期,主要重点是慢慢提升直播间的销售氛围,让用户参与直播间的互动。很多直播间会抛出低价引流资金,让粉丝送出弹幕,形成几百人抢购的氛围,大家都有从众心理和热闹心理,这样刚进直播间的人就能一下子感受到直播间的火热气氛,从而留存下来。

当进入销售高峰期时,这时候直播间的卖货氛围和人气都上升了。直播间卖东西的高峰期相当于卖货的黄金时段,这时候一般建议选择性价比高、价格非常优惠的产品,也可以选择结合高客户价格和低客户价格的产品。

3. 结束环节

到了直播即将结束的时候，开始准备收尾工作，一般时长是 15min。首先可以送出一点小礼品，回馈已经下单的粉丝，还可以为下一场直播做简单的预告，并且针对粉丝呼声很高的产品，告知粉丝下次能否安排返场；其次要引导粉丝关注主播直播间，强调每日直播时间，引导粉丝准时进入直播间；最后再次感谢粉丝的支持，跟粉丝告别下播。

以上，就是一场直播间的执行流程，根据这个流程分阶段来写大纲脚本，整场直播就会显得非常有条理。

四、直播脚本的分类

直播脚本一般可以分为单品直播脚本和整场直播脚本。

1. 单品直播脚本

单品直播脚本顾名思义就是针对单个产品的脚本，以单个商品为单位，规范商品的解说，突出商品的卖点。一场直播一般会持续 2~6h，大多数直播间都会推荐多款产品。每一款产品定制一份简单的单品直播脚本，以表格的形式将产品的卖点和优惠活动标注清楚，可以避免主播在介绍产品时手忙脚乱，混淆不清，也更能帮助主播精准、有效地给直播间粉丝传递产品的特色和价格优势。单品脚本内容一般包括产品品牌介绍、产品卖点介绍、利益点强调、促销活动、催单话术等。以电器为例，单品脚本就要在表格里面详细地描述清楚电器的品牌、用途、设计等细节特点，如表 8-1 所示。

表 8-1 某品牌一款电热锅的单品脚本

项　　目	商品宣传点	具　体　内　容
品牌介绍	品牌理念	××品牌以向用户提供精致、创新、健康的小家电产品为己任，该品牌主张以愉悦、创意、真实的生活体验丰富人生，选择××品牌不只是选择一个产品，更是选择一种生活方式
商品卖点	用途多样	具有煮、涮、煎、烙、炒等多种烹饪功能
商品卖点	产品具有设计感	① 分体式设计，既可以当锅用，也可以当碗用； ② 容量适当，一次可以烹饪一个人、一顿饭的食物； ③ 锅体有不粘涂层，清洗简单
直播利益点	"双十一"特惠提前享受	今天在直播间内购买此款电热锅享受与"双十一"活动相同的价格，下单时备注"主播名称"即可
直播时的注意事项		① 在直播进行时，直播间界面显示"关注店铺"卡片； ② 引导用户分享直播间、点赞等； ③ 引导用户加入粉丝群

2. 整场直播脚本

整场直播脚本就是以整场直播为单位，规范正常直播节奏流程和内容。大家都知道一场直播包括了预热、开场、产品介绍、抽奖、结束等各个环节，那么一整场的直播脚本应该如何来策划呢？可以化整为零，做模块设计。

比如要做一场 2h 的直播，那么就可以把 2h 拆成 120min，再把 120min 拆成 5min×24 或者 10min×12、20min×6，这种拆时为分的方式可以对整个直播流程的时间把控处理得更好一些。

要把每个5min的内容提前设计好,什么样的产品适合5min的介绍、什么样的产品适合10min的介绍、什么样的产品适合20min的介绍。比如尾货服装、零食、百货等商品,粉丝希望快速看、快速做决定,这类商品适合5min的介绍,主要靠款式新颖丰富程度来吸引粉丝关注;美妆、中高客单产品适合做10min的介绍;大家电、大件商品则更适合做20min的直播。

整场直播脚本一般都会包含时间、地点、商品数量、直播主题、主播、预告文案、场控、直播流程等几个要素。

整场直播活动脚本是对整场直播活动的内容与流程的规划与安排,重点是规划直播活动中的玩法和直播节奏。通常来说,整场直播活动脚本应该包括表8-2所示的几个要点。

表8-2 整场直播活动脚本的要点

直播脚本要点	具 体 说 明
直播主题	从用户需求出发,明确直播的主题,避免直播内容没有营养
直播目标	明确开直播要实现何种目标,是积累用户,提升用户进店率,还是宣传新品等
主播介绍	介绍主播、副播的名称、身份等
直播时间	明确直播开始、结束的时间
注意事项	说明直播中需要注意的事项
人员安排	明确参与直播人员的职责,例如,主播负责引导关注、讲解商品、解释活动规则;助理负责互动、回复问题、发放优惠信息等;后台/客服负责修改商品价格、与粉丝沟通转化订单等
直播的流程细节	直播的流程细节要非常具体,详细说明开场预热、商品讲解、优惠信息、用户互动等各个环节的具体内容、如何操作等问题,例如,什么时间讲解第一款商品,具体讲解多长时间,什么时间抽奖等,尽可能把时间都规划好,并按照规划来执行

优秀的整场直播活动脚本一定要考虑到细枝末节,让主播从上播到下播都有条不紊,让每个参与人员、道具都得到充分的调配。表8-3和表8-4所示为整场直播活动脚本的示例,包括直播活动概述和直播流程。

表8-3 直播活动概述

直播主题	秋季护肤小课堂
直播目标	"吸粉"目标:吸引10万名用户观看; 销售目标:从直播开始至直播结束,直播中推荐的3款新品销量突破10万件
主播、副播	主播:××,品牌主理人、时尚博主;副播:××
直播时间	2020年10月8日,20:00—22:30
注意事项	① 合理把控商品讲解节奏; ② 适当提高商品功能的讲解时间; ③ 注意对用户提问的回复,多与用户进行互动,避免直播冷场

表8-4 直播流程

时间段	流程安排	人员分工		
		主 播	副 播	后台/客服
20:00—20:10	开场预热	暖场互动,介绍开场截屏抽奖规则,引导用户关注直播间	演示参与截屏抽奖的方法;回复用户的问题	向粉丝群推送开播通知;收集中奖信息

续表

时间段	流程安排	人员分工		
		主播	副播	后台/客服
20:10—20:20	活动剧透	剧透今日新款商品、主推款商品,以及直播间优惠力度	补充主播遗漏的内容	向粉丝群推送本场直播活动
20:20—20:40	讲解商品	分享秋季护肤注意事项,并讲解、试用第一款商品	配合主播演示商品使用方法和使用效果,引导用户下单	在直播间添加商品链接;回复用户关于订单的问题
20:40—20:50	互动	为用户答疑解惑,与用户进行互动	引导用户参与互动	收集互动信息
20:50—21:10	讲解商品	分享秋季护肤补水的技巧,并讲解、试用第二款商品	配合主播演示商品使用方法和使用效果,引导用户下单	在直播间添加商品链接;回复用户关于订单的问题
21:10—21:15	福利赠送	向用户介绍抽奖规则,引导用户参与抽奖、下单	演示参与抽奖的方法	收集抽奖信息
21:15—21:40	讲解商品	讲解、试用第三款商品	配合主播演示商品使用方法和使用效果,引导用户下单	在直播间添加商品链接;回复用户关于订单的问题
21:40—22:20	商品返场	对3款商品进行返场讲解	配合主播讲解商品;回复用户的问题	回复用户关于订单的问题
22:20—22:30	直播预告	预告下一场直播的时间、福利、直播商品等	引导用户关注直播间	回复用户关于订单的问题

五、直播预告文案

直播预告文案宣传是直播引流的方法之一,好的文案可以提升直播间人气。

(一)直播预告文案的类型

1. 借势型直播预告文案

直播预告文案的类型

借势文案一般常见于品牌、达人的直播预告中。因为大主播经常会请明星进入直播间,可直接借"名人"的势来宣传造势。例如,某主播的直播预告文案中,经常有借势宣传。"当你走进这直播间~",我和×××老师就已经在直播间等你们了!今晚20点30,不见不散!如图8-18所示。

2. 抽奖型直播预告文案

很多直播间的预告文案都会采用这样的方法,以某主播的99美妆节文案为例,如图8-19所示。这里的抽奖赠送奖品一定要有足够的吸引力,或者能满足某一用户群体的需求,奖品可以是大牌,如神

图8-18 借势型直播预告文案

仙水,吸引力较大;也可以是爆款产品,如芙丽芳丝洗面奶,受众群体范围广。鼓励目标用户群体转发评论,能够提升文案的曝光度。

3. 直接分享型直播预告文案

这类预告文案指的是在预告文案中直接分享直播产品清单,并预告部分产品优惠,吸引精准用户进入直播间,提升产品转化。例如,某主播每次直播前,会在微信公众号发布一条直播预告海报,海报上是完整的直播产品清单,按分类排列,对产品有需求的用户就会进入直播间,如图 8-20 所示。

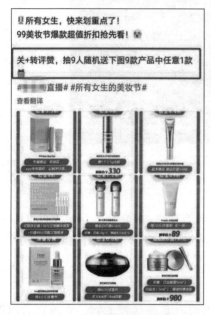

图 8-19　抽奖型直播预告文案

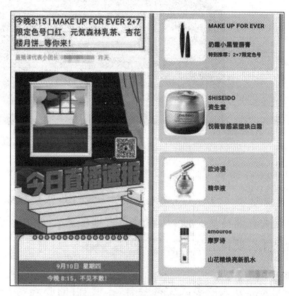

图 8-20　直接分享型直播预告文案

这种方法适用于有一定粉丝基础的主播。如果你的粉丝不多,可以在列清单的同时,结合方法二"转发抽奖"的方式,用福利诱惑用户为你二次宣传,并进入直播间。

4. 价值包装型直播预告文案

给直播预告文案做一次价值包装,如果用户从文案中看到了"价值",就会进入直播间。例如,"想要好皮肤的宝宝们一定要看我的直播";"想变美的 MM 们一定要看我这期的直播,有惊喜哦!"简而言之,要让用户知道,在直播间他们能获得某种可操作化的价值,这种价值会吸引他们进入直播间。

(二)直播预告文案的写作技巧

1. 设置悬念

某主播首次直播宣传海报中的文案把这一点用得非常好。如倒计时 5 天时,直播宣传文案是:如果不是全网最＿＿＿＿怎么会让上千万人挤在一个屋子里买东西?倒计时 1 天时,直播宣传文案又变成了这样:如果不是全程都＿＿＿＿怎么会让不买东西的人也舍不得离开?用这种"欲语还休"的方式勾起用户的好奇心,让用户产生进入直播间的欲望,如图 8-21 所示。

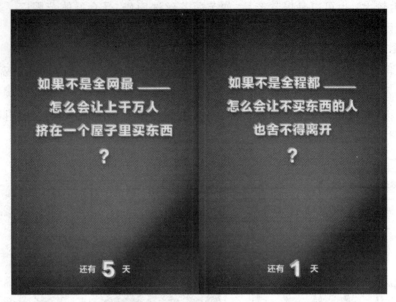

图 8-21 设置悬念直播预告

2. 注明亮点

如图 8-22 所示,"最纯正的本土好物"就是这条文案的重点,没有什么比本土纯正食物更让人有期待感。所以,在发布直播预告文案时,要亮出"最大法宝",只有有足够的吸引力,观众才会期待直播。

3. 福利诱惑

大部分人或多或少都会有"占便宜"的心理,物质上的或者是精神上的。如果直播预告文案中能用福利诱惑来吸引用户,就能吸引用户进入直播间。例如,凡进入直播间的观众,都能抽奖,奖品丰富,有 iPad、Swatch、神仙水等;或者直播间有多轮抽奖,红包多多,福利多多,如图 8-23 所示。

图 8-22 注明亮点直播预告

图 8-23 福利诱惑直播预告

单元四 直播流程和直播话术设计

一、直播流程

1. 直播开场

开场欢迎后主播可以用一首舒缓的背景音乐来欢迎陆续进入的粉丝,和粉丝打招呼,新手主播可以适时地介绍自己。开播后30min是新老粉丝进场峰值较高时期,对于新手主播来说,这段时间也是最佳的心理调整准备时间。之后可通过一段才艺表演或者一系列段子来点燃全场气氛,主播才艺表演时需要直播间管理及时配合主播做引导,欢迎新进场粉丝等管理工作。

2. 直播中

调整节奏,把控气氛,粉丝互动。直播持续1小时可以适当放缓节目节奏,跟粉丝聊聊天讲讲新鲜事等,切记直播的核心点在于与粉丝的沟通交流陪伴,互动和交流最能拉近与粉丝之间的距离,也是了解粉丝需求的最佳方式。

3. 直播结束

直播进入尾声,主播要做的一个是感谢粉丝,另一个就是制造具有仪式感的结尾。主播需要感谢老粉丝的支持,新粉丝的关注,也要感谢那些还没有关注路过的粉丝的捧场。切记对粉丝不要区别对待,过分的区别对待会直接影响粉丝团的稳定性。

二、直播内容的类型

1. 对观众有实质帮助的直播内容

现在是知识快消化的时代,对自己或他人有帮助、有价值的直播内容才能让人转发,没有价值的直播内容观众甚至不会在直播间多待一秒。

2. 专业、新颖的直播内容

人们总是喜欢新鲜感,对于直播内容新颖的主播,观众总是喜欢奔走相告。而比较专业的直播内容会让用户在分享的时候潜意识里觉得提高了自己的形象。

3. 具有社会流通性的直播内容

具有社会流通性就是让观众感觉自己就是知情人,然后他们自然会去告诉别人。

4. 有争议性的直播内容

有争议性的内容往往能获得用户的关注,因为每个人的观点是不一样的,这样就需要讨论,而观众希望更多的人参与进来,希望别人和他的想法一样,自然就会去分享和传播。

5. 有价值的故事

有价值的故事也是很重要的直播内容,大家都喜欢有故事性的内容,故事讲得越好,越能激发人的兴趣,被分享的概率也越高。因为故事本身就比单纯的事情更能打动人,更能引起观众的情感波动或者好奇心。

三、直播话术设计

对于主播来说,话术水平的高低直接影响直播间商品的销售效果。直播话术是商品特点、功效、材质的口语化表达,是主播吸引用户停留的关键,也是促使成交的关键,因此在直播营销中,巧妙地设计直播话术至关重要。

（一）直播话术设计要点

话术是指根据用户的期望、需求、动机等，通过分析直播商品所针对的个人或群体的心理特征，运用有效的心理策略，组织的高效且富有深度的语言。直播话术并不是单独存在的，它与主播的表情、肢体语言、现场试验、道具使用等密切相关。因此，设计直播话术时需要把握好以下要点。

直播话术
设计要点

1. 话术设计口语化，富有感染力

主播在介绍商品时语言要口语化，同时搭配丰富的肢体语言、面部表情等，这样能使主播的整体表现具有很强的感染力，能够把用户带入描绘的场景中。

例如，主播要介绍一款垃圾袋，如果按照说明书上的文字进行严肃而正式的介绍："这款垃圾袋的材质是聚乙烯，抗酸碱性能、抗冲击性能、抗寒性能好，安全无异味，袋壁加厚处理，耐撕扯，耐穿刺。"用户听上去可能没有什么感觉。

但是，如果设计一段偏口语化的话术，效果可能会完全不同："不知道大家有没有遇到过类似的情况，倒垃圾时垃圾袋经常会漏出一些带腥味的液体，味道很难闻，有时候不得不套两个垃圾袋，在超市里买的垃圾袋明明写着是加厚的，买回来一看还是很薄。如果有人遇到这种情况，那你一定要买这款垃圾袋，我特别喜欢它的款式，带着一个抽拉绳，能够非常牢固地套在垃圾桶上。它能承重 20 斤，日常装垃圾完全没有问题，非常方便耐用，直接买就对了。"这样一段浅显易懂的话术加上直播现场的操作演示，能够直接戳中用户的痛点，让用户感受更真实，更容易做出购买行为。

2. 灵活运用话术，表达要适度

很多新手主播经常把话术作为一种模板或框架来套用，需要注意的是，话术并不是一成不变的，要活学活用，特别是面对用户提出的问题时，要慎重考虑后再回应。对于表扬或点赞，主播可以积极回应；对于善意的建议，主播可以酌情采纳；对于正面的批评，主播可以用幽默化解或坦荡认错；对于恶意谩骂，主播可以不予理会或直接拉黑。

凡事要掌握好度，不能张口即来，如果主播在说话时经常夸大其词、不看对象、词不达意，会引发用户反感。因此，设计话术要避开争议性词语或敏感性话题，以文明、礼貌为前提，既能让表达的信息直击用户的内心，又能够营造融洽的直播间氛围。

3. 话术配合情绪表达

缺乏直播经验的新手主播可能经常会遇到忘词的情况，这时主播虽然可以参考话术脚本，但也要注意配合情绪、情感，面部表情要丰富，情感要真诚，还要注意对肢体语言、道具的使用等。直播就像一场表演，主播就是其中的主演，演绎到位才能吸引并感动用户。

使用话术时，主播不能表现得过于怯懦或强势，过于怯懦会让主播失去自己的主导地位，变得非常被动，容易被牵着走；而如果主播过于强势，自说自话，根本不关心用户的想法或喜好，则不利于聚集粉丝和增加流量。

4. 语速、语调适中

在直播时，主播的语调要抑扬顿挫、富于变化，语速要确保用户能够听清讲话内容。主播可以根据直播内容的不同灵活掌握语速，如果想促成用户下单，语速可以适当快一些，控制在每分钟 150 字左右，用激情来感染用户；如果要讲专业性的内容，语速可以稍微慢一些，控制在每分钟 130 字左右，这样更能体现出权威性；讲到要点时，可以刻意放慢语速或停顿，以提醒用户注意倾听。

(二)直播话术三原则

直播主要是通过语言与用户进行交流与沟通的,语言是主播思维的集中表现,能够从侧面体现出主播的个人修养与气质,直播话术要符合如下三个原则。

1. 专业性

直播话术的专业性体现在两个方面,一是主播对商品的认知程度,主播对商品认知得越全面、越深刻,在进行商品介绍时就越游刃有余,越能彰显自己的专业程度,也就越能让用户产生信任感;二是主播语言表达方式的成熟度,同样的一些话,由经验丰富的主播说出来,往往比由新手主播说出来更容易赢得用户的认同和信任,这是因为经验丰富的主播有更成熟的语言表达方式,他们知道如何说才能让自己的语言更具说服力。

例如,如果是服装行业的直播,那么主播必须对衣服的材质、风格、当下时尚流行趋势、穿搭技巧等内容有深入的了解,并具备一定的审美能力;如果是美妆行业的直播,主播要对护肤品的成分、护肤知识、化妆技巧、彩妆搭配等非常精通。专业的内容是主播直播的核心,主播只有不断学习,提高自身的专业素养,拥有丰富的专业知识,积累直播的经验,才能在直播中融入自己的专业见解,说话才会更有内涵、更有分量,更容易赢得用户的信任。

2. 真诚

在直播过程中,主播不要总想着如何讨好用户,而应该与用户交朋友,站在用户的角度,以真诚的态度进行沟通和互动。主播要以朋友的身份给出自己最真实的建议,有时真诚比技巧更有用。

真诚的力量是不可估量的,真诚的态度和语言容易激发用户产生情感共鸣,提高主播与用户的亲密度,拉近双方的心理距离,从而提高用户的黏性和忠诚度。

3. 趣味性

直播话术的趣味性是指主播要让直播语言具有幽默感,不能让用户觉得直播内容枯燥无味。幽默能够展现主播的开朗、自信与智慧。使用趣味性的语言更容易拉近主播与用户的距离,提升用户的参与感。同时,幽默的语言还是直播间的气氛调节剂,能够帮助营造良好、和谐的氛围,并加速主播与用户建立友好关系。

不过,主播的幽默一定要适度,掌握好分寸,不能给用户留下轻浮、不可靠的印象。主播还要注意幽默的内容,可以对一些尴尬场面进行自我调侃,但不要触及私人问题或敏感话题,而且不能冲淡直播主题,不能把用户的思路越拉越远,最终要回到直播营销的主题上。要想成为一个出色的电商主播,提升直播语言的趣味性,可以通过学习脱口秀节目、娱乐节目中主持人的说话方式来锻炼自己的幽默思维。

(三)直播常用话术

按照直播营销的一般流程,直播的常用话术内容如表 8-5 所示。

表 8-5 直播常用话术示例

话术应用场景	话术技巧	示例
直播预告	说明直播主题、直播时间、直播中的利益点	明天下午 8 点,母亲节来啦!一定要锁定××直播间,福利已经为你们准备好啦!转发并关注直播间,抽出 100 位幸运儿平分一万元现金红包哦!

续表

话术应用场景	话术技巧	示例
开播欢迎	介绍直播商品情况,介绍优惠或折扣力度	嗨,大家好,我是××,欢迎大家来到××直播间,今天是"618"年中大促销,我为大家带来×款超值商品,今天直播间的朋友可以享受超低直播价哦!
	制造直播稀缺感	嗨,大家好!欢迎来到直播间,今天晚上的直播有超多的惊喜等着你,超高品质的商品都是超低价"秒杀",机会难得,大家一定不要错过哦!
	引导用户互动留言,激发用户的参与感	感谢大家百忙中来看我的直播,大家今天晚上有没有特别想实现的愿望啊? 大家可以在评论区分享哦,万一我一不小心就帮你实现了呢?
开播暖场	设置抽奖活动,引导用户参与互动	话不多说,正式开播前先来一波抽奖,今天是母亲节,在评论区输入口号"妈妈我爱你",我会随机截屏5次,每屏的第一位朋友将获得80元现金红包
引导关注	强调福利,引导关注	刚进直播间的朋友们,记得点左上角按钮关注直播间哦!我们的直播间会不定期发布各种福利
	强调签到领福利	喜欢××直播间的朋友,记得关注一下直播间哦,连续签到7天可以获得一张20元优惠券
	强调直播内容的价值	想继续了解服装搭配技巧、美妆技巧的朋友们,可以关注一下主播哦
邀请用户进群	设置福利,体现服务内容的价值	今晚我们为观看直播的朋友们专门建立了一个免费的美妆交流群,欢迎加入,我会不定期在群里为大家分享一些护肤方法和化妆技巧
活跃直播间氛围	强调优惠	这款翡翠手镯市场价格是16800元,今晚直播间的朋友们下单只需7999元就能买到,可以送给妈妈、送给爱人,真的特别值
	强调价值	21天绝对让你的PPT水平上一个新台阶
	使用修辞手法	啊!好闪,钻石般闪耀的嘴唇
转场引起下文	提问互动,引出下文	看了刚才的PPT演示,不知道大家以前是怎么做的呢,欢迎在评论区里留言哦
	说明商品特色,引出下文	下面我教大家如何在15s内画好眼线,有人会说这怎么可能呢? 因为我有这款非常好用的眼线笔
激发用户对商品的兴趣	提高商品的价值感	我给大家争取到了最优惠的价格,现在买到就是赚到
	打破传统认知	买这个颜色的口红,是你驾驭口红的颜色,而不是口红的颜色驾驭你
	构建商品的使用场景	穿着白纱裙在海边漫步,享受温柔海风的吹拂,空气里仿佛充满了夏日阳光的味道
	强调商品的细节、优点	这款便携式榨汁机是我用过的榨汁机中最好的一款,它的外观设计和安全设计非常好!今天我为大家争取到了7折的优惠价,买了它绝对超值

续表

话术应用场景	话术技巧	示 例
引导用户下单	强调售后服务	我们直播间的商品都支持7天无理由退货,购买后如果对商品不满意是可以退货的,大家放心购买
	与原价做对比	这款商品原价是×元,为了回馈大家的厚爱,现在只要×元,喜欢这款商品的朋友请不要再犹豫了,错过今天只能按原价购买了
	限时、限量、限购,制造紧张感	最后50件,大家抓紧时间下单吧; 库存还剩40件、26件…… 今天的优惠力度是空前的,这款商品今天商家只给了×件,今后再也不会按这个价格卖了; 福利价购买的名额仅有×个,先到先得!目前还剩×个名额,赶快点击左下角的购物袋按钮抢购哦
	偷换心理账户,强调价格优惠	这个真的很划算,3包方便面的钱就能买到; 这款液体眼线笔真的值得买,一支能用一年,算下来一天不到3毛钱
	引导查看商品链接	大家如果想要了解更多的优惠信息,一定要点击"关注"按钮关注主播,或直接点击商品链接查看商品详情
	引导加入购物车	如果大家还没有想清楚要不要下单,什么时候下单,完全可以先将商品加入购物车,或先提交订单抢占优惠名额
下播	表达感谢,引导关注	谢谢大家,希望大家都在我的直播间买到了称心的商品,点击关注按钮,明天我们继续哦
	引导转发,表达感谢	请大家点击一下右下角的转发链接,和好朋友分享我们的直播间,谢谢
	强调直播间的价值观	我们的直播间给大家选择的都是性价比超高的商品,直播间里的所有商品都是经过我们团队严格筛选,经过主播亲身试用的,请大家放心购买。好了,今天的直播就到这里了,明天再见
	商品预告	大家还有什么想要的商品,可以在交流群里留言,我们会非常认真地为大家选品,下次直播推荐给大家
	预告直播利益点	好了,还有×分钟就要下播了,最后再和大家说一下,下次直播有你们最想要的×××,优惠力度非常大,大家一定要记得来哦

单元五 直播复盘

一、直播复盘的作用

做好直播复盘,我们可以得到以下三方面的收获。

(一)工作流程化

很多东西都是有套路有流程的,在直播时,可以用到一些技巧或是套路,这样能起到事半功倍的效果。但是这些方法并不是唯一的当然也不固定,每个直播间都是不同的,可以根据自己的特点不断摸索最适合自己的方式。复盘回顾就是让直播间的工作更加流程化。

（二）不断纠正错误

进行直播间复盘工作最重要的一个原因就是从上一场直播中发现不足。如果没有复盘，就发现不了自身的错误，那么下一次直播中，可能依旧会出现同样的错误，这样，带货直播的效益就不会提高，有可能还会有所下降。要对出错的部分记录下来，进行改正和优化，让每次直播都比上一次进步一些。

（三）经验转为能力

直播一定会遇到突发状况，如果能够解决，就会不断地积累经验，以后遇到紧急状况也能沉着应对。我们要不断锻炼自己，将这些经验转化为个人能力。

每次直播结束，系统都会自动产出相应的数据。看数据的目的就是要根据自己的情况，比如观看人数、点赞数、出单率等，从中分析问题并做出相应改变，以优化下次直播。可以通过以下几个方面的数据来发现问题。

1. 引流情况

在众多数据中，观看人数与直播前的引流工作是息息相关的，如果引流做得不到位的话，那当天的观看人数肯定不会太乐观。这时候就得考虑是不是前期宣传工作不到位，可以考虑"是否出了预告视频呢？""是否在社交平台发了预告声明呢？""是否在粉丝群里预告了呢？""那天直播状态是否是好的？""互动做的是否充足呢？""封面标题是否吸引人呢？"等类似的问题。这些问题可能都是影响数据的因素。

2. 粉丝观看时长

观看时长代表了观众进入直播间的留存时间，如果说前面的引流是为了吸引新粉丝，那这里的观看时长就要关注老粉丝了。如果观看时长的数据出了问题就要考虑对老粉的沉淀工作是否做好了，在关注新粉的同时，绝不能忘记沉淀老粉，这些是增加观看时长和留住新粉的关键。同时也要考虑是否是直播间的内容或者风格出了问题，没有找准观众的痛点。

3. 销售情况

直播后可以通过观看人数、点赞人数、出单率等分析直播的转换率。比如，直播观看人数很多，但发现出单率很低，那就可能是宣传做到位了，但是投放不精准，或者是选品出了问题，直播间选的货用户不喜欢那就要考虑及时更换货源。

直播复盘有利于优化直播流程、增加直播经验。在直播的过程中，会运用到一些技巧、套路，但是这些不是一成不变的，要针对不同的直播主题、直播间，探索最适合自己的方式。

二、如何做直播复盘

直播复盘可以从两个方面来分析。

1. 数据分析

信息化时代，离不开对数据的运用。

直播的基础数据包括观众总数、新增粉丝、付费人数、评论人数、收获音浪。观众总数是指一场直播有多少人看了你的直播；新增粉丝数是指直播期间，有多少人关注了你的账号；付费人数是指有多少人愿意为你的直播内容进行付费。

直播间数据分析还可以分为三种，即统计数据、对比数据、挖掘原因。在直播过程中，以分钟作为单位，统计前后1min的销售件数对比，及时反馈数据给主播。如果发现某款产品销量超过预期、粉丝多次询问，是潜力爆款，可增加产品秒杀时间，或每过 20～30min 重复介绍此商品，多次展示，增加商品转化。如果发现某款产品销量低于预期，可以进行一些福利刺激，如果还是卖不动，可以缩短介绍时长，直接跳到下一款产品。如果粉丝停留时长较之往日太短，可以临时增加一些刺激停留的策略，比如回答粉丝问题、截屏抽奖等。

在直播结束后，要统计的数据很多，一般包括直播日期、直播时间段、时长、累积场观、累积互动、累积商品点击、粉丝点击占比、最高在线、粉丝平均停留时长、粉丝回访、新增粉丝、转粉率、本场开播前累积粉丝、场间掉粉、订单笔数、预估转化率等。

统计好数据后，要与之前的数据进行对比，发现问题，解决问题。比如，某主播的观众停留时长维持在 5min，某天停留时长增长到 10min，这其中一定有原因，团队可深挖问题，优化运营方案，并实施新的方案，直播间的数据就会有所改变。

2. 直播间问题总结

除了数据，对直播间问题进行总结也是复盘环节非常重要的一个步骤。下播之后回顾流程，梳理出本场直播的优点和失误，比如直播过程中哪里出了问题，哪里互动有问题，或者回答不上来粉丝的问题，商品上架问题等。

对于产品问题，许多粉丝都会在直播间进行评论，有时候人数较多，主播没办法及时回复，可能会招致粉丝不满。可以在直播结束后统计当天直播评论中出现频次最高的问题，找到答案，在下一次直播过程中由主播强调。

一般来说，粉丝主要关注产品的质量、售后以及物流问题，可以提前准备好针对这些问题的标准化话术，及时回复，让粉丝感到主播的专业和亲切。

直播复盘是一个很重要的工作，在做直播的第一天就要开始做复盘，而不是等到发现直播效果很差的时候才开始做这个工作。

在信息化时代，数据是一个非常重要的资产，形成自己的直播间数据库，是一个非常有意义的工作，而标准化的话术，也将成为我们的知识资产。

一、实训项目

酒店行业运营成本高、市场空间有限、行业竞争大等问题日益突出。可以将酒店的特色餐饮、客房、娱乐等设施通过直播将强大的代入感和逼真的现场感直接展现，带给消费者最鲜活的印象，从而激发购买欲望。通过直播裂变式的传播，也可以无形中提升品牌知名度。

与其他宣传推广方式相比，直播有三点优势。

(1) 直播是一种更为直接更接地气的方式。常规的视频和图片都是单线感官，而直播是双向的，用户可以和主播、酒店工作人员直接进行对话，工作人员及时解答相关疑问，成就双向互动。

(2) 参与直播的产品具有很强的价格竞争力，而且目前很多酒店直播都有随时退、过期退的政策。对于消费者来说，低价＋随时退＋过期退是有足够吸引力的，在一定程度上能勾起大家的消费欲望，甚至是冲动消费的欲望。

(3) 酒店直播还有一种更为新颖直观的形式—走播。在开播前充分了解酒店的各种服务、设施,提前规划好路线。在进行走播时,让消费者在镜头里看到酒店环境和内部设施配置,包括酒店工作人员的服务态度和服务水平,带给消费者身临其境的感觉,使他们更加全面地了解酒店。

大唐温泉度假村酒店拟开展直播活动,以扩大品牌影响力。

1. 直播场景搭建

场景,是"场合+情景"的合成词,融合了人物、时间、空间、内容情节等多个要素。与传统的营销手段相比,电商直播营销的核心优势在于打破了场景方面固有的壁垒,依托主播、结合场景设计,让品牌活动与主播、内容创意、商家商品实现无缝对接。

2. 直播脚本编写

直播脚本是把控直播节奏,规范直播流程,达到预期目标最关键的一步。直播是动态的过程,涉及人员配合、场景切换、产品展示、主播表现、促单活动等综合因素。有了脚本,直播筹备工作就能更加方便,直播参与人员的配合也会更加默契、有条不紊。

3. 直播复盘

直播复盘是非常重要的,当我们以观众的身份去回顾直播的时候,往往可以发现当时没有注意到的问题。把这些问题记下来,通过改正错误,去优化下一场直播。同时,通过分析直播间的数据来总结优点,把优点转化为能力,在以后的直播中延续下去。

二、实训要求

1. 结合案例背景,完成一份大唐温泉度假村酒店的直播场景搭建方案

要领一:要做好必要的准备工作,无论直播的目标是卖货还是纯粹表演,都需要提前准备策划,上架商品是否能随时更换以及直播间管理是否经验丰富,决定了一场直播活动是否精彩。

要领二:合适的灯光布置会让直播间更有气氛;合理地使用美颜也会让主播富有自信;声卡、补光灯、支架等直播设备在开播前要进行必要的检查,防止意外事故导致直播中断流失粉丝。

要领三:提前选定直播带货的产品。产品种类丰富时,可以根据福利产品、主打爆款产品以及高利润产品三个分类选定产品线。

福利产品的特点是价格极低,主要用于引流和抽奖,活跃直播间气氛,提升用户互动的积极性。

爆款产品也是主打产品,特点是性价比高,辐射范围大,能满足大部分用户需求,主要用来拉销量。

高利润产品的价格相对较高,是利润的主要来源。

本任务流程如图 8-24 所示。

2. 结合案例背景,完成一份大唐温泉度假村酒店品牌推广直播预告文案设计

设置一条吸引人的开播文案以及优质封面会让直播间开播粉丝关注度明显增加。开播前发布一条高质量的短视频也会给直播间带来相当可观的曝光。

以下是文字图片类直播预告文案范文。

(1) 今晚 8 点 15 分,××香水、××腮红、××蔬果

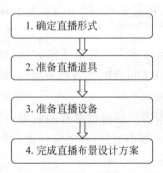

图 8-24 任务流程图

汁、××零食……超多好物等你来,买它!

(2) 今晚直播间试用限量秒杀!还有××、××、××,超多好物等你来~

(3) 今晚八点的直播间太诱人!好吃好用××全安排!

(4) ××新品来啦!今晚八点的直播间也太精彩了吧!

(5) 本周五八点,××直播间【××专场】,重磅好物抢先看!

(6) 本周五七点,新朋友老铁价,重磅产品,劲爆价格等你来探!

这类直播预告文案配合海报或者图片效果最佳!如图 8-25 所示。

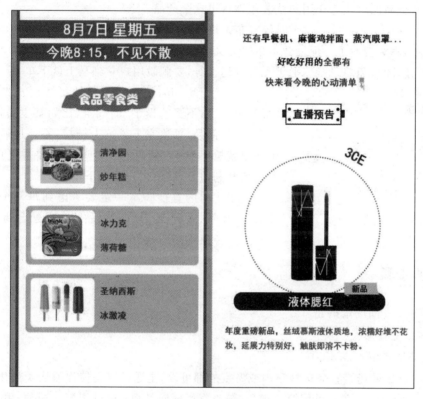

图 8-25　直播预告文案

3. 结合案例背景,完成一份大唐温泉度假村酒店的直播流程和直播话术设计

(1) 0~5min,开场聚人。这个时间里,主要就是和粉丝拉近关系,同时为正式直播卖货做准备。所以,这个时间里,可以做以下三件事:

- 和粉丝唠家常,快速拉近主播与粉丝之间的距离;
- 抽奖,快速地炒起直播间的热度;
- 包装渲染产品,可以说产品的产地、历史、销量、代言人,但是不要具体说是什么产品,要引发粉丝的好奇心。

(2) 5~7min,留客。这个时候正式的直播马上就要开始了,要想办法把粉丝留在自己的直播间里。可以宣传本场直播的大促销,比如今晚要抽 99 个面单,抽 3 波大红包,买 1 送 15,送限量口红,送定制的手袋,全年最低价等。主播也要号召用户互动,让他们回复刷屏。

(3) 7~12min,锁客。这个时间要描述产品的使用场景,比如某主播经常会说"我们吃

早餐的时候,我女儿最爱吃这个小面包了,一次能吃4个"。主播还可以在这个时间里试用产品,比如是口红就直接画,是吃的就现场吃,同时还要把自己的使用感,产品的最大功效点说出来,让粉丝对你的产品产生兴趣。

(4) 12~16min,背书。这个时候要给产品背书,比如产品的各种证书,网友好评,过往销量截图,大V口碑推荐,网红种草,官方的获奖情况等,一定要让用户觉得你这个是个非常靠谱的产品和品牌。

(5) 16~22min,说服。这个时候要详细介绍产品的主打功效,利用人群,价位,成分,包装,促销,和竞品的对比等让用户全方位地认可这个产品。

(6) 22~27min,促单。这个时候宣布价格,一定要让用户有"占便宜"的感觉,觉得今天买太超值了,不买就亏了。促销政策也要加大力度,比如直播间特别优惠,前100名加送同款,现金返还,随机免单,抽奖,七天无理由退换等,要刺激用户立刻马上就下单。

(7) 27~30min,逼单。不断地提醒用户销量,营造"货物很抢手,不买就没了"的气氛,比如某主播每次只让上1000件商品,等抢完了继续上链接,不停地制造"现在不下单就抢不到"的焦虑感。同时主播要重复产品的最大功效和利益点,刺激用户立刻下单。

一个优秀的直播脚本一定要考虑到每一个细节,要让时间、场景、人员、道具、产品、品牌充分融合到一起。

本任务流程如图8-26所示。

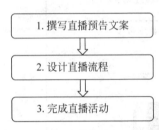

图 8-26 任务流程图

三、实训步骤

任务一 直播场景搭建

1. 确定直播形式

将直播形式填入表8-6中。

提示:酒店的场景直播选择室内或者室外都可以,主题可以是传递酒店美好生活方式,展现酒店的特色的主题。可用第一视角,镜头直接面向景观;也可用第二视角,主播与景色一起入镜;也可2~3人配合分工,以交流的方式讲解酒店。可以采用解说式,如拍摄酒店内外部及周边,并讲解酒店特色或建造故事;也可以采用活动式,如体验当地特色菜、温泉、花艺、陶艺、茶艺等。

表 8-6 直播形式

直播场景	室内直播	室外直播
直播主题		
直播形式		

2. 准备直播道具

将准备好的直播道具填入表8-7中。

提示:实物道具是指主播的穿着、妆容和发型,歌单(快旋律、节奏感强的音乐更能让人快速进入氛围),特效(开播前,下载好音效的特效,一般掌声和欢呼声使用频率最高也最容易烘托气氛),直播间美化(灯光的设置,镜头中环境的角度、物品摆放整洁、背景干净),互动设备等。虚拟道具则是指主播对整个直播过程节目的设置。

表 8-7　直播道具准备

道具分类	直播道具
实物道具	
虚拟道具	

3. 准备直播设备

将准备好的直播设备填入表 8-8 中。

提示：如果用手机直播,尽量准备两部手机,一部直播,另一部看评论,除此之外,还要准备声卡、麦克风、补光灯、手持稳定器等设备。如果是用计算机直播,就需要高配置计算机、高清摄像头、计算机声卡、电容麦。齐的直播设备有助于提升直播质量,给用户更优质的直播体验,保证直播场地的信号良好。

表 8-8　准备直播设备

直播类型	直播设备清单
手机直播	
计算机直播	

4. 完成直播布景设计方案,形成 Word 文档

提示：根据产品设置专门的场景,不同产品需要不同的场景演示,比如家电厨具类商家可以布置厨房场景,服装商家可以布置 T 台场景,酒店类可以选择有特色的房间等。好的直播布景,可以增加消费者潜在购买的可能性。

任务二　大唐温泉度假村酒店品牌推广直播预告文案设计

直播预告文案是吸引用户进入直播间的第一扇门,在撰写时有以下几个小技巧。

(1)留悬念,激发使用者的好奇心。在直播前写通知文案为直播间预热时,要学会留心,激发用户的好奇心,让人忍不住想看看你的直播间有什么,比如,在直播预热时留下这样的文字,"今天的福利是……来不及多说,快来吧",让人心生急切,也心生好奇,忍不住想知道到底有什么样的福利,从而进入直播间。

(2)简明易懂,直观明了。播出前的通知要让别人知道你要做什么。可直接在文案中注明几点,所在位置,现场操作。

(3)直播前多渠道发布公告稿。除现场发布短视频文案外,我们还可以在站外平台发布公告,比如微博、微信、小红书等。

本任务以 Word 形式提交。

任务三　大唐温泉度假村酒店品牌推广直播流程和直播话术设计

直播流程包括以下几点。

(1)开场预热：打招呼、介绍自己、欢迎粉丝到来,今日直播主题介绍。

(2)话题引入：根据直播主题或当前热点事件切入,目的是活跃直播间气氛,调动粉丝

情绪。

(3) 产品介绍：根据产品单品脚本介绍，重点突出产品性能优势和价格优势（直播间活动）。

(4) 粉丝互动：直播间福利留人，点关注、送礼、抽奖、催单话术、穿插回答问题等。

(5) 结束预告：整场商品的回顾，催付，感谢粉丝，引导关注，预告下次直播时间、福利和产品活动，完成直播活动。

本任务以 word 形式提交。

任务评价

相关任务评价表见表8-9～表8-11。

表8-9 技能评价表

序号	技能自评	任务要求	得分	备注
1	直播营销的表现形式	能够掌握直播营销的多种表现形式及其各自特点，确定需采用的直播形式		
2	直播场景搭建	能够准备直播道具、直播设备等，完成直播布景设计方案		
3	直播脚本策划	能够根据直播推广的目标和商品特点，撰写单品直播脚本和整场直播脚本		
4	直播预告文案设计	能够设计直播预告文案，吸引用户的好奇心，在直播前进行多渠道发布		
5	直播流程设计	能够设计合理的全部直播流程		
6	直播话术设计	能够根据直播流程和直播脚本，设计完整的直播话术		
7	直播复盘	能够从数据分析和直播间问题总结等方面，做好每场直播的复盘工作		

表8-10 素质评价表

序号	素质自评	任务要求	得分	备注
1	正确的价值观	能够宣扬正确的价值观，引导社会风气，传递正能量		
2	创新意识	能够策划具有新意的选题内容和表现形式，在直播过程中不断创新模式和玩法		
3	协作精神	能够和团队成员分工合作，共同完成实训任务		
4	资源搜集和整合能力	能够借助线下和网络资源，获取相应的直播素材，创建素材库		

续表

序号	素质自评	任务要求	得分	备注
5	职业道德、法律意识	能够掌握相应的互联网法律法规和平台内容管理规范		
6	严谨的工匠精神	能够在直播前准备阶段,对用户群体做出精准分析		
7	自我学习能力	能够利用线下和网络资源,自我学习相关的知识和技能,不断提升		

表 8-11 任务综合评价表

学生自评得分(20%)	小组互评得分(20%)	教师评价得分(30%)	企业评价得分(30%)	总分

课后习题

一、单项选择题

1. (　　)直播就是主播在直播间里向用户分享和推荐商品,或者由用户在直播间的评论区留言,告诉主播自己需要的商品,然后主播按照用户的需求推荐并讲解相应的商品。

  A. 商品分享式   B. 产地直销式直播

  C. 基地走播式直播   D. 教学培训式直播

2. 销售目标场景需要的元素,重点突出(　　),最大程度突出产品。

  A. 品牌形象   B. 销售信息   C. 明星代言   D. 官方成绩

3. 高成交率的直播话术设计的重点是主播在介绍商品时的语言要(　　),同时搭配丰富的肢体语言、面部表情等。

  A. 标准化   B. 规范化   C. 口语化   D. 娱乐化

4. 以下不属于直播话术原则的是(　　)。

  A. 专业性   B. 真诚性   C. 重复性   D. 趣味性

二、多项选择题

1. 直播营销具有(　　)优势。

  A. 即时互动性   B. 单向传播性

  C. 场景真实性   D. 营销效果直观性

2. 直播间三点布光一般是包括(　　)。

  A. 主体光   B. 辅助光   C. 背景光   D. 前景光

3. 直播脚本一般可以分为(　　)。

  A. 活动直播脚本   B. 开场直播脚本

  C. 单品直播脚本   D. 整场直播脚本

4. 直播预告文案的类型包括(　　)。
   A. 借势型　　　　B. 抽奖型　　　　C. 直接分享型　　　D. 价值包装型
5. 直播结束后,要统计的数据包括(　　)。
   A. 直播时间段　　B. 时长　　　　　C. 累积场观　　　　D. 累积互动
   E. 累积商品点击　F. 粉丝点击占比

三、思考题

1. 直播营销的表现形式有哪些?
2. 直播间布景应该注意哪些问题?
3. 直播间打光时应采取哪种方式?
4. 直播脚本的要素包括哪些?
5. 直播预告文案的类型包括哪些?
6. 直播话术的设计要点包括哪些?

项目九

新媒体社群运营

教学目标

- **知识目标**

(1) 了解社群的概念和构成要素等。
(2) 掌握社群推广文案的形式和组成要素。
(3) 掌握社群运营的流程。
(4) 掌握提高用户黏性和社群活跃度的技巧。
(5) 熟悉社群管理的方法和工具。

- **能力目标**

(1) 能够根据企业目标与要求,撰写社群推广文案。
(2) 能够根据企业需求和推广目的,开展建群拉新等社群运营工作。
(3) 能够根据企业需求和推广目的,提高用户黏性和社群活跃度。
(4) 熟悉社群日常管理。

- **素质目标**

(1) 具备优秀的语言表达能力、逻辑思维能力、灵活应变能力、心理抗压能力。
(2) 具备创新能力,能够推陈出新,创作优质作品。
(3) 具备团队合作的精神,小组协作分工,共同完成任务。
(4) 具备正确的价值观,将爱国、敬业、诚信、友善等社会主义核心价值观内化为精神追求、外化为商业行动。
(5) 培育文化自信、诚实守信、精益求精的工匠精神,在艺术创作中涵养家国情怀、把准时代脉搏、引领社会风尚。
(6) 具备法律意识,在社群运营过程中遵循并宣传相应的法律法规。

课程思政

党的二十大报告指出:

"全面建设社会主义现代化国家,必须坚持中国特色社会主义文化发展道路,增强文化自信,围绕举旗帜、聚民心、育新人、兴文化、展形象建设社会主义文化强国,发展面向现代化、面向世界、面向未来的,民族的科学的大众的社会主义文化,激发全民族文化创新创造活力,增强实现中华民族伟大复兴的精神力量。"

本章节要求学生掌握社群管理的方法和工具，提高用户黏性和社群活跃度，使学生在掌握社群运营能力的同时，树立为人民服务的理念，发展民族的科学的大众的社会主义文化，激发全民族文化创新创造活力。

知识准备

单元一 社群认知

2015年社群元年开始，社群的概念已经在北上广深这样的一线城市轰炸式地铺开，许多内容创业者把目光投向了社群。经历了初期的摸索阶段，社群目前已迈入了稳定发展期，运营模式十分成熟，行业前景非常理想。

一、社群的定义

大多数人认为，社群就是简单的微信群、QQ群，其实社群并不是简单地把人强行聚拢在一起，建立一个群就行了，社群是通过共同的兴趣、爱好、信仰等方式把人有机地聚合在一起，形成一个有价值的生态圈。总的来说，社群就是人与人强关系交流互动的组织媒介，确切的定义就是在互联网平台，一群有共同兴趣、认知、价值观的用户抱成团，发生群蜂效应，在一起互动、交流、协作、感染，并对产品品牌本身产生反哺育的价值群体。

社群中的成员以内容为核心，拥有相同的价值观，具有强烈的身份认同和归属感，通过去中心化的社交和网络服务的方式，形成一个强链接关系的社交部落，并彼此建立圈层化的互动和体验，从共享和体验中互利。每个人在社群中都是一个内容的贡献者，也是一个获得者。

社群是一群人点对点之间的连接，在连接人的过程中，通过内容互动、举行活动、统一价值观、共同的社群目标及全体成员的共同利益，基于各种亚文化、互动机制、合作模式等手段，进一步让志同道合的人深度聚合。

二、社群的构成要素

当社群的相同属性越强烈，目标越精准，社群创造的价值就越大。所以一个社群必须具备以下几个要素。

1. 同好，它决定了一个社群的成立

所谓同好，是对某种事物的共同认可或行为，我们为了什么而聚到一起？在一起要做成什么事情？比如我们都对互联网新零售感兴趣，所以才聚集在一起。世上任何事物的存在必有它存在的理由，如果没有价值就没有存在的必要。

同好是我们找到同质的人的原点，但是"同好"仅仅是一个社群成立的发端，要想真正地存活、发展、壮大，还需要后面的几个要素。

2. 结构，它决定了一个社群的存活

很多社群前期开展得如火如荼，最后却慢慢走向了沉寂，很大程度是因为最初就没有对社群的结构进行有效的规划管理。这个结构包括核心成员、初级种子成员、交流平台、加入原则和管理规范。这五个组成结构做得越好，社群活得越长。

3. 输出，它决定了一个社群的价值

所有的社群成立之初都会有一定的活跃度，但若不能持续提供有价值的内容，社群的活跃度就会慢慢降低，最后沦为广告群。一个不能持续给群成员提供价值的社群迟早会被解散，也会被一批批人屏蔽。一旦被解散或屏蔽就相当于失了"民心"。

好的社群一定要能给群成员提供稳定的输出服务，这才是群成员加入该群，留在该群的价值。比如社群逻辑思维，灵魂人物罗胖坚持每天一条语音，大熊坚持做干货分享。这些"语音""干货"等产品对群成员进行长期的"洗脑"，使他们产生依赖性，并且从中学到知识，这就是社群的价值。

此外，"输出"还要衡量每个群成员的输出成果，全员持续讨论开花才是社群，如果仅仅是一个人唱独台戏，就成了粉丝经济路线。

4. 运营，它决定了一个社群的寿命

不经过运营管理的社群是很难有较长的寿命周期的，一般来说，通过运营要建立"四感"，仪式感、参与感、组织感及归属感。

所谓的仪式感，就是要想加入该群就得申请，入群要遵守群规，行为要接受奖励和惩罚，以此来保证社群的规范性和特殊性。如果加入群里面的人不做筛选，无论做什么行为，说什么话都不做约束，就容易出现问题甚至社群也会被后端平台打击封禁。

所谓的参与感，就是要让群里面的成员参与当下的话题，不能仅当一个旁观者。让参与话题讨论的成员有分享成就感，让保持沉默的小伙伴有收获，这样社群每天方能有不同的话题更新。

所谓的组织感，就是对某事情的分工、协作、执行等，以保证社群的战斗力。无论是党派、教派还是社团组织，在本质上是一样的，都是由有共同的目标和爱好的人聚集在一起形成的团体。既然是团体必然要有分工协作，只有这样才能把这个组织运营好，否则跟一个松散的团伙没什么区别。

所谓的归属感，就是定期组织线上线下互助、活动，以此保证社群的凝聚力。社群活动主要在线上，但同时，线下也要组织社群的核心的人，人只有面对面接触、认识、互动才能进一步建立关系，有黏附度，不然仅靠线上你一句我一句的探讨，还是不能让群成员找到有组织的感觉。

5. 复制，它决定了一个社群的规模。

社群主要在线上开展，不能时时进行线下活动，这是它的局限性。一个社群如果能够复制到多个平行社群，会形成巨大的规模，不过，可以打破一定的局限性，在作出此举之前需要考虑以下几个问题。

其一是否建立好核心的自有组织？要根据实际情况，比如人力、物力等有限条件做充足的准备，不能围绕中心开展，但是也不能缺乏组织性。

其二是否建立了核心群？要有一定量的核心小伙伴，他们可以作为社群的种子用户加入，然后引导社群文化往良性的方向发展。

其三是否形成了属于自己的亚文化？要形成属于自己的社群沟通的亚文化，比如大家聊天的语气、表情是否一致。如果动不动就有人在群里面杠起来或者动不动就开始互怼，那是非常不利于社群发展的。

如图9-1所示为教师培训微信群，群友多为电子商务专业教师，群内经常交流分享关于电子商务视觉、美工、短视频等方面的前沿知识和教学体会等。

三、建立社群的意义

社群运营能够协助品牌宣传、拉近与用户之间的距离、转化变现等，是企业业务的一个新渠道，也是当下破局的关键因素之一。建立社群有如下几点意义。

1. 感受品牌的温度

品牌的树立是一个长期的过程，要求塑造的形象必须被周围大众广泛接受并长期认同。社群的形态便于公司产品直接展示自身鲜明的个性和情感特征，让用户可以感受品牌的温度。

2. 刺激产品销售

不论是在学习型社群，还是在运动塑身群，共同的价值观以及每天社群营销活动的感染，都能够激发群成员的购买冲动。通过社群发布产品的信息或者发起购买产品链接，可以实现有性格的产品销售。

3. 维护顾客黏性

在传统的营销环境中，产品售出后，除了退换货就和客户断了连接。与传统营销不同，社群则是要圈住用户，把用户当成自己的家人来爱护，让其更深度地参与到企业产品反馈升级、品牌推广中来，从而使其爱上企业，主动为品牌助力。

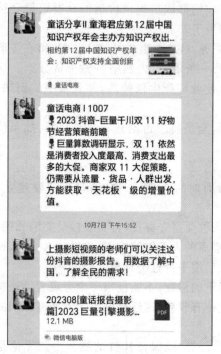

图 9-1　教师培训微信群

单元二　社群推广文案创作

社群推广文案是文案人员在某个群里为诱导群成员产生自己期望的商业行为而发布的文案。社群对于群成员来说是一个半熟的圈子，既有熟悉的人，又有完全陌生的网友，但这种群体组织很好培养熟悉感，而且在群体氛围下发布文案，更容易产生让人相互感染的冲动购买效应。

一、社群的类型

社群是指以某网络为载体，将拥有共同兴趣爱好和某种需求的网民聚集在一起，相互沟通交流，展示各自价值而形成的一种社交群体。在社群中，人们能获得心理上的归属感和认同感，其本质是在虚拟空间内实现的人与人之间的连接。社群在互联网营销时代被注入了经济元素后，慢慢成了商业营销的场所，而社群推广文案则是在这些场所内进行推广营销的一种手段。

社群推广文案是社群营销变现的必要手段。在写作社群推广文案之前，文案人员需要了解社群的类型，明确社群定位，辨别社群类型和成员喜好，这样才能推出契合群成员兴趣的活动和内容，不断强化社群的兴趣标签，给群成员带来共鸣。社群主要有以下几类。

1. 产品社群

产品社群是指在一个社群内，以产品为核心，通过群成员的互动形成的社群组织。在这种社群中，产品就是群成员之间沟通的桥梁，起着增强群成员凝聚力的作用。同时，商家还可以加入群聊,通过与群成员之间的互动来营销产品,一般是发布与产品有关的活动文案,例如开展产品的使用心得等相关话题,通过交流互动保持社群的活跃度。

2. 兴趣社群

兴趣社群是基于共同的兴趣爱好建立起来的社群,如××游戏社群、××母婴社群、××明星爱好者自行组建的粉丝群等,仅靠全员的兴趣支撑,也是现在互联网时代的产物。这种兴趣群最容易产生消费冲动,例如,一个做短袖的商家在粉丝群里和群成员一起聊天,当有群成员表示自己想要周边短袖时,他就可以为群成员提供周边短袖,从中获得收益。这就是兴趣社群的营销效果。

3. 品牌社群

品牌社群是群成员对某一品牌产生了认同,从而聚集在一起形成的社群。它是产品社群发展到后期的表现,群成员能够通过彼此的交流互动产生对品牌的共鸣。在这个社群中,文案人员需要考虑大家为什么加入这个品牌社群,是为了获取品牌的产品或活动信息、结交好友、解答疑惑、娱乐身心,还是为了得到优惠,然后对症下药,这样就能很好地维系该社群并实现品牌的变现。

4. 知识社群

知识社群本质类似于兴趣社群,是个体从学习交流、获得知识的角度出发,自发形成的学习社群,例如英语学习社群、考研社群等。这类群体的主定位是学习知识或资源交流而非社交,所以打造优质内容就成为该社群营销的重中之重。内容可以是文字、视频、图画、课程等形式,也可推荐书本或课程等。

5. 互融社群

移动互联网时代虽然社群种类繁多,且各自定位清晰,但社群并不是封闭的。如果一个人同时加入了多个社群,且在各个社群都有认识的朋友,他将这两个没有联系的社群联合起来,就组成了互融社群。例如逻辑思维社群就是互融社群,它既是产品社群,又是兴趣社群和知识社群。这种互融社群的文案写作角度更多,也更容易完美植入,比如一个人同时加入了茶兴趣社群和羽毛球社群,如果他想要推广自己的茶馆就可以说"我家茶馆附近有个很近的羽毛球场地,欢迎大家打球的时候来坐坐",说不定就会引起后续的变现。

二、社群推广文案的形式

社群能够营销的前提是社群气氛活跃、互动性强。开展社群活动是维持社群活跃度的有效方式,社群推广文案则以活动分享、话题交流等形式呈现,下面对其进行详细介绍。

社群推广文案的形式

(一)活动分享

分享是指分享者面向群成员分享一些知识、心得、体会、感悟等,也可以是针对某个话题进行的交流讨论。专业的分享通常需要邀请专业的分享者,当然也可以邀请社群中表现杰出的群成员,激发其他群成员的参与度和积极性。一般来说,在进行社群分享时,需要提前做好相应的准备,下面介绍具体的准备工作。

1. 确定分享内容

为了保证分享质量,在社群分享之前,应该对分享内容、分享模式进行确认,特别是对于没有经验的新手分享者而言,确定内容和流程必不可少。

2. 提前通知

在确定分享时间后,应该在社群内提前反复通知分享信息,以保证更多群成员能够参与进来。

3. 分享暖场

在分享活动开始前的一段时间里,最好有分享主持人对分享活动进行暖场,营造一个好的分享氛围,同时对分享内容和分享嘉宾进行适当的介绍,引导群成员提前做好倾听准备。

4. 分享控制

为了保证分享活动的秩序,在分享开始之前应该制定相关的分享规则,约束群成员的行为,比如分享期间禁止聊天等。在分享过程中,如果出现干扰嘉宾分享、与分享话题不符的讨论等,控制人员应该及时进行处理,维护好分享秩序。

5. 分享互动

在分享过程中,如果分享者设计了与群成员互动的环节,主持人应该积极进行引导,甚至提前安排活跃气氛的人,避免冷场。

6. 提供福利

为了提升群成员的积极性,在分享结束后,可以设计一些福利环节,为表现出彩的群成员赠送一些福利,吸引群成员的下一次参与。

7. 分享宣传

在分享期间或分享结束后,可以引导群成员对分享情况进行宣传,社群运营方也应该总结分享内容,在各种社交媒体平台上进行分享传播,打造社群的口碑,扩大社群的整体影响力。

以下为某营销社群中的分享活动的提前通知文案,便于群成员为接下来的分享活动做好准备。

大家好!我是×××!上一次的群聊中大家确定了每周两次分享的规矩,那么下一次分享就是明天啦!下一期的分享主题预告是#新的一年,自我管理从手机App开始#!大家一起来推荐一些好用的App,暑假时可以好好探索学习哦!

(1) 推荐说明

① 推荐的App分类:时间记录与管理类、记账理财类、社交或社区类、学习类、运动类、摄影类、旅游类、游戏类和其他有意义或好玩的App等。

② 推荐的App需是对大学生学习和生活有益的。

(2) 发言格式

① App名称和类型。如随手记(记账理财类)。

② 推荐理由。包括这个App的功能特色;给你带来的好处或生活中的变化。

明晚分享时间为晚上9:30—11:00。欢迎大家交流。

(二) 话题交流

话题交流是发动群成员共同参与讨论的一种活动形式,可以挑选一个有价值的主题,让社群的每一位群成员都参与交流,输出高质量的内容。与分享活动一样,话题交流也需要经过专业的组织和准备,下面对准备工作进行介绍。

1. 预备讨论

对于话题交流来说,参与讨论的人、讨论的话题都是必须预先考虑的。一个好的话题往往直接影响着交流效果,通常来说,简单的、方便讨论的、有热度的、有情景感的、与社群相关的话题更容易引起广泛的讨论。除了确认参与成员、话题类型外,话题组织者、主持人、控场人员等也必不可少。要合理分配角色,及时沟通,保证社群交流不出现意外事件,同时有一个恰当的秩序和氛围。

2. 预告暖场

在社群的话题交流活动开始之前,最好有一个预告和暖场阶段。预告是为了告知社群成员活动的相关信息,如时间、人物、主题、流程等,以便邀请更多群成员参与活动。暖场是为了保持群成员参与活动的积极性,让活动在开场时有一个热烈的氛围。

3. 进行讨论

话题交流活动在正式开始后,一般依照预先设计好的流程依次开展即可,包括开场白、讨论、过程控制、其他互动和结尾等。需要注意的是,与社群分享一样,当讨论过程中出现讨论重点偏离主题,甚至出现与主题无关的刷屏时,控场人员要及时进行控制和警告。

4. 结束讨论

在社群讨论活动结束后,主持人或组织者需要对活动进行总结,将比较有价值的讨论内容整理出来,总结活动经验和不足,并对活动内容进行分享和传播,扩大社群影响力。

以下为社群话题交流推广文案的示例。

大家好,我是×××,这周将会由我跟同学们来一场交流哦。

交流时间:周六晚上9:00—11:00

交流主题:效率提升从桌面整理开始!

你以为你把所有东西都放在办公桌上,就能节省找东西的时间了吗?你以为将各类文件堆满桌面,领导就会认为你工作很努力吗?那你就错了!本次交流将教你快速整理桌面,迅速提升工作效率!

欢迎同学们晒出自己的桌面图和心得哦~其他小伙伴可以提出整理建议和有效的方法。最后欢迎大家在话题结束后,把学到的整理方法用到自己房间、办公室的整理中,并且微博晒图@我哦~我的微博是@××管家。

然后在群内对这次话题交流总结之后,顺势引出广告内容,这次的社群推广文案就大功告成了。

本次话题交流到这里就结束咯,通过这次话题交流,大家是不是学到新技能啦,赶快将它们运用起来吧!

另外为大学生精心研发的《和秋叶一起学职场技能》课程已经发布了!目前处于内测阶段,售价99元,2月1日正式发布,价格为129元哦~快跟着一起学职场技能,变身职场杜拉拉吧!内测链接:(附具体链接)。

三、社群推广文案的组成要素

不管社群推广文案采用怎样的表现形式,一篇优秀的社群推广文案应有以下四个要素。

社群推广文案的组成要素

1. 产品信息

在推荐一款产品时,需要进行适当的产品信息介绍,让群成员了解详细的信息以确认他们是否需要这样的产品或是否有这样的需求。甚至有些群成员原本没有这方面的打算,但被呈现的某些产品信息吸引后,反而引起了消费欲望。图 9-2 所示为某旅行社群发布的旅游推广文案,文案里详细地介绍了草原亲子游的线路行程、特色项目以及优惠价格等,看起来一目了然。

2. 链接

为方便全员查看或进行相应的操作,一般社群推广文案中都会附带链接,这样也有利于提升文案的转化率。

3. 二维码

二维码与链接是同样的道理,基本上在社群推广文案中没有链接就会有二维码,群成员可直接扫码查看,十分方便,图 9-2 所示的图片文案中就设有二维码。

4. @所有人

当文案人员准备在群里发布文案时,需要在群里@一下所有的成员,以保证他们都能看到这条信息,否则这条文案很容易石沉大海,激起的浪花还来不及吸引更多的目光,就被群成员之间的对话刷过去了。注意,并不是所有的内容都适合@所有人,有意义的、对他人有帮助的才能@所有人。

以下为某社群推广文案案例,基本包含了上述的所有元素,如利用了@功能,并在文案中展示了本次体验活动的具体信息、提供了报名链接等。

图 9-2 产品信息展示

@所有人

万众期待的飞行体验活动本周末再追加一场,仅限 20 组名额,要报名的亲们一定要手快,名额报满小脚印依旧会提前截止报名时间!

上周活动结束后小脚印看见许多美妈都把照片分享到朋友圈为这次活动喝彩,也许很多美妈有些疑问,我来说说我们能为你带来的福利。

(1) 邀请专业机长现场绕机讲解专业知识。小脚印特意邀请专业教员为各个家庭详解直升机的专业知识,解决小小飞机迷们的十万个为什么。

(2) 近距离接触驾驶舱,观看机长操作。这个是坐客机完全没法比的,相信很多孩子们都羡慕机长的工作,也非常想知道飞机是怎么飞起来的。

(3) 低空鸟瞰风景,与酷帅的机长聊天。

(4) 说到重点了! 关键是价格给力,不仅能坐直升机,还能玩室内降落伞+飞机培训课+吃饭+做飞机模型+2020 年个性定制台历拍摄,这一系列流程下来并不贵,我想这就是我们"仅"能给你带来的几点福利!

报名链接戳下方:

××××××××(该栏为链接)

课堂讨论

假如你是某个儿童英语线上培训平台学员群的运营人员,进行新学期课程的推荐销售,你应该如何拟定社群推广文案呢?

四、社群推广文案的写作注意事项

对于社群而言,不管是活动的举办还是社群的宣传、产品的变现,都需要文案这种介质去引导群成员做出行动。在上面的内容中,我们介绍了社群推广文案大致的写作方法,而要想写出高变现的社群推广文案,还需了解写作中的注意事项。

1. 输出优质内容

俗话说,内容是流量的入口。在有些社群中很多人都在发广告、卖货,但其转化率并不高,也有些人天天在群里发自创的内容,然而这只是一种自嗨式的操作,内容无人问津。由此可见,优质内容非常重要。内容是社群媒体最基础也是最关键的环节,只有输出优质内容去吸引和筛选群成员,并占据群成员的时间和心智,才会让群成员真正意识到该文案的价值,才会在当前社群的基础上形成一个更高转换效果的社群,这样,围绕社群的商业变现模式才会更加丰富多样,获得的回报也会更多。

2. 文案内容尽量以聊天形式呈现

细心留意就会发现,同样的内容,相比于单纯的文字罗列,对话形式更能集中人的注意力,让人产生好奇和新鲜感。文案人员要把社群推广文案营造成几个人聊天的假象,这样能够让全员心里响起一种声音,冲淡阅读带来的疲倦感。文案人员也可以伪装成交流分享的状态,营造一种轻松愉悦的交流氛围。社群在本质上属于交流平台,以聊天的形式呈现文案会更合理、不突兀。

3. 文案内容要直白简单

在社群推广文案中,使用生僻、专业的词语解释活动、解释产品并不会让人觉得舒服,反而会让群成员觉得不能理解或不愿去理解,以至于让他们丧失了深入解的兴趣。所以文案的关键信息最好用直白通俗的语言表示,这才是引流吸粉的正确方法,而不是写成自嗨式文案,导致流失自己的受众。

单元三 社群运营

建群、拉新、留存、转化是每个社群运营人员都要经历的流程,在这个流程中,留存率及转化率是反映社群成员对社群信任度最直观的数据,成熟社群的成员活跃度高,对社群具有极高的黏性。

一、建群拉新

(一) 建群

建群阶段首先要选择好平台,常见的有微信、QQ、微博、贴吧、陌陌、知乎、豆瓣等,如图9-3所示。不同的平台有不同的优势和缺点,可以根据我们所创建的社群属性、目标群体及社群类型等选择不同的平台。

图 9-3　社群运营平台

在社群初期，尽量先聚集核心种子成员，等这些核心成员稳定后再慢慢拓展、裂变。对于辅助型社群来讲，核心成员可以是同事、业内同行、合作伙伴或者在建群前跟我们有联系的宝妈。成员数量选择不要太多，最好把控在 50 人以内，多了容易乱，管理不过来，容易变成灌水群、死群。

（二）拉新

1. 官方流量导入

高质量社群要想长久地经营下去，就必须不断地输送新血液入群，增加社群活跃度。作为官方辅助群，可以利用官方流量作为接口，往社群引流。比如，如果建设母婴育儿社群，可以在产品售出后，向用户推送社群信息，如"扫码入群，加入育儿大家庭""育儿专家免费分享教程，解决育儿难题"等引导用户加入；官方公众号也可以通过设置"小尾巴"，评论区互动等方式留下社群信息，吸引用户加入。

很多商家采用发放现金红包的方式吸引用户入群。这种做法有利有弊，好处在于能快速增长群成员，短时间内活跃度极高；弊端在于用户鱼龙混杂，管理困难，无黏合度，无法创造有效话题。

2. 第三方渠道

（1）视频网站。目前视频直播 App 的人气极高，例如抖音、哔哩哔哩等，每天的活跃人数都达到了千万级，如图 9-4 所示。我们可以通过在这些平台录制视频、开设视频直播、热门评论等方式吸引成员加入，当然视频内容及评论信息要与社群定位符合，这样才能激发用户的关注。

图 9-4　抖音、哔哩哔哩图标

（2）社交平台。微博平台快速发言、公开阅读的特点，非常有利于社群的发展与传播，是社群运营的主战场。尤其是新闻类、娱乐八卦类微博账号，以及相关超话社群，都具备极高的人气。因此，借助微博的特点，同样可以起到引流的效果，图 9-5 所示为新浪微博母婴超话及社群截图。

图 9-5 微博母婴超话及社群

二、提高用户黏性

1. 制造话题,引导用户参与

社群要想成功运营起来,必须要有足够多的话题,若是连话题都没有,那么这个群必定会变成"死群",变成一个毫无价值的群。运营人员需要在社群冷场的时候,制造一些成员感兴趣的话题,提高社群成员的活跃度,比如母婴育儿社群的话题特点总结如下图 9-6 所示。

2. 借助社群领袖进行营销

社群领袖就是社群成员共同信任的人,通常是社群发起人或业内专家。在社群里,能不能快速传播某件产品,实现快速转化,不仅要看话题的内容,还需要看社群成员对传播者的信任度。如果是刚入群的新成员或者经常潜水的成员去发布产品信息,是不会受到社群成员的关注的,还极有可能对社群造成负面影响。所以带有产品营销的内容,一定要由社群领袖来发起。

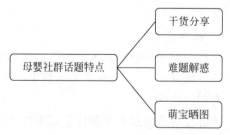

图 9-6 母婴社群话题特点

3. 诚实守信、真诚沟通

在网络社群中,鱼龙混杂,存在各种形式的营销与诈骗,新用户在没有完全熟识社群的情况下对社群是存在很大的戒备心理的。真诚沟通在社群运营中是必不可少的一环,是体现社群真实性、可靠性的枢纽,只有实打实地帮助成员解决疑难困惑,才能获得社群成员的信任和赞同。所以,在平时的内容运营中,一定不要夸大其词、瞎编乱造。

三、提高社群活跃度

提高社群活跃度

社群管理员通过各种手段拉拢成员,组建社群,然而,没用多久社群便丧失活力,成为灌水群、广告群、沉寂的死群,这是社群运营过程中普遍遇到的问题,也是比较棘手的问题。那么如何才能提高并保持社群的活跃度呢?可以从如下几点出发,如图 9-7 所示。

(一)提高社群价值

想要让社群活跃,首先要提高社群的价值。无价值的社群随着社群人员的增加将会出现各种灌水、无意义的聊天,让有价值的社群成员渐渐离开,导致社群影响力日趋平庸,形成恶性循环,如图 9-8 所示。

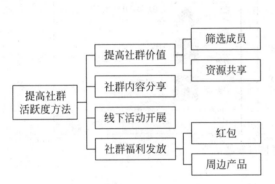

图 9-7 提高社群活跃度方法

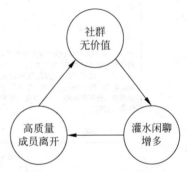

图 9-8 社群无价值恶性循环

提高社群价值的办法有以下两点。

1. 社群成员筛选

社群在提供价值的同时,社群成员自身也要拥有一定的价值,比如拥有母婴用品优质资源、是育儿领域达人或者是活跃宝妈等。所以,社群成员质量的筛选很重要,是保证社群价值的基础。

2. 社群资源共享

社群资源共享就是将闲置的资源共享给别人,提高资源利用率,并从中获得回报,这是实现社群高凝聚力、高活跃度的有效手段。人都是趋利性的,相信没有谁会舍得放弃能够对自己有利的社群。

社群在运营的过程中要注意以下两点。

(1)社群成员与社群之间:成员为社群付出,社群让成员受益。

(2)社群成员与成员之间:社群成员之间将各自闲散的资源进行互换共享,共同获利。

(二)线上分享内容

线上分享内容具有低成本、易传播的特点,是社群提供价值、活跃群成员的主要方式。分享方式主要有两种,如图 9-9 所示。

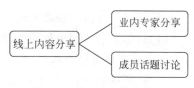

图 9-9 线上内容分享方式

1. 业内专家分享

比如,母婴社群里专家分享的内容通常以育儿知识、生活经验为主,穿插成员问题,案例式讲解。在分享过程中,需要注意的地方如图 9-10 所示。

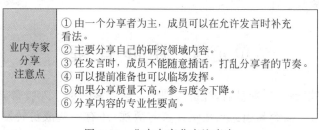

图 9-10 业内专家分享注意点

2. 成员话题讨论

社群成员参与话题讨论,可以有效带动社群的活跃度,增加成员的参与感,因此,话题的选择非常关键,要能吸引到大部分成员的参与。在讨论过程中,要保证话题的高效性,必须管理群内秩序,需要注意的地方如图 9-11 所示。

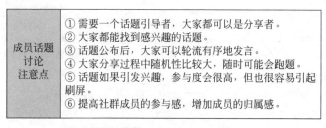

图 9-11 成员话题讨论注意点

(三)开展线下活动

在社群运营过程中,要想营造社群成员归属感,产生自己人效应,除了线上的互动,线下活动也分外重要。真实的接触,更能激发那些源于热爱的、自由人之间的联合。

线上聊得再深,不如线下见一面。通过各种线下活动使社群成员之间产生连接,增加对社群的黏聚性,能够非常有效地提高社群的持续活跃度。在社群运营的过程中要不定期地开展线下活动,比如同城聚会、亲子互动比赛等。

(四)社群福利发放

1. 社群红包

红包对于社群建设有很大的作用。巧妙地利用红包,可以激活社群成员的活跃度,但红

图 9-12　社群定制 T 恤

包是建立在直接利益之上的,经常使用会弱化内容吸引力。红包只是激活社群成员活跃度的手段,不能太过依赖。

2．社群周边产品

社群周边产品是指 T 恤、马克杯、雨伞等常使用的实用物品。在这些产品上统一印制社群的 Logo 和口号,让社群成员在使用过程中,始终可以看到社群的烙印,从而增加对社群的归属感。这类产品通常造价不高,因此很适合社群进行赠送,图 9-12 所示为育学园辣妈班的定制 T 恤。

单元四　社群管理

当社群成员积累到一定数量后,社群管理会变得异常困难。人数庞杂,内容话题很容易跑偏,在社群内发布产品容易引起新成员误解与敌视,还有一些成员转发的广告,外卖红包及垃圾信息等,这些问题如果管理不善,容易让社群变成垃圾群、灌水群等。

一、管理方法

(一) 用户分级

按照金字塔模型对社群成员进行分级。位于最上方的用户是最少的,也是我们的核心成员。针对不同层级的用户,要有不同的管理方式,如图 9-13 所示。

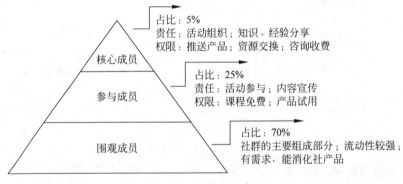

图 9-13　用户分级占比

要明确各级成员权责,制定有效的管理规章,如图 9-14 所示为育学园辣妈群设置的社群管理规章。

(二) 管理原则

要想保持群的活跃度,有良好的发展走向,让彼此联结更强,社群的运营要抓住以下四个原则,如图 9-15 所示。

1．仪式感

仪式感包括加群通过申请、入群有规范、行为有奖励惩罚(表现好、做出贡献的,封称号并给予一些权利;表现不好做出不好影响的,禁言踢出社群手段)等。最常见的创造仪式感的方式有修改群名片、自我介绍、爆照、发红包等。

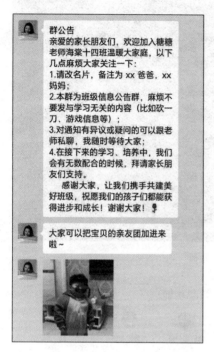

图 9-14 社群管理规章

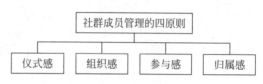

图 9-15 社群成员管理四个原则

2. 组织感

组织感包括寻找话题、制造焦点、拉动互动参与感、制造联结或者分享想法成就等。群里时常搞分享活动，使人人都能当活动控场者，人人有事做，事事有收获。

3. 参与感

组织活动，成员之间进行分工协作，或者分小组、分成员进行比赛，有组织、有规模、有顺序地进行活动。

4. 归属感

要让群成员产生情感依赖，通过组织参与线上活动，策划开展线下活动等加强共识，增强大家的情感联结，以此保证社群凝聚力。

二、管理工具

1. 紫豆助手

紫豆助手是专注于微信社群领域的大数据分析平台，是专业化的社群管理工具，可以通过对数据监测、分析，准确分类社群并定位社群的商业价值，为社群管理者提供社群管理的优化措施，激活社群内用户活跃度，提升社群转化率，是社群运营不可缺少的大数据分析工具。其附带功能如图 9-16 所示。

2. 微友助手

微友助手是微信内置的一款小程序，可以帮助社群运营人员更好地管理微群。其附带的功能如图 9-17 所示。

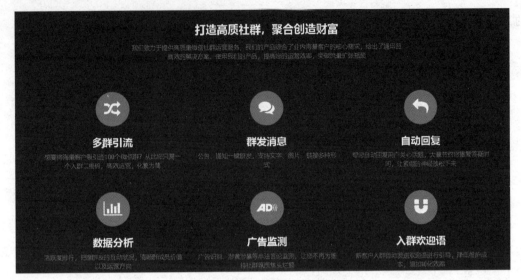

图 9-16 紫豆助手功能界面

图 9-17 微友助手功能界面

一、实训项目

在互联网时代,客户关系管理是网络营销必做的事情,大唐温泉作为拥有多个 OTA 平台的现代化酒店,科学梳理客户信息,建立客户维护体系是大唐温泉度假村酒店提高客户忠诚度、可持续发展的重要工作内容。

1. 大唐温泉度假村酒店粉丝群现状

(1) 群内互动现状。大唐温泉度假村酒店微信粉丝群于 2019 年 3 月建立,至今共有 968 名粉丝。大部分粉丝多为曾经在大唐温泉度假村酒店消费过的客户群体,也有部分是对大唐温泉度假村酒店感兴趣的潜在客户。粉丝群内消息数约为 32 条每天,其中大部分来自群管理员和个别老粉丝。群内节假日会组织群活动,活动期间群内消息数略高于平日,约67条每日。

(2) 群内信息分发现状。为了维持粉丝群客户数量,提高群内活跃度,大唐温泉度假村酒店粉丝群坚持每天推送话题或专业分享给粉丝。信息发布的时间一般是晚上8点左右,工作日信息反馈人数在5~9人,周末及节假日反馈人数略高,在15人左右,多为老粉丝。

(3) 订单转化现状。在大唐温泉度假村酒店飞猪平台"数据中心"的"生意参谋"板块,可以看到酒店近一个月的预订转化情况。大唐温泉度假村酒店2021年3月预订转化率在18日当天达到最高值11%,3月24日后转化率也稍有提升,通过计算得出该月平均转化率约为1.4%。在后台订单中我们发现,顾客下单后不付款的情况屡见不鲜,但客服并没有进行催付,这是造成顾客流失的重要原因之一。

(4) 关联销售现状。关联销售是考量客服人员专业程度的重要指标。顾客的关联销售越多、客单价越高,说明店铺客服的专业水平越高。大唐温泉度假村酒店飞猪平台周成交单价为774元,与大唐温泉度假村酒店客房均价相符,说明客服关联销售工作暂未展开。

(5) 产品推新现状。大唐温泉度假村酒店产品推新的方式多是在公众号发布相关产品推文,如2019年9月大唐街市开业,大唐温泉度假村酒店在公众号上发布了"大唐街市开业啦!"的推文,推文发出后获2689个阅读量,点赞8人,评价23人。发在粉丝群中的推新链接,粉丝关注量较少,只有极个别粉丝在群内询问大唐街市的相关问题。

2. 存在问题

(1) 粉丝群气氛不活跃。通过在大唐温泉度假村酒店粉丝群里调研发现,97%的粉丝不会主动在群中交流分享,部分粉丝会在群主发红包时来抢红包,但也不会进行过多交流,粉丝群气氛极度不活跃。大唐温泉度假村酒店空有粉丝交流平台,却没有发挥真正的作用。

(2) 粉丝互动时间不科学。在微信粉丝群和其他粉丝交流平台中,粉丝互动时间设计极为不科学。由于群内粉丝大部分为30岁以上,很多家里已经有了小孩,群内在8点钟推送信息对于他们来说时间很不合适,因为可能正在辅导小孩作业,所以没有办法在群内保持互动关系。

(3) 订单转化效果不好。OTA平台酒店行业平均转化率为3.23%,而大唐温泉度假村酒店飞猪转化率仅为1.4%,远远低于行业平均水平。经过调查发现,后台未付款订单催付工作没有做到位,客服没有在顾客下单第一时间了解顾客未付款的原因,导致顾客流失,造成订单转化效果不佳。

(4) 关联销售量低。通过飞猪后台数据发现大唐温泉度假村酒店关联销售基本为零,可能的原因包括产品关联设计不科学、关联销售目标客户不清晰、客服关联销售技巧不佳等。在客服日常服务过程中需要挖掘到顾客的潜在需求,并根据顾客的需求推荐关联产品,通过销售技巧达成高客单价、关联销售的目的。

(5) 一对一推新活动缺乏。在大唐温泉度假村酒店惯用的推新方式中,多以微信公众号推文的方式为主,这种方式只能让小部分看到推文的粉丝产生兴趣,而那些可能感兴趣却没有看到推文的粉丝就流失掉了。针对这种情况,一对一的推新方式是大唐温泉度假村酒店应该重点考虑的。

二、实训要求

1. 设计粉丝互动机制

针对大唐温泉度假村酒店粉丝群内气氛不活跃、话题量低的问题,大唐温泉度假村酒店可以设计粉丝互动机制,通过群内定期的内容分享、组织社群打卡活动、分发福利来建立粉丝群的信任关系,用频繁的互动加深粉丝的依赖,最终增加粉丝黏性。

2. 设计信息投放时间

粉丝群内信息投放时间不科学,导致很多信息投放的反馈都不高。所以,需要根据粉丝群内的职业属性来确定粉丝闲暇的时间,在闲暇时间内发布更有效的信息互动,确保得到更好的粉丝反馈效果。

3. 制定催付话术

订单转化率不高,可能是因为催付话术不专业导致的。通过设计大唐温泉度假村酒店账号的人格定位和语言结构,编写优化催单催付引导文,建立催付话术库,帮助客服在顾客下单未付款时了解未付款原因,解决相关问题,提高转化率。

4. 制定关联推荐方案

针对大唐温泉度假村酒店关联销售能力差的问题,可以依据粉丝类型及标签将粉丝进行分组,根据不同类型粉丝需求设置对应的关联推荐商品,设计服务话术,建立关联推荐逻辑话术数据库,帮助客服提高客单价,增加关联销售。

5. 制定推新话术

利用粉丝一对一推新的方式,提高新品的销量。首先根据粉丝的购买频次及兴趣方向确定粉丝不同需求,其次根据需求确定活动的推新人群,最后按照商品特色制定有效的商品推新话术文案库,帮助客服提升新品销售量。

三、实训步骤

任务一 组建社群,形成群文化

1. 制定入群规则

建立粉丝群之初,首先要设置符合粉丝群自身定位的入群规则,从而增加粉丝的入群仪式感。想要建立高质量的粉丝群,就要根据粉丝标签,对入群人员进行筛选。企业可以利用阶梯架构建立粉丝群,由一星群到五星群,以粉丝质量为衡量标准,想要进阶更高级的群,得到更多的优惠信息,就必须完成相应的任务。

2. 制定交流规则

粉丝群的主要目的是开展交流和讨论,随着群成员的增多,群内需要设定合理的交流规则。一个优秀的粉丝群,活跃度要控制在一定范围内,有组织、有纪律才能提高粉丝的使用体验,如读书类的粉丝群,如果群学员经常擅自发小广告、表情包等信息,就很容易将老师和一些粉丝提出的读书问题刷过去,导致粉丝体验下降。所以社群在鼓励粉丝参与的同时,也要明确禁止讨论或禁止发送的信息。

请将大唐温泉度假村酒店的社群群名、入群欢迎话术和群管理规章、交流规章等拟定出来,形成文档。

本任务流程如图 9-18 所示。

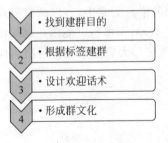

图 9-18　任务流程

评价要求见表 9-1。

表 9-1　任务评价标准

序号	项　　目	分值	评　分　点	得分
1	粉丝群名设计	10	合理、创新	
2	确认粉丝群目的	10	合理、正确、全面	
3	确定群内容	10	合理、正确	
4	根据标签建群	10	合理、正确、全面	
5	设计欢迎话术	20	合理、新颖	
6	群愿景	10	清晰、明了	
7	群使命	15	清晰、明了	
8	群价值观	15	清晰、明了	
	得分合计			

任务二　粉丝管理

1. 分析群内人群的兴趣点

现在大部分商家的粉丝群都是为老客户建立的信息分享沟通平台。当问起商家他们粉丝的共同兴趣时，不少商家都自信地认为粉丝群内成员的兴趣爱好就是自己的产品或服务。但真的是这样吗？在某次调研中，询问了 234 位顾客加入商家粉丝群的理由，我们发现其中 124 人是因单次利益引导加入的粉丝群，如加群返现；63 人表示真的喜爱该品牌产品，因为想得到更多的品牌信息主动加群；还有 28 人表示对产品品牌还算熟悉，对粉丝群中的一些福利和活动感兴趣主动加群；另外 19 人不记得因为什么原因加群，如图 9-19 所示。

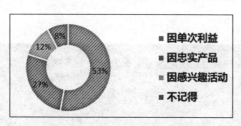

图 9-19　顾客加入商家粉丝群理由调研饼状图

通过以上调研结果发现，并不是所有粉丝成员都对产品或品牌有着相同的兴趣，而商家如果不能捞抓群内粉丝真正的兴趣点，那粉丝互动设计必然参与度低、群内互动不活跃。所以在开始设计粉丝互动机制之前，需要提前分析群内人群兴趣点，通过粉丝兴趣设计合适的互动活动，这样才能帮助企业维系客户关系。

2. 群活动意向

可以通过设计一份调研问卷，询问粉丝群内成员活动参与的意向，线上及线下活动的喜好，各项活动的参与意愿，帮助商家清晰群内活动设计的方向。

3. 选择合适的群机器人

针对现在大部分企业出现的粉丝群难管理、转化低、黏度活跃度不高的情况，网上推出了很多群机器人服务。群机器人是一个微信插件，它可以帮助企业提高微信群管理效率、提升粉丝群价值。市面上免费或付费的群机器人很多，下面将介绍三款常见的群机器人以供选择。

(1) 社群管理管家见图 9-20。

名称	社群管理管家
安装方式	无须下载,加微信号入群即可
核心功能	内容保存、数据分析、群游戏、群内管理、群联盟、社群知识库、群成员筛选
服务用户	有赞、新东方、唯品会、网易游戏、同程旅游

图 9-20　社群管理管家介绍

(2) 企飞 SCRM 见图 9-21。

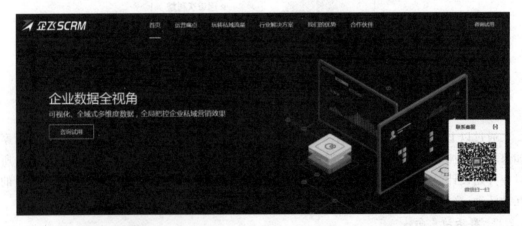

名称	企飞SCRM
安装方式	无须下载,群插件
核心功能	批量加好友、企业积分、企业资料库、客户自动跟踪、服务监督
服务用户	美团、苏宁、京东、有道、完美日记

图 9-21　企飞 SCRM 介绍

(3) 社群管家 CRM 见图 9-22。

名称	社群管家CRM
安装方式	无须下载，群插件
核心功能	智能群管、消息推送、关键词回复、U聊客服系统、群消息留存
服务用户	飞鹤、联想、同程、九阳

图 9-22　社群管家 CRM 介绍

请分析以上三款群机器人的产品介绍，选择一款适合大唐温泉度假村酒店粉丝群的插件，填写表 9-2。

表 9-2　选择 CRM 软件

名称	
优势	
选择原因	

任务三　粉丝互动机制设计

1. 建立粉丝信任

活跃的粉丝群往往建立在充分的信任感之上。通过线上线下的频繁活动，以及不断输出的利益分享使粉丝之间建立起一种以情感为支持的强关系，这种关系可以使粉丝群保持高度的活跃性和持续的生命力。

群内信任感并不是一朝一夕就能产生的，它需要经过长时间的沉淀与累积，一旦形成就能使粉丝参与度与黏性快速增长。构建粉丝信任一般需要满足以下三个条件：身份可信度、互动频繁度和群内依赖度。

(1) 身份可信度。商家作为粉丝群的组建者，搭载商家信息的账号一定要是精心设计的，从头像、昵称、简介到朋友圈都要让人产生第一信任感。在第一信任产生之后，最好能有信誉背书,如名人代言、新闻报道、权威认证等。再用真实的生活呈现,让粉丝看到你有血有肉的样子,从可靠的商家到有情绪、爱家庭的普通人,这样信任感就慢慢开始建立起来了。

(2)互动频繁度。在粉丝群中互动次数和时间越多,越有助于和粉丝加强了解、增进感情、建立信任。这里指的互动不是无意义的群发、刷屏,而是要了解你的粉丝喜爱什么。可以通过主动评论、点赞的方式让他们对你产生印象,建立最基础的认识,然后再通过发布有趣的话题吸引粉丝主动参与。当有粉丝主动互动时,一定要及时回复以加深粉丝信任。在粉丝建立信任初期时一定要做到不主动推销,用形象拉近距离,用经营累积信任。

(3)群内依赖度。身份可信度和互动频繁度是建立信任感的基础指标,没有这两者就没有信任的存在可言。除了这两大指标以外还有群内依赖度,它建立在这两者之上,是决定信任感的强度和持续时间的重要指标。粉丝群可以通过建立情感依赖和利益依赖,使粉丝之间不仅存在单纯的沟通交流,还存在着情感上的共情,以及利益上的互渗。通过长期互动交流,增进双方情感,构建情感利益依赖,最后可达到各取所需,利益共赢的效果。

2. 设计互动主题

保持粉丝群的参与度和活跃度是一件很不容易的事,尤其对于那些中小型没有庞大财力和明星大 V 加持的粉丝群更是困难。所以,设计好的互动主题吸引粉丝参与,是保持群内活跃度的重要工作,而设计针对性强、参与成本低、反应效率高的主题,才能使群建立并保持存在感。作为群主如何使主题脱颖而出,我们可以参考成为以下角色。

(1)主题提出者。通过挖掘周围的新鲜事物,提出新奇或容易产生共鸣和反思的话题,然后用自己对主题的独到见解引起大家的关注与探讨。如小区物业群用学区房的话题,吸引业主参与讨论。

(2)主题回答者。作为主题回答者用有趣的角度或专业的知识参与话题,逐渐成为群内的意见领袖。

(3)积极引导者。成为群内的活跃粉丝,通过技巧缓解群内尴尬冰冷的气氛,增强话题存在感。

本任务流程如图 9-23 所示。

图 9-23 任务流程

评价要求见表 9-3。

表 9-3 任务评价标准

序号	项目	分值	评 分 点	得分
1	小红书内容分享	10	新颖、吸引力、语言流畅	
2	公众号内容分享	10	新颖、吸引力、语言流畅	
3	社群打卡设计	20	合理、逻辑清晰、要点完整	
4	红包福利分发	8	新颖、明了、吸引力	
5	荣誉福利分发	8	新颖、明了、吸引力	
6	知识福利分发	8	新颖、明了、吸引力	

续表

序号	项 目	分值	评 分 点	得分
7	物质福利分发	8	新颖、明了、吸引力	
8	积分福利分发	8	新颖、明了、吸引力	
9	线下活动策划	20	创新、吸引力、活动清晰	
	得分合计			

任务评价

相关任务评价表见表9-4~表9-6。

表9-4 技能评价表

序号	技能自评	任务要求	得分	备注
1	社群的类型	能够熟知社群的类型和不同的特点定位		
2	社群组建	能够明确建群目的,根据标签组建社群,设置欢迎话术,形成群文化		
3	粉丝管理	能够分析群内人群的兴趣点,征集群活动意向,选择合适的群机器人软件管理社群		
4	粉丝互动机制设计	能够建立粉丝信任、设计互动主题等,提高粉丝黏性,提高社群活跃度		
5	社群推广文案创作	能够撰写不同形式的社群推广文案,进行社群运营		

表9-5 素质评价表

序号	素质自评	任务要求	得分	备注
1	正确的价值观	能够宣扬正确的价值观,引导社会风气,传递正能量		
2	创新意识	能够在社群运营过程中,策划具有新意的选题内容和表现形式		
3	协作精神	能够和团队成员分工合作,共同完成实训任务		
4	资源搜集和整合能力	能够借助线下和网络资源,获取相应的素材,创建素材库		
5	职业道德、法律意识	能够掌握相应的互联网法律法规和平台内容管理规范		
6	严谨的工匠精神	能够在社群管理和运营的各个阶段,对用户群体做出精准分析		
7	自我学习能力	能够利用线下和网络资源,自我学习相关的知识和技能,不断提升		

表9-6 任务综合评价表

学生自评得分(20%)	小组互评得分(20%)	教师评价得分(30%)	企业评价得分(30%)	总分

课后习题

一、单项选择题

1. 社群中的成员以( )为核心,拥有相同的价值观,具有强烈的身份认同和归属感,通过去中心化的社交和网络服务的方式,形成一个强链接关系的社交部落。
   A. 关系　　　　B. 内容　　　　C. 话题　　　　D. 成员等级

2. ( )基于共同的兴趣爱好建立起来的社群。
   A. 产品社群　　B. 兴趣社群　　C. 品牌社群　　D. 知识社群

3. 社群推广文案的关键信息最好用( )的语言表示。
   A. 统一规范　　B. 风趣幽默　　C. 直白通俗　　D. 夸张手法

4. 修改群名片＋自我介绍＋爆照/红包等手段是为了提升群成员的( )。
   A. 仪式感　　　B. 组织感　　　C. 参与感　　　D. 归属感

二、多项选择题

1. 社群的构成要素包括( )。
   A. 同好　　　　B. 结构　　　　C. 输出
   D. 运营　　　　E. 复制

2. 社群的类型包括( )。
   A. 产品社群　　B. 兴趣社群　　C. 品牌社群
   D. 知识社群　　E. 互融社群

3. 社群推广文案的组成要素包括( )。
   A. 产品信息　　B. 链接　　　　C. 二维码　　　D. @所有人

4. 提高社群活跃度的方式有( )。
   A. 提高社群价值　　　　　　　B. 线上内容分享
   C. 线下活动开展　　　　　　　D. 社群福利发放

三、思考题

1. 社群的构成要素有哪些?
2. 社群的类型包括哪些?
3. 社群推广文案的组成要素包括哪些?
4. 如何提高用户黏性?
5. 社群成员管理的原则是什么?

参 考 文 献

[1] 陶亮,吴航行.新媒体信息编辑[M].北京:人民邮电出版社,2019.
[2] 宋红梅.新媒体文案创作及传播[M].北京:人民邮电出版社,2021.
[3] 赵雨,彭坤.新媒体推广[M].北京:人民邮电出版社,2020.
[4] 白东蕊.电子商务文案策划与写作:理论、案例与实训(微课版)[M].北京:人民邮电出版社,2022.
[5] 汪永华,郑经全.直播电商运营[M].北京:北京理工大学出版社,2020.